Solidarität als Rechtsprinzip
in der Europäischen Union

Europäische Hochschulschriften
Publications Universitaires Européennes
European University Studies

Reihe II
Rechtswissenschaft

Série II Series II
Droit
Law

Bd./Vol. 3661

PETER LANG
Frankfurt am Main · Berlin · Bern · Bruxelles · New York · Oxford · Wien

Tonia Hieronymi

Solidarität als Rechtsprinzip in der Europäischen Union

PETER LANG
Europäischer Verlag der Wissenschaften

Bibliografische Information Der Deutschen Bibliothek
Die Deutsche Bibliothek verzeichnet diese Publikation in der Deutschen Nationalbibliografie; detaillierte bibliografische Daten sind im Internet über <http://dnb.ddb.de> abrufbar.

Zugl.: Bielefeld, Univ., Diss., 2002

D 361
ISSN 0531-7312
ISBN 3-631-50897-2

www.peterlang.de

Tonia Hieronymi

Solidarität als Rechtsprinzip in der Europäischen Union

PETER LANG
Europäischer Verlag der Wissenschaften

Bibliografische Information Der Deutschen Bibliothek
Die Deutsche Bibliothek verzeichnet diese Publikation in der Deutschen Nationalbibliografie; detaillierte bibliografische Daten sind im Internet über <http://dnb.ddb.de> abrufbar.

Zugl.: Bielefeld, Univ., Diss., 2002

D 361
ISSN 0531-7312
ISBN 3-631-50897-2

www.peterlang.de

Vorwort

Diese Arbeit lag der Fakultät für Rechtswissenschaften der Universität Bielefeld im Sommersemester 2002 als Dissertation vor.

Bedanken möchte ich mich besonders bei meinem Doktorvater, Herrn Prof. Dr. Armin Hatje. Er hat nicht nur meine Arbeit in vorbildlicher Weise betreut, sondern mir darüber hinaus durch seine stete Ermutigung und Unterstützung die Kraft gegeben, auch in schwierigen Phasen mein Ziel nicht aus den Augen zu verlieren.

Mein Dank gilt weiterhin Frau Prof. Dr. Ulrike Davy für die zügige Erstattung des Zweitgutachtens.

Unter meiner Launenhaftigkeit während der Promotion leiden musste vor allem mein Mann Falk. Ihm danke ich für seine Geduld und Unterstützung. Nicht zuletzt möchte ich auch meinen Eltern Dank sagen. Ohne ihr Vertrauen in meine Fähigkeiten hätte ich eine solche Leistung niemals vollbringen können.

Münster, im Dezember 2002

Tonia Hieronymi

Inhaltsverzeichnis

Abkürzungsverzeichnis

a.A.	anderer Ansicht
aaO	am angegebenen Ort
ABl.	Amtsblatt der Europäischen Gemeinschaften
Abs.	Absatz
a.F.	alte Fassung
Art.	Artikel
Aufl.	Auflage
AVR	Archiv des Völkerrechts
Bd.	Band
BIP	Bruttoinlandsprodukt
bzw.	beziehungsweise
ders.	derselbe
dies.	dieselbe
DÖV	Die Öffentliche Verwaltung
DVBl.	Deutsches Verwaltungsblatt
EAGFL	Europäischer Ausrichtungs- und Garantiefonds für die Landwirtschaft
EEA	Einheitliche Europäische Akte
EFRE	Europäischer Fonds für regionale Entwicklung
EG	Europäische Gemeinschaft
EGKSV	Vertrag über die Gründung der Europäischen Gemeinschaft für Kohle und Stahl
EGV	Vertrag zur Gründung der Europäischen Gemeinschaft
ELRev.	European Law Review
EPZ	Europäische Politische Zusammenarbeit
ESF	Europäischer Sozialfonds
ESZB	Europäisches System der Zentralbanken
EU	Europäische Union
EuGH	Gerichtshof der Europäischen Gemeinschaften
EuGRZ	Europäische Grundrechte-Zeitschrift
EuR	Europarecht
EUV	Vertrag über dic Europäische Union
EuZW	Europäische Zeitschrift für Wirtschaftsrecht
EWGV	Vertrag zur Gründung der Europäischen Wirtschaftsgemeinschaft
f. / ff.	folgende
Fn.	Fußnote
FS	Festschrift
GA	Generalanwalt
GASP	Gemeinsame Außen- und Sicherheitspolitik
GG	Grundgesetz

GS	Gedächtnisschrift
GYIL	German yearbook of international law
Hrsg.	Herausgeber
i.V.m.	in Verbindung mit
JA	Juristische Arbeitsblätter
JCMSt.	Journal of Common Market Studies
JuS	Juristische Schulung
KritV	Kritische Vierteljahresschrift für Gesetzgebung und Rechtswissenschaft
n.F.	neue Fassung
NJW	Neue Juristische Wochenschrift
Nr.	Nummer
PJZS	Polizeiliche und justizielle Zusammenarbeit in Strafsachen
RIW	Recht der internationalen Wirtschaft
RMC	Revue du marché commun et de l'Union Européenne
RTDE	Revue trimestrielle de droit européen
Rn.	Randnummer
Rs.	Rechtssache
Rsen.	Rechtssachen
S.	Seite
Slg.	Sammlung
Sp.	Spalte
SuS	Staatswissenschaften und Staatspraxis
SVN	Satzung der Vereinten Nationen
u.a.	und andere
Uabs.	Unterabsatz
verb.	verbundene
vgl.	vergleiche
Vol.	Volume
VVDStrl.	Veröffentlichungen der Vereinigung der Deutschen Staatsrechtslehrer
vZA	verstärkte Zusammenarbeit
WWU	Wirtschafts- und Währungsunion
z.B.	zum Beispiel
ZeuP	Zeitschrift für europäisches Privatrecht
ZEuS	Zeitschrift für europarechtliche Studien
ZRP	Zeitschrift für Rechtspolitik
ZWS	Zeitschrift für Wirtschafts- und Sozialwissenschaften

A. EINLEITUNG

„Ein (...) Verstoß gegen die Pflicht zur Solidarität, welche die Mitgliedstaaten durch ihren Beitritt zur Gemeinschaft übernommen haben, beeinträchtigt die Rechtsordnung der Gemeinschaft bis in ihre Grundfesten.“[1]

Mit diesen Ausführungen betonte der Gerichtshof bereits im Jahre 1973 die fundamentale Bedeutung, die dem Solidaritätsprinzip in der Europäischen Union beigemessen wird. Die Verankerung der Solidarität im Gemeinschaftsrecht hatte er auch schon in einem früheren Urteil hervorgehoben, in dem er feststellte, dass sie „dem gesamten Gemeinschaftssystem zugrunde liegt“.[2] Nach Ansicht des EuGH ist die Solidarität demnach Voraussetzung für die europäische Integration. Dieser Gedanke kam bereits bei Gründung der Gemeinschaften im Schuman-Plan zum Ausdruck, wo es heißt: „Europa lässt sich nicht mit einem Schlage herstellen und auch nicht durch eine einfache Zusammenfassung: Es wird durch konkrete Tatsachen entstehen, die zunächst eine Solidarität der Tat schaffen.“[3]

Die Europäische Union als Rahmen für die Solidarität stellt eine Neuheit dar. Ihr „erprobtes Gefäß“ ist der Nationalstaat.[4] Dieser ist auf einen überschaubaren Raum beschränkt und verfügt über eine stabile Struktur. Damit bietet er die richtigen Voraussetzungen für das Entstehen einer tatsächlichen Bereitschaft zur Solidarität.[5] Dementsprechend hat sich der Nationalstaat als klassischer Solidarverband bewährt.[6] Bildet die Europäische Union ebenfalls einen Rahmen für die Solidarität, so muss eine Ausdehnung von der nationalen Ebene auf die supranationale Ebene stattfinden. Eine solche Verlagerung ist vonnöten, weil die Staaten in der modernen Welt immer mehr die Fähigkeit verlieren, die Lebensgrundlagen ihrer Bürger autonom zu sichern. Wachsende internationale Abhängigkeiten machen eine Problemlösung auf rein nationaler Ebene unmöglich und Kooperationen mit anderen Staaten erforderlich.[7] Als Folge davon stellt sich auch die auf den nationalen Rahmen beschränkte Solidarität nicht

---

[1] EuGH Rs. 39/72, Kommission/Italien, Slg. 1973, 101 Rn. 25; ebenso EuGH Rs. 128/78, Kommission/Großbritannien, Slg. 1979, 419 Rn. 12.

[2] EuGH verb. Rsen. 6 und 11/69, Kommission/Frankreich, Slg. 1969, 523 Rn. 14/17.

[3] Abgedruckt in: Europa-Archiv 1950, S. 3091.

[4] *Tomuschat*, Solidarität in Europa, in: FS Pescatore, 1987, S. 729, 754.

[5] *Calliess*, Subsidiaritäts- und Solidaritätsprinzip in der Europäischen Union, 2. Aufl., 1999, S. 187 f.; *Bieber*, Solidarität und Loyalität durch Recht, in: Friedrich-Ebert-Stiftung (Hrsg.), Gesprächskreis Politik und Wissenschaft, 1997, S. 7, 16.

[6] *Volkmann*, Solidarität in einem vereinten Europa, SuS 1998, S. 17, 19 ff.

[7] *Von Simson*, Die Souveränität im rechtlichen Verständnis der Gegenwart, 1965, S. 196 ff.; *Volkmann*, Solidarität - Programm und Prinzip der Verfassung, 1998, S. 407 f.; *Calliess*, aaO (Fn. 5), S. 188; *Bieber*, aaO (Fn. 5), S. 7, 16 f.

mehr als ausreichend dar, um den neuen Anforderungen gerecht werden zu können. Vielmehr ist eine zwischenstaatliche Zusammenarbeit notwendig, die weitere Solidaritätsverbindungen mit sich bringt.

Eine Pflicht zur Solidarität ist aber nur dann durchsetzbar, wenn die Bereitschaft der Verpflichteten dazu besteht. Zwischen den Bürgern der Europäischen Union aber fehlt es - anders als in den Nationalstaaten - (noch) an einem tatsächlichen Zusammenhalt und damit einem Gefühl der Solidarität.[8] Aufgrund der wenig ausgeprägten Solidaritätsbereitschaft der Bürger sind deren Pflichten auch nicht Gegenstand des Solidaritätsprinzips im europäischen Recht. Ist in dem Zusammenhang von Solidarität die Rede, so bezieht sich dies vielmehr auf die Beziehungen zwischen den Mitgliedstaaten. Die Pflicht zur Solidarität obliegt demnach den Mitgliedstaaten, nicht den Bürgern. Dies entspricht auch dem Wesen der Europäischen Union als Zusammenschluss zwischen Staaten. Die mangelnde Verbundenheit der Bürger hat jedoch Konsequenzen für den Umfang der mitgliedstaatlichen Solidarpflichten. Denn diese sind auf Dauer nur durchsetzbar, wenn die Bürger sie befürworten.

Das Solidaritätsprinzip im europäischen Recht fand in der wissenschaftlichen Diskussion zunächst nur wenig Beachtung. Erst in jüngerer Zeit gewinnt es zunehmend an Bedeutung.[9] So wird seine besondere Stellung, die es als „Schlüsselbegriff der europäischen Integration“[10] und „founding principle“[11] einnimmt und aufgrund derer es von grundsätzlicher Bedeutung für die Europäische Gemeinschaft und die Europäische Union sei, betont. Das verstärkte Interesse der Wissenschaft am Solidaritätsprinzip liegt insbesondere darin begründet, dass die Solidarität mit dem Vertrag von Maastricht erstmals ausdrücklich im EUV und EGV Erwähnung findet. Im EUV äußern die Mitgliedstaaten an vorderster Stelle in der Präambel ihren Wunsch, die Solidarität zwischen ihren Völkern zu

---

8 Standard Eurobarometer, Umfrage Nr. 54 November-Dezember 2000, Ausgabe April 2001, S. 11 f.: 89% der Bürger fühlen sich mit ihrem Land verbunden, aber nur 58% mit Europa.

9 So beschäftigen sich mit dem Solidaritätsprinzip im europäischen Recht insbesondere: *Blanquet*, L'Article 5 du Traité C.E.E., 1994, S. 223 ff.; *Schieffer*, Die Zusammenarbeit der EU-Mitgliedstaaten in den Bereichen Asyl und Einwanderung, 1998, S. 204 ff.; *Calliess*, Subsidiaritäts- und Solidaritätsprinzip in der Europäischen Union, 2. Aufl., 1999, S. 187 ff.; *Bieber*, Solidarität und Loyalität durch Recht, in: Friedrich-Ebert-Stiftung (Hrsg.), Gesprächskreis Politik und Wissenschaft, 1997, S. 7 ff.; *Marias*, Solidarity as an objective of the European Union and the European Community, Legal issues of European Integration 1994/2, S. 85 ff; *Volkmann*, Solidarität in einem vereinten Europa, SuS 1998, S. 17 ff. und schon früher *Tomuschat*, Solidarität in Europa, in: FS Pescatore, 1987, S. 729 ff.

10 *Calliess*, aaO, S. 191; *Bieber*, aaO, S. 7.

11 *Pernice*, The framework revisited: constitutional, federal und subsidiarity issues, in: The Columbia Journal of European Law, Vol. 2, 1996, S. 403, 407.

stärken, und in Art. 1 EUV wird die solidarische Gestaltung der Beziehungen zwischen den Mitgliedstaaten sowie ihren Völkern zur Aufgabe der Union erklärt. Auch die Europäische Gemeinschaft zählt die Förderung der Solidarität zwischen den Mitgliedstaaten gemäß Art. 2 EGV zu ihren Aufgaben. Die Aufnahme der Forderung nach Solidarität in die Aufgabenkataloge von Union und Gemeinschaft steht in engem Zusammenhang mit deren Entwicklung von der Wirtschaftsgemeinschaft zur Politischen Union. Indem sich die Tätigkeiten der Europäischen Gemeinschaft nicht mehr länger primär auf den wirtschaftlichen Bereich beziehen, sondern darüber hinaus zunehmend andere Politikbereiche erfassen, entwickelt sich zwischen den Mitgliedstaaten eine immer engere Verbindung. Zwar ist die Europäische Union noch kein (Bundes)staat, weist jedoch als „Staatenverbund"[12] ein hohes Maß an Integration auf, das über den Zusammenschluss in einer internationalen Organisation weit hinausgeht. Indem die Verbindung zwischen den Mitgliedstaaten immer stärker wird, wächst auch die Notwendigkeit der Solidarität zwischen ihnen.

Auch wenn die Solidarität mit der Entwicklung hin zur Politischen Union an Bedeutung gewinnt, war sie doch möglicherweise von Anfang an Bestandteil der europäischen Rechtsordnung. So wird darauf verwiesen, dass der Gedanke der Solidarität schon, bevor der Begriff selber in die Verträge aufgenommen worden ist, in Art. 10 EGV und den Vorschriften über den wirtschaftlichen und sozialen Zusammenhalt (Art. 158 ff. EGV) zum Ausdruck gekommen sei. Die Vertiefung der Integration würde dann lediglich eine Verstärkung der bereits vorhandenen solidarischen Pflichten bewirken.

Häufig wird die Solidarität als Synonym für die Prinzipien der Gemeinschaftstreue und der Loyalität genannt. Eine Untersuchung des Solidaritätsprinzips muss deshalb klären, ob diesem neben den anderen Grundsätzen eine eigenständige Bedeutung zukommt und worin die Unterschiede bestehen.

Anliegen dieser Arbeit ist es aufzuzeigen, ob es im europäischen Recht ein Solidaritätsprinzip gibt und in welcher Weise dieses in Erscheinung tritt. Gegenstand der Untersuchung ist also die Solidarität als Rechtsprinzip. In dieser Ausgestaltung erlangt die Solidarität im Allgemeinen nur wenig Bedeutung, es ist primär ein ethisch-moralischer und politischer Begriff. Die schwache Ausprägung der rechtlichen Dimension des Solidaritätsprinzips lässt sich mit den Schwierigkeiten seiner Durchsetzung begründen.[13] Die Europäische Gemeinschaft ist aber aufgrund ihrer Eigenart in besonderer Weise - besser als andere Rechtsordnungen - geeignet, eine solche rechtliche Dimension zu entfalten. Die Europäische Gemeinschaft verdankt ihren Bestand in erster Linie dem rechtli-

---

[12] BVerfGE 89, 155, 184 ff.

[13] *Volkmann*, Solidarität - Programm und Prinzip der Verfassung, 1998, S. 1.

chen Zusammenhalt.[14] Als „Rechtsgemeinschaft“[15] wurde sie durch völkerrechtliche Verträge geschaffen und stützt ihre Existenz allein auf das Recht.[16] Damit unterscheidet sie sich von den Nationalstaaten, die ein Staatsvolk als außerrechtliches Substrat voraussetzen und nicht von der Begründung im Recht abhängig sind.[17] Beruht die Gemeinschaft nur auf dem Recht, so hat auch die Verankerung der Solidarität durch Recht zu erfolgen.

Die Festlegung solidarischer Pflichten stellt sich zudem aufgrund der Unbestimmtheit des Begriffs als schwierig dar. Es fehlt an konkreten Vorgaben dafür, welches Verhalten von der Solidarität geboten wird. Stattdessen findet der Terminus in einer Vielzahl verschiedener Zusammenhänge Anwendung, in denen aus ihm sehr unterschiedliche Pflichten abgeleitet werden. Der Inhalt dieser Solidaritätspflichten bestimmt sich dann nach dem jeweiligen Kontext, in dem sie gefordert werden. Ihre Erscheinungsformen im Recht der Europäischen Union sind folglich von deren Ausgestaltung abhängig. Dabei muss beachtet werden, dass Pflichten zur Solidarität in Konflikt mit anderen unions- und gemeinschaftsrechtlichen Vorschriften geraten können. Wem im Einzelfall der Vorrang einzuräumen ist, wird durch Abwägung der widerstreitenden Prinzipien bestimmt.

Die Untersuchung beginnt mit einer inhaltlichen Bestimmung des Begriffs der Solidarität (Teil B). Zunächst wird die Frage geklärt, welche allgemeine Bedeutung ihm zukommt. In einem weiteren Schritt ist seine rechtliche Dimension zu erörtern. Aufbauend auf diesen grundlegenden Ausführungen kann das Solidaritätsprinzip im Recht der Europäischen Union begutachtet werden. Dafür sind die europäischen Verträge auf Rechtsgrundlagen für solidarische Pflichten hin zu untersuchen (Teil C). Nur wenn sich in den Vorschriften der Verträge hinreichende Anhaltspunkte für die Verankerung der Solidarität finden lassen, stellt sie ein Rechtsprinzip der Europäischen Union dar.

In einem nächsten Schritt werden die Erscheinungsformen, in denen die Solidarität im europäischen Recht zutage tritt, systematisiert (Teil D). Des Weiteren

---

14 *Zuleeg*, Der rechtliche Zusammenhalt der Europäischen Gemeinschaft, ZEuP 1993, S. 475, 476 f.; *ders.*, Die Europäische Gemeinschaft als Rechtsgemeinschaft, NJW 1994, S. 545, 548.

15 Dieser Ausdruck stammt von *Walter Hallstein*, Die Europäische Gemeinschaft, 1973, S. 31 ff.; übernommen durch EuGH Rs. 294/83, Les Verts/Europäisches Parlament, Slg. 1986, 1339 Rn. 23; EuGH Gutachen 1/91, Slg. 1991, I-6079 Rn. 21.

16 *Ehlermann*, Die Europäische Gemeinschaft und das Recht, in: FS Carstens Bd. 1, 1984, S. 81, 83.

17 *Bieber*, Solidarität und Loyalität durch Recht, in: Friedrich-Ebert-Stiftung (Hrsg.), Gesprächskreis Politik und Wissenschaft, 1997, S. 19; *Zuleeg*, Die Europäische Gemeinschaft als Rechtsgemeinschaft, NJW 1994, S. 545, 548.

bedarf es der Feststellung, welche Grenzen dem Solidaritätsprinzip gesetzt sind. Dabei ist auf das Spannungsverhältnis zwischen ihm und entgegenstehenden Rechtsinstituten einzugehen und dieses einer Lösung zuzuführen (Teil E). Abschließend wird eine Gesamtbewertung der Bedeutung des Solidaritätsprinzips in der Europäischen Union vorgenommen (Teil F).

B. BEGRIFF DER SOLIDARITÄT

Im ersten Teil soll der Begriff der Solidarität bestimmt werden. Dabei ist zunächst nach dessen allgemeiner Bedeutung zu fragen, bevor in einem weiteren Schritt seine rechtliche Dimension erörtert wird.

I. Annäherung an den Begriff

Im alltäglichen Sprachgebrauch wird der Begriff der Solidarität in einer schier unübersehbaren Anzahl von Fällen benutzt. Von Solidarität ist die Rede, wenn es um die Unterstützung der Armen und Entrechteten geht, auf die Steuer ist ein Solidaritätszuschlag zu zahlen, das Krankenversicherungssystem beruht auf dem Solidargedanken und die Parteien sprechen von Solidarität, wenn sie ihre politischen Programme ausschmücken. Diese beispielhafte Aufzählung kann nur ansatzweise beschreiben, wie oft und in welch unterschiedlichen Zusammenhängen sich dieses Terminus` bedient wird. Seine häufige Verwendung führt aber nicht zur Klärung dessen, was mit Solidarität gemeint ist. Vielmehr macht dies deutlich, dass sich sein Gehalt nicht auf eine bestimmte Bedeutung beschränken lässt, sondern abhängig von dem jeweiligen Anwendungsbereich einen unterschiedlichen Inhalt haben kann. Diese Vielfalt und Unbestimmtheit machen es schwierig, dem Begriff eine feste Gestalt zu geben. Für die weitere Untersuchung ist es jedoch erforderlich, von einer bestimmten Definition auszugehen. Denn bevor festgestellt werden kann, ob es in der Europäischen Union ein Solidaritätsprinzip gibt, muss bekannt sein, was mit Solidarität gemeint ist.

Im Folgenden werden zunächst Herkunft und Begriffsgeschichte der Solidarität dargestellt. Besonders ist auf ihre Verwendung in der Katholischen Soziallehre und ihre Ausgestaltung im Föderalismus einzugehen. Anschließend ist zu erörtern, was den unterschiedlichen Definitionen von Solidarität gemeinsam ist.

1. Herkunft und Begriffsgeschichte

Abgeleitet wird der Begriff Solidarität von dem lateinischen Wort „solidus“, welches „dicht, gediegen, fest, ganz“ bedeutet. Er hat seinen Ursprung als juristischer Ausdruck. Im Römischen Recht gibt es die Figur der „obligatio in solidum“, die die Haftung eines jeden Mitschuldners für das Ganze und umgekehrt die Haftung aller für die Schulden eines Einzelnen erfasst.[18]

---

[18] Brockhaus-Enzyklopädie, Bd. 20, 19. Aufl., 1993, S. 428 f.; *Schmelter*, Solidarität: Die Entwicklungsgeschichte eines sozialethischen Schlüsselbegriffs, 1991, S. 8.; *Metz*, Solidarität und Geschichte, in: Bayertz (Hrsg.), Solidarität: Begriff und Problem, 1998, S. 172.

Die Nutzung des Begriffes über diesen juristischen Kontext hinaus beginnt in Frankreich im Zuge der mit der Industrialisierung entstehenden Probleme der Verelendung. Er wird zum Schlüsselwort bei den Versuchen, die soziale Frage zu lösen. [19]

Als programmatischer Grundbegriff erscheint Solidarität erstmals 1840 bei dem christlichen Sozialisten Pierre Leroux.[20] Er setzt Solidarität an die Stelle der christlichen Nächstenliebe. Da sich die Nächstenliebe nicht auf das Gegenüber, sondern auf einen außenstehenden Gott richte, könne sie nicht das Zusammenleben der Menschen verbessern. Solidarität bedeute demgegenüber, dass die Menschen sich als grundsätzlich Gleiche wechselseitig verantwortlich seien. [21]

Besondere Bedeutung erlangt der Begriff der Solidarität im 19. Jahrhundert in der Soziologie. Auguste Comte, der als Begründer dieser Wissenschaft gilt, bezeichnet das, was Menschen als Gesellschaft und in Gesellschaft zusammenhält, als Solidarität.[22] Als deren Quelle erachtet er die Arbeitsteilung, denn der Einzelne kenne den Wert seiner Arbeit für das gesellschaftliche Ganze. Der Zusammenhalt beziehe sich auch auf die vorhergehenden Generationen. Die Entwicklung der Gesellschaft stelle einen mit innerer Logik ablaufenden Geschichtsprozess dar, weshalb das Handeln der Vorgänger Einfluss auf die gegenwärtige Gesellschaft habe, die erst dadurch zu dem geworden sei, was sie ist.[23]

Unter dem Einfluss Comtes beschäftigt sich auch Emile Durkheim mit der Frage, was Menschen in Gesellschaft und als Gesellschaft zusammenhält. Er unterscheidet dabei zwischen zwei verschiedenen Gesellschaftstypen. In archaischen Gesellschaften, die durch die Gleichheit und Ähnlichkeit ihrer Gesellschaftsglieder bestimmt würden, bestehe die „mechanische Solidarität".[24] Dieser Gesellschaftstypus werde später von der arbeitsteiligen Gesellschaft abgelöst. Darin herrsche die „organische Solidarität", die sich in der aus der Arbeitsteilung entstehenden gegenseitigen Abhängigkeit zeige.[25] Solidarität hat nach Durkheim einerseits einen moralischen Gehalt, stelle aber gleichzeitig auch eine Tatsache dar.[26]

---

19 *Grimm*, Solidaritätsprinzip, in: Herzog, Roman u.a. (Hrsg.), Evangelisches Staatslexikon, Bd. 2, 3. Aufl., 1987, Sp. 3144; *Schmelter*, aaO, S. 4.

20 *Leroux*, De l'humanite, 1840 (Neuauflage 1985), S. 157 ff.

21 *Ders.*, aaO, S. 164.

22 *Waentig*, Auguste Comte und seine Bedeutung für die Entwicklung der Sozialwissenschaft, 1894, S. 149.

23 *Ders.*, aaO, S. 150 ff.

24 *Durkheim*, De la division du travail social, 6. Aufl., 1932, S. 119 ff.

25 *Ders.*, aaO, S. 79 ff.

26 *Ders.*, aaO, S. XXXVII ff.

Der Begriff erscheint auch in politischen Programmen, wobei er von den Vertretern verschiedener politischer Richtungen benutzt wird.

Auf der einen Seite macht sich der Wirtschaftsliberalismus diesen Begriff zu eigen. Er geht davon aus, dass nur der ungehinderte Wettbewerb gesamtmenschheitlichen Fortschritt mit sich bringen werde. Solidarität bezeichne die gegenseitige Abhängigkeit der am Wirtschaftsleben Beteiligten. Sie bestehe zum einen zwischen Produzenten und Verbrauchern, denn es liege im Interesse der Produzenten, die Bedürfnisse der Verbraucher zu befriedigen, um wirtschaftlich zu überleben. Ebenso bestehe auch zwischen dem Kapital und der Arbeit Solidarität, da beide ohne den jeweils anderen nicht produzieren könnten. Daraus wird gefolgert, dass staatliche Eingriffe in den Markt nicht erforderlich wären.[27]

Eine zentrale Bedeutung erhält die Solidarität in der gegensätzlichen Strömung der Arbeiterbewegung. Dort tritt sie an die Stelle des Revolutionsterminus „Brüderlichkeit".[28] Solidarität wird in diesem Zusammenhang ein Doppelcharakter zugesprochen. Zum einen stehe sie für den auf einem Gemeinschaftsgefühl beruhenden Zusammenhalt der Arbeiter in der Lebensform der Arbeiterbewegung, zum anderen sei sie politisches Programm.[29] Mit beidem bilde sie eine Alternative zur herrschenden Sozial- und Wirtschaftsordnung.[30] Den programmatischen Gehalt der Solidarität in diesem Zusammenhang zu bestimmen, gestaltet sich wegen der verschiedenen Strömungen innerhalb der Arbeiterbewegung schwierig.[31]

Der sozialdemokratische Flügel der Arbeiterbewegung, der eine Veränderung der bestehenden Umstände durch Reformen statt durch Revolution anstrebte, verfolgte eine Demokratisierung von Staat und Gesellschaft im Rahmen der bürgerlichen Demokratie und die politische Einbeziehung der Arbeiter.[32]

Der marxistische Flügel der Arbeiterbewegung geht davon aus, dass sich in der Arbeiterklasse aufgrund der Ausbeutung und Verelendung eine Klassensolidarität gegen die herrschende Klasse bilden werde, die auf die gemeinsame Durchsetzung der Klasseninteressen, die revolutionäre Aneignung von Produktionsmitteln, gerichtet sei.[33]

---

27 *Gide/Rist*, Geschichte der volkswirtschaftlichen Lehrmeinungen, 1923, S. 664.

28 Brockhaus-Enzyklopädie, Bd. 20, 19. Auf., 1993, S. 429, *Schmelter*, Solidarität: Die Entwicklungsgeschichte eines sozialethischen Schlüsselbegriffs, 1991, S. 43.

29 *Schmelter*, aaO, S. 41.

30 *Volkmann*, Programm und Prinzip der Verfassung, 1998, S. 138; *Christoph*, Solidarität, 1979, S. 11.

31 *Volkmann*, aaO, S. 140.

32 *Grebing*, Geschichte der deutschen Arbeiterbewegung, 1977, S. 65.

33 *Grebing*, aaO, S. 56 f.; *Christoph*, Solidarität, 1979, S. 11 f.

Gegen Ende des 19. Jahrhunderts entsteht in Frankreich die Bewegung des Solidarismus. Sie entwickelt die Solidarität zu einem Ordnungsprinzip für die Gesellschaft. Als einer ihrer wichtigsten Vertreter ist der Ökonom Charles Gide zu nennen.[34] Er unterscheidet zwischen einer Solidarität als Tatsache und einer Solidarität als ethischer Kategorie. Erstere bezeichne die schicksalhafte Verbundenheit der Menschen. Sie bestehe aufgrund der Folgewirkungen von Handlungen, der Arbeitsteilung, sozialen bzw. wirtschaftlichen Kontakten und bestehenden Gruppierungen und deren Grundlage seien entweder gemeinsame Interessen, gemeinsame Werte, gegenseitige Sympathie oder emotionale Zuneigung. Daraus sei die moralische Verpflichtung zu solidarischem Handeln abzuleiten, deren Notwendigkeit sich der Einzelne durch die Einsicht in die Tatsache der Abhängigkeit bewusst werde.

Auch in der Philosophie des 20. Jahrhunderts wird der Begriff der Solidarität aufgegriffen. Als dessen Besonderheit wird häufig angesehen, dass er sich zur Bezeichnung einer „moralisch engagierte[n] Kooperation" eigne, „die gerade im Kampf gegen Unrecht über die Bereiche von Recht und Gerechtigkeit hinausweist".[35]

In der aktuellen Diskussion wird vielfach beklagt, dass die Individualisierung zu einem Schwinden der Solidarität in unserer Gesellschaft führe.[36] Die Individualisierungstendenzen würden aber auch Chancen für die Föderung solidarischen Handeln in sich bergen.[37]

Diese kurze Zusammenstellung zeigt bereits, dass dem Begriff Solidarität viele verschiedene Bedeutungen zugeschrieben werden, abhängig von der Zeit, der Wissenschaft und den Interessen derjenigen, die ihn benutzen.

2. *Solidarität in der Katholischen Soziallehre*

In Deutschland hat vor allem die Katholische Soziallehre den Begriff der Solidarität zu entfalten versucht. Da deren Vertreter die Bedeutung der Solidarität in ihren Arbeiten besonders deutlich gemacht haben und auf diese Ausgestaltung zudem in Ausführungen zum Rechtsbegriff Solidarität häufig Bezug genommen wird, erfordern diese Konzepte eine nähere Darstellung.

---

34 *Gide*, Cours d'economie politique, 1918, S. 44 ff.

35 *Wildt*, in: Historisches Wörterbuch der Philosophie, Bd. 9, 1995, Sp. 1010.

36 Vgl. *Volkmann*, Solidarität - Programm und Prinzip der Verfassung, 1998, S. 7; *Zoll*, Was ist Solidarität heute?, 2000, S. 144 ff..

37 *Krettenauer*, Solidarität und soziales Engagement: Entwicklungsbedingungen im Jugendalter, in: Bierhoff/Fetchenhauer (Hrsg.), Solidarität. Konflikt, Umwelt und Drittwelt, 2001, S. 23, 38 f.; *Rucht*, Solidaritätsbewegungen, in: Bierhoff/Fetchenhauer (Hrsg.), aaO, S. 43, 48 ff., zeigt verschiedene moderne Solidaritätsbewegungen auf.

Unter Solidarität versteht die Katholische Soziallehre die wechselseitige Abhängigkeit des Einzelnen von der Gemeinschaft und umgekehrt der Gemeinschaft von jedem Einzelnen und die sich daraus ergebende wechselseitige Verantwortung füreinander. Dies wird damit umschrieben, dass eine „Gemeinhaftung“ bestehe, die ihren Grund in der „Gemeinverstrickung“ habe. Die Idee von Wechselseitigkeit lasse sich auch als Verhältnis von Bindung und Rückbindung bezeichnen: die Bindung des Einzelnen an die Gemeinschaft und die Rückbindung der Gemeinschaft an die Einzelnen.[38] Diese Überlegungen beruhen auf dem Gedanken, dass das Wesen des Menschen auf ein Leben in Gemeinschaft ausgerichtet sei. Schließlich könne es sich nur in Gesellschaft entfalten. Die Gesellschaft ihrerseits könne aber auch nicht ohne ihre Glieder existieren, weil sie nichts anderes sei als die Gemeinschaftsverbundenheit dieser Glieder. Die wechselseitige Abhängigkeit sei demnach im Wesen des Menschen angelegt. Aus dem Grund stelle das Solidaritätsprinzip in der Katholischen Soziallehre ein Seinsprinzip dar.[39] Daraus erwachse die ethische Pflicht entsprechend diesem Sachverhalt zu handeln. Sie verlange, dass in der Gesellschaft jeder Einzelne für das Wohl und Wehe des Ganzen und umgekehrt die Gesellschaft für jedes ihrer Glieder hafte. In dieser Ausgestaltung des Solidaritätsprinzips finde auch das Gemeinwohl seine Entfaltung. Das Gemeinwohl wird als Ziel, auf dessen Verwirklichung die Gemeinschaft angelegt sei, verstanden. Solidarität verlange von dem Einzelnen, sein Einzelwohl dem Gemeinwohl unterzuordnen.[40]

Das Solidaritätsprinzip bildet aus Sicht der Katholischen Soziallehre das Baugesetz der menschlichen Gesellschaft. Aus ihm wird ein Gesellschaftssystem abgeleitet, das - in Anlehnung an den in Frankreich bereits gebräuchlichen Terminus - als Solidarismus bezeichnet wird. Anders als das Gesellschaftssystem des Individualismus, das einseitig vom Einzelmenschen ausgehe, und das des Kollektivismus, das einseitig von der Gemeinschaft ausgehe, werde dies der Doppelseitigkeit im Verhältnis von Einzelmensch und Gesellschaft gerecht.[41]

Zu erwähnen ist zudem, dass die Katholische Soziallehre einen engen Zusammenhang zwischen dem Solidaritäts- und Subsidiaritätsprinzip erkennt. Das Subsidiaritätsprinzip bestimme, dass der Einzelne sich in der Gemeinschaft zunächst selbst helfen soll und die Gemeinschaft ihm umgekehrt das, was er selbst zu leisten vermag, nicht abnehmen, sondern ihm hilfreichen Beistand leisten soll. Die Verbindung zum Solidaritätsprinzip bestehe zum einen darin, dass der Einzelne, wenn er seine Angelegenheiten so weit wie möglich selbst übernehme, der Gemeinschaft nicht zur Last falle und damit seine solidarische Verant-

---

[38] *Von Nell-Breuning*, Baugesetze der Gesellschaft, 1990, S. 16 ff.

[39] *Kondziela*, Solidaritätsprinzip, in: Klose u.a. (Hrsg.), Katholisches Soziallexikon, 2. Aufl., 1980, Sp. 2577 ff.

[40] *Von Nell-Breuning*, aaO (Fn. 38), S. 47 f.

[41] *Pesch*, Solidarismus, in: Stimmen aus Maria Laach 63 (1902), S. 38.

wortung dieser gegenüber erfülle. Zum anderen werde die Gemeinschaft dadurch der sich aus der Solidarität ergebenden Verantwortung gegenüber ihren Gliedern gerecht, indem sie einerseits alles unterlasse, was den Einzelnen störe, und ihn andererseits unterstütze, wenn er der Hilfe bedürfe.[42]

3. Solidarität im Föderalismus

Der Gegenstand der vorliegenden Arbeit erfordert es, im Rahmen der grundlegenden Ausführungen eine besondere Erscheinungsform der Solidarität näher darzustellen, und zwar die Solidarität im Föderalismus. Unter Föderalismus wird als politisches Prinzip der Zusammenschluss von differenzierten, grundsätzlich gleichberechtigten, in der Regel regionalen politischen Einheiten verstanden, die auf diese Weise zu gemeinschaftlichem Handeln verbunden werden.[43] Wichtigstes Merkmal von föderalen Strukturen ist, dass sie gleichzeitig nach Einheit und Vielfalt streben.[44] Föderative Ordnungen sind gekennzeichnet durch eine Aufteilung der Kompetenzen zwischen den Gliedern und dem Gesamtsystem.[45] Als Idealtyp des Föderalismus wird der Bundesstaat bezeichnet.[46] Eine Gleichsetzung von Föderalismus und Bundesstaat widerspricht aber der Weite des Föderalismusbegriffs.[47]

Solidarität stellt eines der Strukturprinzipien dar, die den Föderalismus kennzeichnen.[48] In dieser Ausgestaltung unterscheidet sie sich von den bisher darge-

---

42 *Von Nell-Breuning*, aaO (Fn. 38), S. 115.

43 *Hesse*, Grundzüge des Verfassungsrechts, 20. Aufl., 1995, Rn. 219; *Millgramm*, Föderalismus und Individuum, DVBl. 1990, S. 704 f.

44 *Bothe*, Föderalismus - ein Konzept im geschichtlichen Wandel, in: Evers (Hrsg.), Chancen des Föderalismus in Deutschland und Europa, 1994, S. 19, 21; *Bülck*, Föderalismus als internationales Ordnungsprinzip, VVDStrl. 21 (1964), S. 1, 2; *von Bogdandy*, Die Europäische Union als supranationale Föderation, Integration 1999, S. 95.

45 *Mazan*, Das föderative Prinzip in der Europäischen Union, 1996, S. 20, 29; *Bothe*, Die Kompetenzstruktur des modernen Bundesstaates in rechtsvergleichender Sicht, 1977, S. 128; *Everling*, Zur föderalen Struktur der Europäischen Gemeinschaft, in: FS Doehring, 1989, S. 179, 184; *Zuleeg*, Die föderativen Grundsätze der Europäischen Union, NJW 2000, S. 2846, 2847.

46 *Zippelius*, Allgemeine Staatslehre, 13. Aufl., 1999, S. 389; *Evers*, Durch Teile Eins, in: ders. (Hrsg.), Chancen des Föderalismus in Deutschland und Europa, 1994, S. 45, 47.

47 *Mazan*, Das föderative Prinzip in der Europäischen Union, 1996, S. 8; *Bach*, Wettbewerbsrechtliche Schranken für staatliche Maßnahmen nach europäischem Gemeinschaftsrecht, 1992, S. 96; *von Bogdandy*, Die Europäische Union als supranationale Föderation, Integration 1999, S. 95, 108.

48 *Pieper*, Subsidiarität: Ein Beitrag zur Begrenzung der Gemeinschaftskompetenzen, 1994, S. 54; *Korioth*, Finanzausgleich zwischen Bund und Ländern, 1997, S. 120; *Calliess*, Subsidiaritäts- und Solidaritätsprinzip in der Europäischen Union, 2. Aufl., 1999, S. 185 f.; *Schneider*, Der Föderalismus im Prozess der deutsch-deutschen Einigung, in: Evers (Hrsg.), Chancen des Föderalismus in Deutschland und Europa, 1994, S. 79, 83; *ders.*,

stellten Formen insbesondere hinsichtlich der Subjekte. Während sich Solidarität in ihrer Grundbedeutung auf das Verhältnis zwischen einzelnen Personen bezieht, kommt sie im Föderalismus zwischen organisierten Einheiten zum Tragen. Darüber hinaus sind in beiden Fällen die an die Adressaten gestellten Anforderungen verschieden zu bewerten. Die Solidarität zwischen Einzelnen schließt regelmäßig ein persönliches Moment und damit auch die Frage der Verbundenheit ein. Sind dagegen organisierte Einheiten die Adressaten der Solidaritätspflichten, so spielt der Zusammenhalt der Beteiligten nur indirekt eine Rolle. Zwar treffen die mit der Solidarität verbundenen Vorteile und Lasten letztendlich die in den Einheiten zusammengeschlossenen Bürger. Die Pflicht zum solidarischen Handeln findet ihren Grund aber nicht primär in deren Verbundenheit, sondern vielmehr in der Notwendigkeit der Funktionsfähigkeit der staatlichen Ordnung.

Der Solidarität bedarf es in föderalen Ordnungen, da die Glieder in solchen Zusammenschlüssen zwangsläufig heterogen sind. Die für den Föderalismus typische Gleichberechtigung der verschiedenen Glieder setzt deshalb Formen der Zusammenarbeit und Kompensationsmechanismen voraus, die sich als Ausdruck des Solidaritätsprinzips darstellen.[49] Zudem können sich die einheitlichen Regelungen auf die Glieder des Verbandes aufgrund der fehlenden Homogenität unterschiedlich auswirken und für sie deshalb nicht nur Vorteile, sondern auch Nachteile mit sich bringen. Eine föderale Ordnung erfordert deshalb, dass die Glieder bereit sind, auch die Nachteile im Interesse des Gesamtverbandes hinzunehmen und verlangt somit von ihnen Solidarität.[50] Dieses Merkmal der Solidarität grenzt den Föderalismus insbesondere vom Regionalismus ab. Die Regionen sind - im Gegensatz zu den Gliedstaaten in föderalen Gebilden - nur für sich selbst da und versuchen sich in Konkurrenz mit den anderen Regionen möglichst viele Vorteile zu verschaffen.[51]

4. Bestimmung des Kernbegriffs

Die Darstellung verschiedener Anwendungsbereiche des Begriffs der Solidarität hat deutlich gemacht, dass er - abhängig von dem Kontext, in dem er benutzt

---

Die bundesstaatliche Ordnung im vereinigten Deutschland, NJW 1991, S. 2448; 2451; *Pernice*, The framework revisited: constitutional, federal and subsidiarity issues, in: Columbia Journal of European Law, Vol. 2, 1996, S. 403, 407; *Martenczuk*, Die differenzierte Integration und die föderale Struktur der Europäischen Union, EuR 2000, S. 351, 362.

49 *Schneider*, Die bundesstaatliche Ordnung im vereinigten Deutschland, NJW 1991, S. 2448, 2451.

50 *Martenczuk*, aaO (Fn. 48), S. 351, 362.

51 *Schneider*, Der Föderalismus im Prozess der deutsch-deutschen Einigung, in: Evers (Hrsg.), Chancen des Föderalismus in Deutschland und Europa, 1994, S. 79, 83.

wird, - einen unterschiedlichen Inhalt haben kann. Für die weitere Untersuchung ist es erforderlich, den Kern dieser heterogenen Verwendungsweisen herauszufiltern, der den Mindestgehalt des Begriffs abbildet und immer vorhanden sein muss, damit von Solidarität die Rede sein kann.

In der Alltagssprache wird Solidarität häufig mit dem Bild umschrieben, dass „alle in einem Boot säßen". Außerdem kommt sie in der Wendung „Einer für alle und alle für einen" zum Ausdruck.[52] Diese Umschreibungen machen den Mindestgehalt der Solidarität anschaulich deutlich. Auf den einfachsten Nenner gebracht, geht es ihr um die Ableitung von Forderungen aus der wechselseitigen Verbundenheit zwischen Personen.[53] Um Ausgangspunkt für weitere Untersuchungen zu sein, bedarf diese Definition der näheren Erläuterung.

Zunächst ist zu betonen, dass die Verbundenheit auf verschiedenen Ebenen bestehen und auf unterschiedlichen Gründen beruhen kann. Die Motivation muss nicht unbedingt altruistisch sein, sondern kann ebenso in der Verfolgung eines gemeinsamen Zieles bestehen.[54] Zum Erfordernis der Wechselseitigkeit ist auszuführen, dass es nicht notwendigerweise ein Handeln in Erwartung einer Gegenleistung voraussetzt. Dies zeigt sich bereits daran, dass Solidarität auch gegenüber solchen Personen geübt werden kann, die keine Gegenleistung erbringen können.[55]

Des Weiteren ist näher zu betrachten, in welchen Beziehungen Solidarität stattfinden kann, wer also als deren Subjekt in Frage kommt. Dieser Gesichtspunkt muss im Rahmen der vorliegenden Arbeit besonders erörtert werden. Die Solidarität in der Europäischen Union bezieht sich - zumindest in erster Linie - auf die Beziehungen zwischen den Mitgliedstaaten. Nach der Kerndefinition demgegenüber sind es die einzelnen Personen, zwischen denen Solidarität bestehen kann. Damit drängt sich die Frage auf, ob die in der Europäischen Union angesprochene Solidarität damit in Einklang gebracht werden kann. Das kann bejaht werden, da auch die Solidarität zwischen den Staaten letztlich die Beziehungen der Bürger untereinander betrifft. Die Staaten stellen sich als Zusammenschluss der einzelnen Personen dar; sie sind Medium, um die Solidarität zwischen ihren Bürgern zu vermitteln. Die Solidaritätspflichten sind zwar von den Mitglied-

---

52 *Rauscher*, Solidarität, in: Görres-Gesellschaft (Hrsg.), Staatslexikon, Bd. 4, 7. Aufl., 1998, Sp. 1191; *Kondziela*, Solidaritätsprinzip, in: Klose u.a. (Hrsg.), Katholisches Soziallexikon, 2. Aufl., 1980, Sp. 2580.

53 Vgl. auch die in diesem Kern weitgehend übereinstimmenden Definitionen von *Rauscher*, ebenda; *Grimm*, Solidaritätsprinzip, in: Herzog u.a. (Hrsg.), Evangelisches Staatslexikon, Bd. 2, 3. Aufl., 1987, Sp. 3344.; *Volkmann*, Solidarität - Programm und Prinzip der Verfassung, 1998, S. 6; *Tomuschat*, Solidarität in Europa, in: FS Pescatore, 1987, S. 729, 733; *Bayertz*, Begriff und Problem der Solidarität, in: ders. (Hrsg.), Solidarität: Begriff und Problem, 1998, S. 11 f.

54 *Volkmann*, aaO, S. 5; *Bayertz*, aaO, S. 11, 12.

55 *Peters*, Die Integration moderner Gesellschaften, 1993, S. 100.

staaten zu erfüllen, sie handeln dabei aber als „Vertreter" ihrer Bürger. Damit ist die hier zu erörternde Form der Solidarität mit dem allgemeinen Verständnis des Begriffs kompatibel. Dass nicht nur Individuen, sondern auch Personengemeinschaften Subjekte von Solidarität sein können, zeigt sich zudem in der Bedeutung der Solidarität im Föderalismus, wo sie die Beziehungen der Glieder, und damit Gesamtheiten, zum Gegenstand hat.

Ferner muss geklärt werden, welche Pflichten im Einzelnen aus der wechselseitigen Verbundenheit erwachsen. Als Erscheinungsformen der Solidarität werden zumeist die Verfolgung eines gemeinsamen Interesses, die Verpflichtung auf das Allgemeinwohl, das Einstehen und die Sorge für andere sowie die Bereitschaft, für Schwächere Opfer zu erbringen, genannt.[56] Eine Systematisierung dieser unterschiedlichen Pflichten lässt sich mit einem Rückgriff auf die juristische Herkunft des Begriffes erreichen. Seine ursprüngliche Bedeutung gibt Aufschluss darüber, in welchem Verhältnis die Solidaritätspflichten bestehen. Danach hat ein jeder für das Ganze und haben umgekehrt alle für jeden Einzelnen einzustehen.[57] Diese unterschiedlichen juristischen Solidarpflichten kommen auch in den Erscheinungsformen der Solidarität, so wie sie heute allgemein verstanden wird, zum Ausdruck. Die Pflichten des Einzelnen gegenüber dem Ganzen bestehen insbesondere in der Verfolgung eines gemeinsamen Interesses und der Orientierung auf das allgemeine Wohl. Wenn die Interessen des Einzelnen dem der Gesamtheit widersprechen, hat er diese zugunsten des gemeinsamen Interesses zurückzustellen; sein Einzelwohl muss er dem Allgemeinwohl unterordnen.[58] Ein Verzicht auf die Verwirklichung der eigenen Interessen ist dann Voraussetzung für die Erfüllung des gemeinsamen Zieles und damit die Funktionsfähigkeit des Ganzen. In diesem Verzicht manifestiert sich sein Einstehen für das Ganze, das Zeichen von Solidarität ist. Die Solidarität aller gegenüber einem Einzelnen äußert sich primär in gegenseitiger Hilfsbereitschaft.[59] Die Stärkeren haben für die Schwächeren einzustehen, wobei von den Stärkeren auch die Erbringung von Opfern verlangt werden kann. Solidarität kann dabei in Hilfeleistungen eines Einzelnen zugunsten eines anderen zum Ausdruck kommen; es können aber auch alle gemeinsam den Schwächeren helfen. In dem Zusammenhang erhält insbesondere die finanzielle Solidarität Bedeutung. Sie

---

56 Brockhaus-Enzyklopädie, Bd. 20, 19. Aufl., 1993, S. 428; *Rauscher*, Solidarität, in: Görres-Gesellschaft (Hrsg.), Staatslexikon, Bd. 4, 7. Aufl., 1998, Sp. 1191; *Volkmann*, Solidarität in einem vereinten Europa, SuS 1998, S. 17, 18.

57 *Amengual*, Zu einer begrifflichen Bestimmung von Solidarität, in: FS Hünermann, 1994, S. 237, 238.

58 *Kondziela*, Solidaritätsprinzip, in: Klose u.a. (Hrsg.), Katholisches Soziallexikon, 2. Aufl., 1980, Sp. 2579 f.; *Rauscher*, Solidarität, in: Görres-Gesellschaft (Hrsg.), Staatslexikon, Bd. 4, 7. Aufl., 1998, Sp. 1191.

59 Brockhaus-Enzyklopädie, Bd. 20, 19. Aufl., 1993, S. 428; *Bayertz*, Begriff und Problem der Solidarität, in: ders. (Hrsg.), Solidarität: Begriff und Problem, 1998, S. 11, 12.

gebietet den wirtschaftlich Stärkeren, die wirtschaftlich Schwächeren durch finanzielle Zuwendungen zu unterstützen.

II. Solidarität als Rechtsbegriff

Die Ausführungen im vorhergehenden Teil haben gezeigt, dass Solidarität in erster Linie ein Begriff der politischen, soziologischen und philosophischen Terminologie ist. Als Rechtsbegriff dagegen hat er keine besondere Bedeutung erlangt.[60] Dies wird insbesondere mit seiner inhaltlichen Unbestimmtheit und Durchsetzungsschwäche begründet.[61] Anliegen der vorliegenden Arbeit ist es, diese wenig beachtete Dimension der Solidarität zu untersuchen, und zwar in ihrer speziellen Ausprägung als Rechtsprinzip in der Europäischen Union. Bevor auf diese besondere Erscheinungsform im europäischen Recht eingegangen werden kann, bedarf es zunächst einiger grundlegender Ausführungen über die rechtliche Dimension der Solidarität im Allgemeinen. Außerdem sollen verschiedene Rechtsordnungen daraufhin untersucht werden, ob und in welcher Weise Solidarität in diesen Eingang gefunden hat.

1. Rechtliche Dimension im Allgemeinen

Um das „Mauerblümchendasein"[62] der Solidarität im Recht erklären zu können, ist eine kurze Darstellung des schwierigen Verhältnisses von Solidarität und Recht notwendig. Zudem erfordert es der Untersuchungsgegenstand, die Bedeutung der Solidarität als Rechtsprinzip aufzuzeigen.

a) Verhältnis von Solidarität und Recht

In Frankreich haben sich zum Ende des 19. und zu Beginn des 20. Jahrhunderts Emile Durkheim und insbesondere Leon Duguit mit der Beziehung zwischen Solidarität und Recht befasst. Durkheim bezeichnet als Solidarität das, was den gesellschaftlichen Zusammenhang gewährleistet, wobei er zwischen zwei verschiedenen Formen der Solidarität unterscheidet, je nachdem in welcher Gesellschaftsform sie in Erscheinung tritt.[63] Er sieht Recht als das sichtbare Symbol der Solidarität in der jeweiligen Gesellschaftsform. In den archaischen Gesellschaften, in denen die „mechanische Solidarität" herrsche, werde Solidarität durch Strafrecht erzwungen, indem im Falle der Nichtbefolgung Sanktionen angedroht würden. Störungen der „organischen Solidarität" in arbeitsteiligen

---

[60] *Grimm*, Solidaritätsprinzip, in: Herzog u.a. (Hrsg.), Evangelisches Staatslexikon, Bd. 2, 3. Aufl., 1987, Sp. 3147; *Tomuschat*, Solidarität in Europa, in: FS Pescatore, 1987, S. 729, 733.

[61] *Volkmann*, Solidarität - Programm und Prinzip der Verfassung, 1998, S. 1.

[62] Begriff von *Volkmann*, ebenda.

[63] Siehe oben B I 1.

Gesellschaften würden durch Privat-, Prozess-, Verwaltungs-, und Verfassungsrecht behoben.[64] Duguit verfolgt diesen Gedanken weiter. Er bezeichnet als Solidarität die durch die Arbeitsteilung geschaffene Abhängigkeit der Individuen untereinander, die für ihn ein unabweisbares soziales Faktum und notwendige Bedingung des menschlichen Zusammenlebens ist. Deshalb bestimme sie Wesen und Inhalt des Rechts und jeder Einzelne sei zu solidaritätskonformen Verhalten verpflichtet.[65] Das Recht stelle damit selbst ein soziales Faktum dar, das sich dem Einfluss des Staates entziehe. Entweder die von ihm erlassenen Gesetze entsprechen der Solidarität oder sie sind kein Recht.[66] Dieser Ansatz hat insbesondere durch die besonderen Umstände seiner Zeit Bedeutung gewonnen, konnte jedoch darüber hinaus seinen Einfluss nicht erhalten.[67]

In der heutigen Rechtslehre wird der rechtliche Charakter der Solidarität häufig verneint. Solidarität habe lediglich einen ethischen Gehalt und könne sich nur dann entfalten, wenn sie freiwillig befolgt werde.[68] Das Handeln aus Solidarität und Rechtspflicht erfolge aus völlig unterschiedlichen Motiven: während Handeln aus Solidarität freiwillig geschehe, stehe das Handeln aus Rechtspflicht unter der Androhung von Zwang.[69] Außerdem sei Solidarität als Rechtsbegriff zu unbestimmt, als dass daraus Verpflichtungen gezogen werden könnten.[70] Damit bilden die Solidarpflichten aufgrund ihrer fehlenden inhaltlichen Begrenzung einen Gegensatz zu Rechtspflichten: das Handeln aus Solidarität weist vom Grundsatz keine inhaltlichen Grenzen auf, das Handeln aus Rechtspflicht muss dagegen inhaltlich bestimmt und deshalb erfüllbar sein.[71]

Mit der Begründung einer rechtlichen Dimension der Solidarität hat sich in jüngerer Zeit insbesondere *Volkmann* auseinandergesetzt. Gegen den Einwand der Unbestimmtheit bringt er vor, dieser träfe in gleicher Weise zahlreiche andere Verfassungsprinzipien und könne deshalb nicht als Argument gegen den rechtlichen Charakter der Solidarität ins Feld geführt werden.[72] Der Freiwilligkeit der Solidarität als Ablehnungsgrund für ihren rechtlichen Gehalt setzt er entgegen, dass das moderne Recht vielfach Mechanismen enthalte, die nur eine indirekte Einwirkung auf die Entschlussfreiheit haben und damit die freiwillige

---

64 *Durkheim*, De la division du travail social, 6. Aufl., 1932, S. 28 f. 35 ff.

65 *Duguit*, Traité de droit constitutionnel, 2. Aufl., 1921-23, Bd. 1, S. 15 f., 22 f., 111 f.

66 *Ders*., aaO, Bd. 2, S. 1 f. und Bd. 3, S. 116.

67 *Grimm*, Solidarität als Rechtsprinzip, 1973, S. 26 ff., 104 ff.

68 *Isensee*, Grundrechtsvoraussetzungen und Verfassungserwartungen an die Grundrechtsausübung, in: ders./Kirchhoff (Hrsg.), Handbuch des Staatsrechts, Bd. 5, 1992, § 115 Rn. 249.

69 *Denninger*, Verfassungsrecht und Solidarität, KritV 1995, S. 7, 21.

70 *Stern*, Das Staatsrecht der Bundesrepublik Deutschland, Bd. 1, 2. Aufl., 1984, S. 933; *Klein*, Denninger: Menschenrechte und Grundgesetz, DVBl. 1996, S. 63.

71 *Denninger*, aaO (Fn. 69), S. 7, 21.

72 *Volkmann*, Solidarität - Programm und Prinzip der Verfassung, 1998, S. 371.

Verbundenheit nicht ausschalten, sondern unterstützen und fördern. Außerdem könne das Recht auch Ausdruck dieser Verbundenheit sein, indem es einen Basiskonsens über „gemeinsame Vorstellungen des guten Lebens“ mit Anspruch auf Verbindlichkeit festhält. Damit werde die Solidarität zu einem Bestandteil der Rechtsordnung. Zwar müsse auch diese angenommen werden, was wiederum nur freiwillig erfolgen könne. Doch sei das ein Problem der Rechtsordnung im Allgemeinen: ihre Geltung hänge auch davon ab, dass sie akzeptiert wird.[73] Dass es sich bei der Solidarität vom Grundsatz her um einen moralischen Begriff handele, schließe folglich noch nicht aus, ihm auch eine rechtliche Dimension zuzuweisen. Denn moralische und rechtliche Normen können sich überschneiden und ergänzen.[74]

Die Kontroverse bedarf im Rahmen der vorliegenden Untersuchung keiner Entscheidung. Deren Gegenstand ist nicht die Solidarität zwischen Einzelnen, sondern zwischen Staaten. In dieser Ausgestaltung erlangt die beschriebene Problematik nicht in gleicher Weise Bedeutung. Zudem stellt sich das Verhältnis von Solidarität und Recht in der Europäischen Union aufgrund der Besonderheit dieser Rechtsordnung - wie bereits in der Einleitung dargelegt - anders dar.

b) Solidarität als Rechtsprinzip

Bevor die Solidarität in ihrer speziellen Ausprägung als Rechtsprinzip in der Europäischen Union untersucht werden kann, bedarf es zunächst einiger grundlegender Ausführungen zur Funktion von Rechtsprinzipien im Allgemeinen. Kennzeichnend für Rechtsprinzipien ist, dass sie im Gegensatz zu Normen im rechtstechnischen Sinne nur über eine unzureichende Bestimmtheit verfügen. Zur Entscheidung einer konkreten Rechtsfrage sind sie für sich genommen zu abstrakt.[75] Als interpretationsbedürftige Maßstäbe oder Leitgedanken können sie nur in ihren Konkretisierungen voll erfasst werden. Der konkrete Inhalt der Rechtsprinzipien hängt dabei davon ab, in welchem Kontext sie verwendet werden. Sie gelten auch nicht ausnahmslos oder ausschließlich, sondern sind mit anderen Prinzipien abzuwägen.[76] Strukturprinzipien stellen wesentliche Merkmale der jeweiligen Rechtsordnung dar. Es handelt sich um oberste Grundsätze, die das gesamte Rechtssystem oder bestimmte Teile des Systems beherrschen

[73] *Volkmann*, aaO, S. 372 f.

[74] *Volkmann*, aaO, S. 56 ff., 370.

[75] Vgl. für das Subsididaritätsprinzip: *Isensee*, Subsidiaritätsprinzip und Verfassungsrecht, 1968, S. 73; *Calliess*, Subsidiaritäts- und Solidaritätsprinzip in der Europäischen Union, 2. Aufl., 1999, S. 27.

[76] *Larenz*, Methodenlehre der Rechtswissenschaft, 5. Aufl., 1983, S. 457 ff.; *Canaris*, Systemdenken und Systembegriff in der Jurisprudenz, 2. Aufl., 1983, S. 52 f.; *Volkmann*, Solidarität - Programm und Prinzip der Verfassung, 1998, S. 383 f.

und durchdringen.[77] Mit der Festschreibung des Solidaritätsprinzips wird also nur bestimmt, dass der Gedanke der wechselseitigen Verbundenheit ein bestimmtes Rechtssystem beherrscht. Welche Pflichten aus dieser Solidarität im Einzelnen erwachsen, lässt sich nur anhand der Konkretisierungen bestimmen, die das Prinzip in der jeweiligen Rechtsordnung erfährt.

2. *Solidarität in verschiedenen Rechtsordnungen*

Im Folgenden sollen verschiedene Rechtsordnungen auf die Verankerung von Solidarität hin untersucht werden. Das traditionelle „Gefäß" für Solidarität ist der Nationalstaat.[78] Demnach sind es insbesondere die nationalen Verfassungen, in denen eine Festschreibung der Solidarität erwartet werden kann. Aber auch die Frage, ob das Solidaritätsprinzip im Völkerrecht Geltung erlangt, ist für die vorliegende Untersuchung von Interesse. Diese unterschiedlichen Rechtsordnungen bieten sich zur Annäherung an das Solidaritätsprinzip im europäischen Recht insbesondere deshalb an, da die Verbundenheit im Nationalstaat weitaus enger ist als die in der Europäischen Union, während diese ihrerseits gegenüber der weltweiten Verbundenheit die Stärkere ist. Dies lässt erwarten, dass das Europäische Recht auch hinsichtlich seines solidarischen Gehalts zwischen den nationalen Verfassungen und dem Völkerrecht angesiedelt ist.

a) Solidarität in den nationalen Verfassungen

Die Untersuchung des nationalen Rechts soll insbesondere anhand der Verfassung der Bundesrepublik Deutschland durchgeführt werden. Aber auch die Verfassungen ausgewählter Mitgliedstaaten der Europäischen Union werden auf die Verankerung von Solidarität hin betrachtet.

(1) Deutschland

Ausdrücklich wird die Solidarität im Grundgesetz nicht erwähnt. Dennoch spielen Solidarpflichten im deutschen Verfassungsrecht eine Rolle. Ein Solidaritätsprinzip wird in diesem Rahmen sogar auf zwei verschiedenen Ebenen diskutiert. Zum einen könnte es die Beziehungen der Bürger untereinander prägen. Damit ist die Solidarität in ihrer allgemeinen Gestalt angesprochen, in der sie sich auf die einzelnen Personen bezieht. Zudem ist von einem Solidaritätsprinzip in dem Verhältnis zwischen den Ländern und dem Bund die Rede. In dieser

---

77 *Pieper*, Subsidiariät: Ein Beitrag zur Begrenzung der Gemeinschaftskompetenzen, 1994, S. 30; *Stern*, Das Staatsrecht der Bundesrepublik Deutschland, Bd. 1, 2. Aufl., 1984, S. 551 ff.

78 *Tomuschat*, Solidarität in Europa, in: FS Pescatore, 1987, S. 729, 754; *Volkmann*, Solidarität in einem vereinten Europa, SuS 1998, S. 17, 19.

Erscheinungsform stellt es sich als Strukturprinzip des Föderalismus dar. Nicht die Bürger sind in dem Fall die Adressaten von Solidaritätspflichten, sondern die Länder sind untereinander und gegenüber dem Bund sowie der Bund gegenüber den Ländern verpflichtet.

(a) Solidarpflichten des Einzelnen

Von der Solidarität zwischen den Einzelnen ist insbesondere im Zusammenhang mit dem Sozialstaatsprinzip die Rede. Gemäß Art. 20 Abs. 1 GG ist die Bundesrepublik Deutschland ein sozialer Bundesstaat. Dessen wichtigste Ziele sind die Gewähr eines menschenwürdigen Existenzminimums für jedermann und die Schaffung sozialer Gleichheit. Außerdem wird mehr Sicherheit für die Wechselfälle des Lebens und eine Hebung und Ausbreitung des Wohlstandes angestrebt.[79] Damit bringt der Sozialstaat „die Solidarität der Bürger mit den Bürgern - vermittelt durch das Gemeinwesen und gelebt in der Gemeinschaft" zum Ausdruck.[80] Darüber hinaus hat die Solidarität in der Menschenwürdegarantie, den Grundrechten und den grundlegenden Staatsstrukturbestimmungen - zu nennen ist neben dem Prinzip der sozialen und auch das der rechtsstaatlichen Demokratie - Eingang in das Recht gefunden.[81]

Kontrovers wird aber der Stellenwert der Solidarität in der Verfassung beurteilt. *Volkmann* ordnet die Solidarität als Programm und Prinzip der Verfassung ein. Die Qualifizierung als Programm mache deutlich, dass Solidarität kein statisches, sondern ein sich ständig veränderndes Phänomen sei. Der Prinzipiencharakter betone den Aspekt des rechtlichen Sollens, lasse aber gleichzeitig die erforderliche Offenheit, um unterschiedliche Sachverhalte zu erfassen.[82]

Dieser Ansatz kontrastiert aber mit der verbreiteten Ansicht, wonach der Solidarität nur eine moralische und ethische, aber keine rechtliche Dimension zuzuweisen ist.[83] Von diesem Standpunkt aus lässt sich die Solidarität als „Verfassungsideal" einordnen, das einen „Handlungsimpuls" darstelle, aber eine „konkrete Utopie" bleibe.[84]

Die verschiedenen Auffassungen zeigen, dass die Bestimmung des rechtlichen Gehalts der Solidarität als Verpflichtung des Einzelnen schwierig ist.

---

79 *Zacher*, Das soziale Staatsziel, in: Isensee/Kirchhoff (Hrsg.), Handbuch des Staatsrechts, Bd. 1, 2. Aufl., 1995, § 25 Rn. 25 ff.

80 *Zacher*, aaO, Rn. 85; vgl. auch *Isensee*, Gemeinwohl und Staatsaufgaben im Verfassungsstaat, in: ders./Kirchhoff (Hrsg.), Handbuch des Staatsrechts, Bd. 3, 2. Aufl., 1996, § 57 Rn. 48: Solidarhaftung bildet die staatsethische Grundlage für das soziale Staatsziel.

81 *Volkmann*, Solidarität - Programm und Prinzip der Verfassung, 1998, S. 217 ff.

82 *Ders.*, aaO, S. 382 ff.

83 Siehe oben B II 1 a.

84 *Denninger*, Menschenrechte und Grundgesetz, 1994, S. 61.

(b) Solidarpflichten des Bundes und der Länder

Von der vorgenannten Erscheinungsform der Solidarität zu unterscheiden ist deren Ausgestaltung als Prinzip, das die Regelung der Verhältnisse der Länder untereinander und der Länder gegenüber dem Bund sowie umgekehrt des Bundes gegenüber den Ländern zum Gegenstand hat. Sind Adressaten der Pflichten der Bund und die Länder, so steht die Solidarität in ihrer besonderen Ausprägung als Strukturprinzip des Föderalismus in Frage. Denn die Bundesrepublik Deutschland ist als Bundesstaat (Art. 20 Abs. 1 GG) ein föderales Gebilde. Dessen Kennzeichen ist die Aufteilung der staatlichen Macht auf einen Zentralstaat und Gliedstaaten, wobei letzteren die orginäre Allzuständigkeit zukommt, während die Zentralgewalt nur abgeleitete Funktionen innehat, die ihr von den Gliedstaaten übertragen sind.[85] Aufgrund dieser Ausgestaltung bedarf es der Solidarität zwischen dem Zentralstaat und den Gliedstaaten, also dem Bund und den Ländern. Durch die Verteilung der Aufgaben zwischen diesen kommt es zu einer gegenseitigen Abhängigkeit, da die Nichterfüllung durch eines der Glieder - entweder Bund oder Land - eine Gefahr für das Ganze darstellt.[86] Diese wechselseitige Abhängigkeit ist die Wurzel der bundesstaatlichen Solidarität.[87] Der Bund und die Länder bilden somit eine Solidargemeinschaft.[88]

Die Begründung einer rechtlichen Dimension begegnet in dem Fall nicht den Schwierigkeiten, die sich in Bezug auf die solidarischen Beziehungen zwischen den Bürgern stellen. Die Adressaten der Pflichten sind organisierte Einheiten, die gegenüber ihren einzelnen Mitgliedern weitgehend verselbständigt sind. Es geht folglich nur indirekt um die Solidarität der Einzelnen. Zwar bedarf der Zusammenschluss in einem Bundesstaat grundsätzlich auch der Solidaritätsbereitschaft der Bürger. Dennoch kommt der Solidarität in diesem Zusammenhang primär eine andere Bedeutung zu: sie bildet eine notwendige Voraussetzung für das Funktionieren eines bundesstaatlichen Systems. Die Erfüllung dieser Pflichten erfolgt weder aus ethischen Gründen noch ist sie von ihrem Charakter her freiwillig. Vielmehr erfordert die Funktionsfähigkeit des Bundesstaates die rechtliche Ausgestaltung der Solidarpflichten.

---

85 *Scharpf*, Optionen des Föderalismus in Deutschland und Europa, 1994, S. 13; *Millgramm*, Föderalismus und Individuum, DVBl. 1990, S. 740, 741.

86 *Kruis*, Einige Gedanken über die bündische Sorge für das Grundgesetz, in: FS Lerche, 1993, S. 475, 476; *Benda*, Föderalismus in der Rechtsprechung des Bundesverfassungsgerichts, in: Probleme des Föderalismus, 1985, S. 71, 74.

87 *Korioth*, Finanzausgleich zwischen Bund und Ländern, 1997, S. 124.

88 *Isensee*, Idee und Gestalt des Föderalismus im Grundgesetz, in: ders./Kirchhoff (Hrsg.), Handbuch des Staatsrechts, Bd. 4, 2. Aufl., 1999, § 98 Rn. 146; *Arndt*, Zur verfassungsrechtlichen Problematik der Herstellung einheitlicher Lebensverhältnisse in der Bundesrepublik Deutschland, JuS 1993, S. 360.

Fraglich ist, ob diese Ausformung des Solidaritätsprinzips im Grundgesetz normiert ist. Teilweise wird der Begriff des sozialen Bundesstaates (Art. 20 Abs. 1 GG) zur Ableitung des bündischen Solidaritätsprinzips herangezogen.[89] Diese Ansicht geht davon aus, dass sich das Adjektiv „sozial" nicht nur auf das Verhältnis von Bürger und Staat, sondern auch auf das Verhältnis von Bund und Ländern bezieht. Einem solchen Verständnis ist aber entgegenzuhalten, dass die Formulierung nur deutlich machen soll, dass das Ziel des Sozialstaates sowohl für die Länder als auch für den Bund gilt. Auf das Verhältnis des Bundes und der Länder untereinander hat die grundgesetzliche Formel des sozialen Bundesstaates jedoch keine Auswirkungen.[90]

Die Solidarität zwischen dem Bund und den Ländern ist aber in verschiedenen anderen Verfassungsvorschriften festgelegt. Die Solidarpflichten kommen zum einen darin zum Ausdruck, dass der Bund zur Wahrung der Verfassung in die Pflicht genommen ist. Dies hat in der Form der Bundesaufsicht (Art. 28 Abs. 3, 84 Abs. 3, 85 Abs. 4 GG) und des Bundeszwanges (Art. 37 GG) zu erfolgen.[91]

Besonders deutlich tritt das Prinzip der Solidarität in der Finanzverfassung zutage. Gemäß Art. 107 Abs. 2 S. 1 GG ist die unterschiedliche Finanzkraft der Länder angemessen auszugleichen. Damit werden die finanzstarken Länder zu Hilfeleistungen an die finanzschwachen Länder verpflichtet. Dieser Finanzausgleich ist auf die Schaffung einheitlicher Lebensverhältnisse ausgerichtet.[92] Das Bundesverfassungsgericht hat betont, dass er erfolgen solle, wenn die Ergebnisse der Steuerverteilung „aus dem bündischen Gedanken der Solidargemeinschaft heraus unangemessen sind". Darin verwirkliche sich das „bündische Prinzip des Einstehens füreinander".[93] Mit der Normierung dieses horizontalen Finanzausgleichs tritt also das Prinzip der förderativen Solidarität zutage.[94]

Darüber hinaus hat auch der Bund gemäß Art. 107 Abs. 2 S. 3 GG finanzschwachen Ländern Zuweisungen zur ergänzenden Deckung ihres allgemeinen Fi-

---

89 *Schneider*, Die bundesstaatliche Ordnung im vereinigten Deutschland, NJW 1991, S. 2448, 2451; *ders.*, Neuorientierung der Aufgaben- und Lastenverteilung im „sozialen Bundesstaat", SuS 1993, S. 3, 7.

90 *Korioth*, Finanzausgleich zwischen Bund und Ländern, 1997, S. 120 ff.

91 *Ders.*, aaO, S. 122.

92 *Häde*, Finanzausgleich, 1996, S. 235 ff.; *Arndt*, Forum: Zur verfassungsrechtlichen Problematik der Herstellung einheitlicher Lebensverhältnisse in der Bundesrepublik Deutschland, JuS 1993, S. 360, 362 f.

93 BVerGE, 72, 330, 386 f.; 86, 148, 264 ff.

94 So auch *Korioth*, Finanzausgleich zwischen Bund und Ländern, 1997, S. 127; *Friauf*, Der bundesstaatliche Finanzausgleich, JA 1984, S. 618, 619.

nanzbedarfs zu gewähren. Diese Regelung bringt ebenfalls die Solidarität zum Ausdruck.[95]

Aber nicht alle in der bündischen Solidargemeinschaft bestehenden Verpflichtungen sind verfassungsrechtlich normiert. Für die ungeschriebenen Solidarpflichten greift das Prinzip der Bundestreue ein.[96] Das Verhältnis von Solidarität und Bundestreue kann dergestalt beschrieben werden, dass die Bundestreue „Transformationsfunktion“ hat, sie setzt die Solidarität als Strukturelement der Verfassung in justitiable Pflichten um.[97]

Die Pflicht zu bundesfreundlichem Verhalten wird vom Bundesverfassungsgericht in ständiger Rechtsprechung vertreten[98] und ist allgemein anerkannt.[99] Danach handelt es sich um einen ungeschriebenen Verfassungsgrundsatz, der aus dem Bundesstaatsprinzip entspringt. Zur Begründung dieser Pflichten wird eine entsprechende Anwendung des im bürgerlichen Recht geltenden Grundsatzes von Treu und Glauben vorgenommen. Der Bundesstaat beruhe auf einer vertragsmäßigen Grundlage und die Bundestreue ergänze das Verfassungsrecht wie der Grundsatz von Treu und Glauben das bürgerliche Recht.[100]

Die Bundestreue ist akzessorischer Natur. Es können nur Rechte und Pflichten innerhalb eines bestehenden Rechtsverhältnisses zwischen Bund und Ländern konstituiert oder begrenzt werden. Das Prinzip kann aber nicht selbständig ein Rechtsverhältnis begründen.[101]

Das Gebot des bundesfreundlichen Verhaltens wirkt insbesondere als Kompetenzschranke. So haben der Bund bzw. die Länder bei der Kompetenzausübung Rücksicht auf die anderen Beteiligten im Bundesstaat zu nehmen.[102] Darüber hinaus werden aus der Bundestreue Verfahrenspflichten abgeleitet.[103] Außerdem sind die Länder zur Kooperation untereinander und mit dem Bund verpflichtet.[104] Schließlich gebietet die Bundestreue auch finanzielle Hilfeleistun-

---

95 BVerfGE, 72, 330, 387; *Kruis*, Einige Gedanken über die bündische Sorge für das Grundgesetz, in: FS Lerche, 1993, S. 475, 480.

96 *Isensee*, Idee und Gestalt des Föderalismus im Grundgesetz, in: ders./Kichhoff (Hrsg.), Handbuch des Staatsrechts, Bd. 4, 2. Aufl., 1999, § 98 Rn. 147.

97 *Isensee*, aaO, Rn. 157.

98 Seit BVerfGE 1, 299, 315.

99 Vgl. *Stern*, Das Staatsrecht der Bundesrepublik Deutschland, Bd. 1, 2. Aufl., 1984, S. 699 ff.; grundlegend dazu *Bauer*, Die Bundestreue, 1992.

100 *Smend*, Ungeschriebenes Verfassungsrecht im monarchischen Bundesstaat, abgedruckt in: Staatsrechtliche Abhandlungen, 2. Aufl., 1968, S. 39, 51 f.; vgl. dazu auch *Isensee*, Idee und Gestalt des Föderalismus im Grundgesetz, in: ders./Kichhoff (Hrsg.), Handbuch des Staatsrechts, Bd. 4, 2. Aufl., 1999, § 98 Rn. 152 ff.

101 BVerfGE 13, 54, 75.

102 BVerfGE 34, 216, 232; 76, 1, 77.

103 BVerfGE 12, 205, 254 ff.

104 BVerfGE 8, 122, 137; 73, 118, 197.

gen, die über die normierten Pflichten hinausgehen. Diese sind zu gewähren, wenn sich ein Land in einer extremen Haushaltsnotlage befindet. Dann haben alle anderen Glieder der bundesstaatlichen Gemeinschaft dem betroffenen Land beizustehen.[105]

(2) Andere europäische Staaten

Im Folgenden sind die Verfassungen ausgewählter anderer Mitgliedstaaten der Europäischen Union daraufhin zu untersuchen, ob dort ausdrückliche Solidarpflichten niedergelegt sind.

Die Verfassung des Königreiches Spanien legt in Art. 2 fest, dass die Solidarität zwischen den Nationalitäten und Regionen, aus denen sich die spanische Nation zusammensetzt, anerkannt und gewährleistet wird. Gemäß Art. 138 gewährleistet der Staat die wirksame Realisierung dieses Grundsatzes der Solidarität, indem er sich für die Herstellung eines angemessenen und gerechten wirtschaftlichen Gleichgewichts zwischen den verschiedenen Teilen des Staatsgebietes einsetzt. In diesen Vorschriften kommt die Solidarität in ihrer Ausprägung als Prinzip des Föderalismus zum Ausdruck.[106] In Art. 45 Abs. 2 der spanischen Verfassung wird bestimmt, dass die öffentliche Gewalt über die vernünftige Nutzung aller Naturreichtümer wacht mit dem Ziel, die Lebensqualität zu schützen und zu verbessern und die Umwelt zu erhalten und wiederherzustellen. Dabei stützt sie sich auf die unerlässliche Solidarität der Gemeinschaft. Diese Regelung bezieht sich auf die Solidarität der einzelnen Bürger.

In der Präambel der Verfassung der französischen Republik[107] wird die Solidarität und Gleichheit aller Franzosen hinsichtlich der Lasten, die aus nationalen Notständen erwachsen, verkündet. Adressaten dieser solidarischen Pflichten sind ebenfalls die Individuen.

Nach Art. 2 der Verfassung der Republik Italien verlangt die Republik die Erfüllung der unabdingbaren Pflichten politischer, wirtschaftlicher und sozialer Solidarität. Da diese Pflichten im Zusammenhang mit der Gewährleistung und Anerkennung der Rechte des Menschen genannt werden, ist anzunehmen, dass auch sie sich an die einzelnen Bürger wenden.

---

[105] BVerfGE 86, 148, 263 ff.

[106] Siehe dazu auch *Blanke*, Föderalismus und Integrationsgewalt, 1991, S. 69 f.

[107] Verfassung der französischen Republik vom 27. Oktober 1946. Auf diese nimmt die Präambel der Verfassung der Republik Frankreich vom 4. Oktober 1958 Bezug.

b) Solidarität im Völkerrecht

Auch auf weltweiter Ebene ist ein Solidaritätsprinzip heute anerkannt.[108] Umstritten sind jedoch sowohl sein Inhalt als auch seine Rechtsqualität.

Weitgehende Einigkeit besteht über die inhaltliche Bestimmung des Solidaritätsprinzips insoweit, als es die wirtschaftliche Interdependenz und die Verantwortlichkeit von Staaten für die Auswirkungen ihrer Wirtschaftspolitik auf die internationale Gemeinschaft beschreibt.[109] Unterschiedliche Ansichten gibt es über die Frage, welche konkreten materiellen Anforderungen aus dieser Verantwortlichkeit entstehen können. Meist werden die Solidaritätspflichten auf das Gebot zur Berücksichtigung der Interessen anderer Staaten bei der Durchführung von Maßnahmen, die sich international auswirken, und auf das Verbot, die nationale Politik derart zu gestalten, dass die Interessen der Entwicklungsländer beeinträchtigt werden, beschränkt.[110] Andere leiten aus dem Solidaritätsprinzip darüber hinaus die Pflicht, benachteiligten Staaten Hilfe zu gewähren, ab.[111] Diskutiert wird auch, ob das Solidaritätsprinzip zur Begründung der sog. Menschenrechte der dritten Generation, insbesondere des Rechts auf Entwicklung, herangezogen werden kann.[112]

---

108 *Odendahl*, Das Recht auf Entwicklung, 1997, S. 178; *Schütz*, Solidarität im Wirtschaftsvölkerrecht, 1994, S. 102 f.; *Tomuschat*, Solidarität in Europa, in: FS Pescatore, 1987, S. 729, 750.

109 *Schütz*, aaO, S. 102 f.; *Sauer*, Souveränität und Solidarität, 1954, S. 116; *Scheuner*, Solidarität unter den Nationen als Grundsatz in der gegenwärtigen internationalen Gemeinschaft, in: FS Menzel, 1975, S. 251, 272.

110 Abschnitt 3.2 der Declaration on the Progressive Development of Principles of Public International Law relating to a New International Economic Order, verabschiedet von der International Law Association am 30.8.1986 in Seoul, abgedruckt in: Oppermann/Petersmann (Hrsg.), Reforming the International Economic Order, 1987, S. 47, 51; *Schütz*, aaO (Fn. 108), S. 102 ff.; *Odendahl*, aaO (Fn. 108), S. 180 f.; *Oppermann*, Die Seoul-Erklärung der International Law Association, in: FS Seidl-Hohenveldern, 1988, S. 449, 457.

111 So betonte schon *Scheuner*, Solidarität unter den Nationen als Grundsatz in der gegenwärtigen internationalen Gemeinschaft, in: FS Menzel, 1975, S. 251, 272, dass ein Bemühen um Ausgleich erforderlich sei, die Ausbildung einer solchen Solidarstruktur aber noch in den Anfängen stehe. *Riedel*, Menschenrechte der dritten Generation, EuGRZ 1989, S. 9, 18 weist darauf hin, dass es zumindest bei Naturkatastrophen eine Verpflichtung zur Hilfeleistung gibt.

112 *Riedel*, Theorie der Menschenrechtsstandards, 1986, S. 233 ff.; *Odendahl*, Das Recht auf Entwicklung, 1997, S. 181 f. Als Menschenrechte der ersten Generation werden die politischen Rechte bezeichnet, zur zweiten Generation zählen die wirtschaftlichen, sozialen und kulturellen Rechte. Bei den Menschenrechten der dritten Generation handelt es sich um typische kollektive Rechte. Sie werden auch als „Solidaritätsrechte" bezeichnet; vgl. *Ipsen*, Völkerrecht, 4. Aufl., 1999, Vor § 43 Rn. 7, § 48 Rn. 38. Neben dem Recht auf Entwicklung zählen zu den Menschenrechten der dritten Generation das Recht auf Frie-

Auch hinsichtlich der Beurteilung der rechtlichen Dimension des Solidaritätsprinzips gibt es verschiedene Ansichten. So bestehen unterschiedliche Ansätze in Bezug auf seine Ableitung. Zur Begründung des Solidaritätsprinzips wird insbesondere Art. 55 f. und der Gesamtcharakter der Satzung der Vereinten Nationen (SVN) angeführt.[113] In Art. 55 SVN heißt es, dass ein Zustand weltweiter Stabilität und Wohlfahrt Voraussetzung für friedliche und freundschaftliche Beziehungen zwischen den Völkern ist und deshalb die Vereinten Nationen die wirtschaftliche und soziale Entwicklung und die Verwirklichung der Menschenrechte fördern. Art. 56 SVN verpflichtet alle Mitgliedstaaten, mit der Weltorganisation zusammenzuarbeiten, um die in Art. 55 SVN aufgezählten Ziele zu verwirklichen. Wenn die SVN zur Ableitung eines Solidaritätsprinzips fruchtbar gemacht wird, ist bei der Bestimmung der sich daraus ergebenden Pflichten der Grundsatz der Souveränität zu berücksichtigen. Das hat zur Folge, dass sich das in der SVN enthaltene Förderungsgebot nur zu Berücksichtigungs- und Unterlassungspflichten konkretisieren lässt.[114]

Zur Begründung weitergehender Solidaritätspflichten wird versucht, das im nationalen Recht verankerte Sozialstaatsgebot auf die internationale Ebene zu übertragen. Dies könnte durch die Qualifizierung als allgemeiner Rechtsgrundsatz erfolgen.[115] Gegen einen solchen Ansatz spricht jedoch, dass den allgemeinen Rechtsgrundsätzen im Völkerrecht nur eine Hilfsfunktion zur Lückenschließung zukommt, ein internationales Sozialstaatsgebot demgegenüber aber eine fundamentale Umgestaltung des geltenden Völkerrechts darstellen würde.[116] Außerdem ist eine dem innerstaatlichen Sozialstaatsprinzip vergleichbare Verpflichtung auf internationaler Ebene schon deshalb ausgeschlossen, weil die Integration im Völkerrecht im Vergleich zu den nationalen Rechtsordnungen wesentlich geringer ist.[117]

Des Weiteren werden Solidaritätspflichten aus berechtigten Erwartungen der bedürftigen Länder nach Unterstützung abgeleitet. Durch die jahrelange Praxis

---

den, Umwelt, Kommunikation und Selbstbestimmung; siehe dazu *Auprich*, Das Recht auf Entwicklung als kollektives Menschenrecht, 2000, S. 39 ff.

113 *Kimminich*, Das Völkerrecht und die neue Weltwirtschaftsordnung, AVR 20 (1982), S. 2, 15; *ders./Hobe*, Einführung in das Völkerrecht, 7. Aufl., 2000, S. 308; *Tomuschat*, Das Recht auf Entwicklung, GYIL 25 (1982), S. 85, 97 ff.

114 *Schütz*, Solidarität im Wirtschaftsvölkerrecht, 1994, S. 46 f.

115 *Köhler*, Sozialpolitische und sozialrechtliche Aktivitäten in den Vereinten Nationen, 1987, S. 1133.

116 *Schütz*, Solidarität im Wirtschaftsvölkerrecht, 1994, S. 107; *Tomuschat*, Das Recht auf Entwicklung, GYIL 25 (1982), S. 85, 92 ff.

117 *Odendahl*, Das Recht auf Entwicklung, 1997, S. 178; *Riedel*, Menschenrechte der dritten Generation, EuGRZ 1989, S. 9, 18.

der Geberländer, überhaupt Entwicklungshilfe zu leisten, sei eine gewohnheitsrechtliche Verpflichtung entstanden.[118]

Diese Probleme bei der Herleitung schlagen sich auch bei der rechtlichen Qualifizierung des Solidaritätsprinzips nieder. Während die Solidarität zunächst nur den Stellenwert eines ethisch-moralischen und politischen Prinzips erhielt,[119] wird ihm zwar inzwischen überwiegend eine rechtliche Dimension zugeschrieben.[120] Ein Rechtsprinzip der Solidarität, aus dem verbindliche Verpflichtungen abgeleitet werden können, gibt es im geltenden Völkerrecht jedoch nicht. Sein Gehalt ist vielmehr auf eine Zielbestimmung oder Richtlinie beschränkt.[121]

Zusammenfassend lässt sich feststellen, dass Umfang und rechtliche Bedeutung eines Solidaritätsprinzips im Völkerrecht bislang nicht geklärt sind. Berücksichtigungs- und Unterlassungspflichten als Ausdruck der Solidarität sind aber bereits geltendes Völkerrecht, während solidarische Leistungspflichten bislang nicht begründet werden können.

---

118 *Schachter*, The Evolving International Law Development, Columbia Journal of Transnational Law 15 (1976), S. 1, 9 ff.

119 *Scheuner*, Solidarität unter den Nationen als Grundsatz in der gegenwärtigen internationalen Gemeinschaft, in: FS Menzel, 1975, S. 251 ff., 274.

120 *Odendahl*, Das Recht auf Entwicklung, 1997, S. 151.

121 *Riedel*, Theorie der Menschenrechtsstandards, 1986, S. 235; *Schütz*, Solidarität im Wirtschaftsvölkerrecht, S. 109. *Oppermann*, „Neue Weltwirtschaftsordnung" und internationales Wirtschaftsrecht, in: FS Carstens, 1984, S. 449, 458; *ders.*, Die Seoul-Erklärung der International Law Association, in: FS Seidl-Hohenveldern, 1988, S.449, 458. Vgl. auch *Kimminich/Hobe*, Einführung in das Völkerrecht, 7. Aufl., 2000, S. 309: es gibt auf völkerrechtlicher Ebene kein dem Art. 10 EGV entsprechendes Zusammenarbeitsgebot.

C. RECHTLICHE GRUNDLAGEN IN DEN EUROPÄISCHEN VERTRÄGEN

Nach diesen grundlegenden Ausführungen kann der Frage nachgegangen werden, ob es im Recht der Europäischen Union ein Solidaritätsprinzip gibt. Voraussetzung ist, dass sich dafür Anhaltspunkte in den europäischen Verträgen finden lassen. Diese sind deshalb auf Rechtsgrundlagen für solidarische Pflichten hin zu untersuchen. Dabei können nicht nur solche Vorschriften herangezogen werden, in denen Solidarität ausdrücklich erwähnt wird. Der solidarische Gedanke tritt vielmehr in allen Regelungen zutage, die die wechselseitige Verbundenheit und daraus abgeleitet die Forderung nach dem Einstehen für das Ganze und für jeden Einzelnen zum Gegenstand haben.[122] Wie bereits dargelegt wurde, kommt Solidarität insbesondere in der Zurückstellung eigener Interessen zugunsten des gemeinsamen Interesses und der Hilfeleistung gegenüber Schwächeren zum Ausdruck. Vorschriften, die ein solches Verhalten gebieten, enthalten solidarische Pflichten. Ein Solidaritätsprinzip lässt sich aus diesen Regelungen herleiten, wenn sich die für den Einzelfall geltenden Bestimmungen als verallgemeinerungsfähiger Grundsatz darstellen.[123]

Zunächst wird der Vertrag über die Europäische Gemeinschaft (EGV) als wichtigster Vertrag der europäischen Integration auf entsprechende rechtliche Grundlagen hin überprüft. Anschließend ist der Vertrag über die Europäische Union (EUV) einer Begutachtung zu unterziehen.

I. Vertrag über die Europäische Gemeinschaft (EGV)

Eine allgemeine Bestimmung, welche den Grundsatz der Solidarität enthält, fehlt im EGV. Es gibt aber zahlreiche Vorschriften, die diesen Gedanken auf unterschiedliche Weise zum Ausdruck bringen. Das Solidaritätsprinzip könnte deshalb einen allgemeinen Rechtsgrundsatz des Gemeinschaftsrechts darstellen. Dies ist der Fall, wenn ein solches Prinzip dem Gemeinschaftsrecht immanent ist und sich aus Geist und System des Vertrages ableiten lässt.[124] Als Bestandteil der gemeinschaftlichen Rechtsordnung unterläge es dann auch der Gerichtsbarkeit des EuGH.

---

[122] *Tomuschat*, Solidarität in Europa, in: FS Pescatore, 1987, S. 729, 733, sieht die Solidarität als Leitprinzip, das in einer Vielzahl von Regeln umgesetzt ist.

[123] *Schwarze*, Die Befugnis zur Abstraktion im europäischen Gemeinschaftsrecht, 1976, S. 190; *Beutler/Bieber/Pipkorn/ Streil,* Die Europäische Union: Rechtsordnung und Politik, 4. Aufl., 1993, S. 189.

[124] Die Terminologie ist insoweit uneinheitlich: teilweise werden diese Grundsätze nicht zu den allgemeinen Rechtsgrundsätzen gezählt, sondern als Strukturprinzipien oder allgemeine Grundsätze des Gemeinschaftsrechts bezeichnet; so *Krück*, in: GTE, EGV/EUV, Art. 164 EGV Rn. 22; *Beutler/Bieber/Pipkorn/Streil*, aaO, S. 188 f.

1. Ziele der Gemeinschaft

Die Geltung des Solidaritätsprinzips in der Europäischen Gemeinschaft setzt voraus, dass dieser Zusammenschluss auf ein solidarisches Miteinander gerichtet ist und es sich nicht um eine Verbindung handelt, mit der die Beteiligten lediglich ihre eigenen Interessen verfolgen.

Vordergründig war die europäische Integration auf die Schaffung eines einheitlichen wirtschaftlichen Raumes gerichtet. Eigentlich ging es den Vertragsparteien bei der Gründung der Europäischen Gemeinschaften aber um die Sicherung des Friedens in Europa.[125] Sie wollten durch die Zusammenarbeit auf ökonomischer Ebene die Beziehungen zwischen den Staaten stärken, um so die bestehenden Feindschaften zu überwinden.[126] Angestrebt wurde somit die für die Solidarität charakteristische wechselseitige Verbundenheit.

Rechtliche Grundlage dafür bilden die in den Verträgen festgelegten Ziele. Sie werden in den Präambeln genannt. Des Weiteren geben die in Art. 2 EGV festgelegten Aufgaben die herbeizuführende Entwicklung vor. Diese Vertragsziele sind rechtsverbindliche Gebote, nicht nur unverbindliche Programmsätze.[127] Aufgrund ihrer Allgemeinheit können sie aber weder rechtliche Pflichten der Mitgliedstaaten noch Rechte Einzelner begründen.[128] Die Gemeinschaftsorgane sind verpflichtet, auf zielkonforme rechtliche und tatsächliche Zustände hinzuwirken, wobei ihnen aber ein großer Ermessenspielraum einzuräumen ist.[129] Die Ziele können zudem Grundlage richterlicher Rechtsfortbildung sein.[130] Insbesondere lassen sie sich zur Ausbildung von Verfassungsprinzipien heranziehen.[131] Folglich können die Vorschriften, in denen die Ziele bestimmt werden, zur Begründung des Solidaritätsprinzips dienen.

Ausdrückliche Erwähnung fand die Solidarität erstmalig im Maastrichter Vertrag (Art. 2 EGV). Von Anfang an wurde dieser Gedanke jedoch in der Präam-

---

125 *Bleckmann*, Europarecht, 6. Aufl., 1997, Rn. 26; *Everling*, Von den Europäischen Gemeinschaften zur Europäischen Union. Durch Konvergenz zur Kohärenz, in: FS Oppermann, 2001, S. 162, 179.

126 *Tomuschat*, Solidarität in Europa, in: FS Pescatore, 1987, S. 729, 731.

127 *Hatje*, in: Schwarze, EU-Kommentar, Art. 2 EGV Rn. 2; *Zuleeg*, in: GTE, EGV/EUV, Art. 2 EGV Rn. 3.

128 EuGH, Rs. 128/86, Giménez Zaera/Instituto Nacional de la Seguridad, Slg. 1987, 3697 Rn. 11.

129 EuGH Rs. 6/72, Europemballage, Slg. 1973, 215 Rn. 24; EuGH Rs. 139/79, Maizena/Rat, Slg. 1980, 3393 Rn. 23.

130 *Hatje*, in: Schwarze, EU-Kommentar, Art. 2 EGV Rn. 9; *Zuleeg*, in: GTE, EGV/EUV, Art. 2 EGV Rn. 3.

131 *Ukrow*, in: Calliess/Ruffert, EUV/EGV, Art. 2 EGV Rn. 2; *Müller-Graff*, in: Dauses (Hrsg.), Handbuch des EU-Wirtschaftsrechts, Bd. 1, A I Rn. 184.

bel des Vertrages über die Gründung der Europäischen Gemeinschaft für Kohle und Stahl (EGKSV) betont.

a) Präambel des EGKSV

Die Präambel des EGKSV kann zur Bestimmung des Solidaritätsprinzips im Recht der Europäischen Gemeinschaft herangezogen werden. Schließlich sind alle Gemeinschaftsverträge Bestandteil der Europäischen Union und entfalten Geltung auch für Bereiche, die von einem anderen Gemeinschaftsvertrag geregelt werden.[132] Im EGKSV erschien der Begriff Solidarität allerdings nicht in der deutschen Übersetzung. Dort wird statt „solidarité de fait" der Terminus „tatsächliche Verbundenheit" verwendet. Man ging damals wohl davon aus, dass Solidarität ein dem deutschen Leser nicht geläufiges Fremdwort sei.[133] Im Präambelsatz 3 heißt es, Europa könne nur durch konkrete Leistungen, die zunächst eine tatsächliche Verbundenheit schaffen würden, aufgebaut werden. Damit übernimmt der EGKSV die Formulierung aus dem Schuman-Plan von 1950, wo es heißt: „Europa lässt sich nicht mit einem Schlage herstellen und auch nicht durch einfache Zusammenfassung: Es wird durch konkrete Tatsachen entstehen, die zunächst eine Solidarität der Tat schaffen." Bei Gründung der Gemeinschaften wurde das Vorhandensein von Solidarität also nicht vorausgesetzt, sondern die Vertragsparteien nahmen an, dass sie sich erst mit fortschreitender Integration herauskristallisieren und weiterentwickeln würde. Diese Überlegungen wurden durch die Entwicklung der europäischen Einigung bestätigt. Mit der schrittweisen Errichtung des Gemeinsamen Marktes ist eine immer größere Abhängigkeit zwischen den Mitgliedstaaten entstanden. Sie sind in ihrem Handeln nicht mehr frei, sondern eingebunden in die Gemeinschaft und haben ihr nationales Vorgehen deren Anforderungen anzupassen. Zudem können sie viele Entscheidungen nicht mehr allein, sondern nur noch gemeinsam auf europäischer Ebene treffen. Durch die feste institutionelle Ausgestaltung dieser wechselseitigen Verbundenheit wird für alle Mitgliedstaaten die sichere Gewähr geschaffen, dass sie mit ihren Problemen nicht allein gelassen werden.[134] Dieser verstärkte Zusammenhalt kommt schließlich darin zum Ausdruck, dass die Europäische Gemeinschaft über den Rahmen einer bloßen Wirtschaftsgemeinschaft hinausgewachsen ist. Die Integration findet nicht mehr nur auf wirtschaftlicher Ebene, sondern auch in anderen Politikbereichen statt.

---

[132] *Zuleeg*, in: GTE, EGV/EUV, Präambel zum EUV Rn. 1.
[133] *Tomuschat*, Solidarität in Europa, in: FS Pescatore, 1987, S. 729, 730 f.
[134] *Ders.*, aaO, S. 754.

b) Art. 2 EGV

Mit dem Vertrag von Maastricht hat der Terminus Solidarität Eingang in den Aufgabenkatalog des Art. 2 EGV gefunden. Damit wurde deren Förderung ausdrücklich zu einem Ziel der Gemeinschaft erklärt.

(1) Inhalt der Solidarität

Im Rahmen dieser Vertragsänderung erfolgte eine allgemeine Erweiterung der Zielvorgaben vom wirtschaftlichen Bereich auf andere Politikfelder, wodurch die Entwicklung der Gemeinschaft von einem rein wirtschaftlich geprägten Zusammenschluss zu einer politischen Union zum Ausdruck kommt.[135] Dass gleichzeitig erstmals auch auf die Solidarität Bezug genommen wird, bestätigt die Annahme, dass die Ausdehnung der Gemeinschaftsaufgaben auf andere Politikbereiche eine Vertiefung der wechselseitigen Verbundenheit bedeutet.

Die Forderung nach einer Verankerung der Solidarität wurde in den Vertragsverhandlungen insbesondere von den südeuropäischen Staaten erhoben, die sich davon finanzielle Unterstützungen erhofften.[136] Dementsprechend wird die Solidarität häufig mit dem - ebenfalls in Art. 2 EGV genannten - Ziel der Förderung des wirtschaftlichen und sozialen Zusammenhalts gleichgesetzt.[137] Dafür spricht, dass diese Aufgaben nacheinander aufgezählt werden und in enger Verbindung stehen, da sich das Gebot, diese „zwischen den Mitgliedstaaten zu fördern", auf beide Ziele gemeinsam bezieht. Andererseits wäre die Erwähnung der Solidarität aber nicht notwendig gewesen, wenn sie sich auf diese Bedeutung beschränken würde. Deshalb ist der Begriff Solidarität weiter zu verstehen. Es bietet sich an, ihm den Gehalt zuzusprechen, den er bereits vorher hatte und die Verankerung im EGV als Bekräftigung des von der Rechtsprechung entwickelten Prinzips anzusehen. Der Inhalt des Begriffs der Solidarität als Vertragsziel bestimmt sich also nach dessen Ausgestaltung im Gemeinschaftsrecht.

Soweit das Solidaritätsprinzip auf Art. 2 EGV gestützt wird, muss aber beachtet werden, dass das Ziel der Förderung der Solidarität in Widerspruch zu anderen Vertragszielen stehen kann. Im Fall eines solchen Konflikts sind die widerstreitenden Ziele aufeinander abzustimmen, wobei auch dem einen oder anderen

---

135 *Ukrow*, in: Calliess/Ruffert, EUV/EGV, Art. 2 EGV Rn. 11.

136 Siehe Hellenic Memorandum, Contribution to the Discussions on Progress Towards Political Union, Brussels, 15 May 1990, in: Laursen/Vanhoonacker (Hrsg.), The Intergovernmental Conference on Political Union, 1992, S. 277, 280; Memorandum from the Portuguese Delegation, Political Union with View to the Intergovernmental Conference, Lisbon, 30 November 1990, in: Laursen/Vanhoonacker (Hrsg.), aaO, S. 304; *Langguth*, in: Lenz, EGV, Art. 2 EGV Rn. 4.

137 *Langguth*, ebenda; *Hatje*, in: Schwarze, EU-Kommentar, Art. 2 EGV Rn. 21.

von ihnen zeitweilig der Vorrang eingeräumt werden kann.[138] Es wird also keine unbeschränkte Pflicht zur Solidarität festgelegt. Eine vollständige und dauerhafte Preisgabe dieses Zieles ist aber auch insoweit unzulässig.[139]

(2) Subjekte der Solidarität

Als Subjekte der Solidarität werden in Art. 2 EGV die Mitgliedstaaten genannt. Solidarität kann es nicht nur zwischen einzelnen Personen, sondern auch zwischen Personenmehrheiten geben.[140] Eine solidarische Ausgestaltung des Verhältnisses der Mitgliedstaaten untereinander ist also möglich. Mit den Staaten als Subjekte erhält die Solidarität eine andere Bedeutung als in den Nationalstaaten. Denn in letzteren sind es die Bürger, die einen Solidarverband bilden.[141] Zu erklären ist dieser Unterschied damit, dass die Gründung der Nationalstaaten zur Lösung eines anderen Problems erfolgte als die Europäischen Gemeinschaften. Während die Entstehung von Nationalstaaten vor allem der Sicherung des inneren Friedens diente, sollten die Europäischen Gemeinschaften den äußeren, zwischenstaatlichen Frieden sichern.[142] Als weiterer Grund wird in diesem Zusammenhang angeführt, dass die europäischen Volkswirtschaften in der Konkurrenz mit anderen Volkswirtschaften gestärkt werden sollten.[143] Die Solidarität im europäischen Recht ist also ein Prinzip zur Regelung der Beziehungen der Mitgliedstaaten untereinander.

2. Art. 10 EGV

Als Rechtsgrundlage für Pflichten zur Solidarität könnte weiter Art. 10 EGV dienen. Gemäß Art. 10 Abs. 1 S. 1 EGV treffen die Mitgliedstaaten alle geeigneten Maßnahmen allgemeiner oder besonderer Art zur Erfüllung der Verpflichtungen, die sich aus diesem Vertrag oder aus Handlungen der Organe der Gemeinschaft ergeben. Sie erleichtern der Gemeinschaft die Erfüllung ihrer Aufgabe (Art. 10 Abs. 1 S. 2 EGV) und unterlassen alle Maßnahmen, welche die Verwirklichung der Ziele dieses Vertrages gefährden könnten (Art. 10 Abs.

---

[138] EuGH Rs. 8/57, Compagnie des Hauts Fourneaux u.a./Hohe Behörde, Slg. 1958, 231, 254; EuGH Rs. 29/77, Roquette Frères/Frankreich, Slg. 1977, 1835 Rn. 29/31; *Ipsen*, Europäisches Gemeinschaftsrecht, 1972, S. 559.

[139] Vgl. GA Lagrane zum EGKSV, EuGH Rs. 13/57, Wirtschaftsvereinigung Eisen- und Stahlindustrie u.a./Hohe Behörde, Slg. 1958, 271, 372; *Hatje*, in: Schwarze, EU-Kommentar, Art. 2 EGV Rn. 23.

[140] Siehe oben B I 4.

[141] Zwar können in föderalen Staaten auch die Gliedstaaten Subjekte der Solidarität sein. Stellt sich aber die Frage, wer den Solidarverband gründet, so sind das in den Nationalstaaten die Bürger.

[142] *Volkmann*, Solidarität in einem vereinten Europa, SuS 1998, S. 17, 22.

[143] Ebenda.

2 EGV). Der EuGH hat bereits in den Rsen. 6 und 11/69 ausgeführt, dass die Solidarität „gemäß der in Art. 5 [jetzt Art. 10] des Vertrages eingegangenen Verpflichtung (...) dem gesamten Gemeinschaftssystem zugrunde liegt".[144]

Isoliert betrachtet sind die in dieser Vorschrift niedergelegten Pflichten zu unbestimmt, um eine Forderung nach Solidarität unmittelbar zum Ausdruck zu bringen. Der Gerichtshof aber hat aus Art. 10 EGV eine Vielzahl verschiedener Pflichten entwickelt, die den Mitgliedstaaten ein solidarisches Verhalten abverlangen könnten. Zur Herleitung eines allgemeinen Rechtsgrundsatzes genügt es, dass er sich auf den Wortlaut der Verträge zurückführen lässt. Eine Vorschrift kann also auch in ihrer durch die Rechtsprechung konkretisierten Ausformung als Anknüpfungspunkt dienen.

Um die Anwendbarkeit dieser Vorschrift als Rechtsgrundlage für Solidarpflichten beurteilen zu können, muss zunächst die Bedeutung des Art. 10 EGV geklärt werden. Anschließend sollen die verschiedenen Bezeichnungen für den in Art. 10 EGV zum Ausdruck kommenden allgemeinen Rechtsgrundsatz vorgestellt werden. Aufbauend auf diesen Erkenntnissen kann die für die vorliegende Untersuchung wichtige Frage beantwortet werden, ob der Pflicht zur Solidarität in diesem Zusammenhang eine eigenständige Bedeutung zukommt und welchen Inhalt diese hat. Dazu sind sowohl die Rechtsprechung des Gerichtshofes als auch die Stellungnahmen in der Literatur zu begutachten.

a) Bedeutung des Art. 10 EGV

Art. 10 EGV ist Rechtsgrundlage für die Ausgestaltung des Verhältnisses zwischen den Mitgliedstaaten und der Gemeinschaft.[145] Damit kommt dieser Vorschrift eine wichtige Bedeutung zu, da dieses Verhältnis zahlreiche Konfliktfälle aufwirft. Grund dafür ist die Verteilung der Kompetenzen zwischen der Gemeinschaft und den Mitgliedstaaten, die eine gegenseitige Einflussnahme und Abgängigkeit bedingt. Zum einen sind die Mitgliedstaaten für die Durchführung und Anwendung des Gemeinschaftsrechts zuständig, so dass die Gemeinschaft auf die Zusammenarbeit der Mitgliedstaaten angewiesen ist. Zum anderen sind die Mitgliedstaaten in der Ausübung ihrer Gesetzgebungszuständigkeiten eingeschränkt, denn in vielen Bereichen sind die Zuständigkeiten auf die Gemeinschaft übergegangen. Um die Funktionsfähigkeit der Gemeinschaft zu gewährleisten, bedürfen die Konfliktfälle einer Regelung.[146] Art. 10 EGV enthält nur vage Bestimmungen, weshalb diese Aufgabe der Rechtsprechung obliegt, die aufgrund jener Vorschrift zahlreiche konkrete Pflichten zur Lösung

---

[144] EuGH verb. Rsen. 6 und 11/69, Kommission/Frankreich, Slg. 1969, 523 Rn. 14/17.

[145] *Von Bogdandy*, in: Grabitz/Hilf, Kommentar zur EU, Art. 5 EGV Rn. 1; *ders.*, Rechtsfortbildung nach Artikel 5-EG-Vertrag, in: GS Grabitz, 1995, S. 17, 19.

[146] *Hatje*, in: Schwarze, EU-Kommentar, Art. 10 EGV Rn. 2; *Lück*, Die Gemeinschaftstreue als allgemeines Rechtsprinzip im Recht der Europäischen Gemeinschaft, 1992, S. 154 ff.

des Spannungsverhältnisses entwickelt hat. Eine solche Kompetenzzuweisung an den Gerichtshof ist notwendig, da die Gemeinschaft nur funktionsfähig ist, wenn es auch Rechtspflichten gibt, die nicht aufgrund konkreter Bestimmungen entstehen.[147]

Die Wirkung des Art. 10 EGV kann nicht auf die Bekräftigung bereits vertraglich festgelegter Pflichten beschränkt werden. Ebensowenig lässt sich seine Bedeutung auf den Grundsatz des „pacta sunt servanda" reduzieren. Es handelt sich auch nicht um eine bloße Auslegungsregel für andere Bestimmungen. Art. 10 EGV kann vielmehr darüber hinaus eigenständige Pflichten begründen, die an keiner anderen Stelle im Gemeinschaftsrecht explizit festgestellt sind.[148] Soweit die von der Rechtsprechung entwickelten Pflichten nicht mehr als Auslegung der Norm betrachtet werden können, stellen sie eine richterliche Rechtsfortbildung dar.[149]

Nach seinem Wortlaut erfasst Art. 10 EGV nur Pflichten der Mitgliedstaaten gegenüber der Gemeinschaft. Der Gerichtshof hat festgestellt, dass auch der Gemeinschaft gegenüber den Mitgliedstaaten sowie den Mitgliedstaaten untereinander Pflichten zur Zusammenarbeit und Unterstützung obliegen.[150] Damit erweitert der Gerichtshof den Anwendungsbereich des Art. 10 EGV über die ausdrücklich geregelten Fälle hinaus.

b) Allgemeiner Rechtsgrundsatz

Art. 10 EGV wird als Ausdruck eines allgemeinen Rechtsgrundsatzes betrachtet. Der Grundsatz gilt im Gemeinschaftsrecht in vollem Umfang und nicht nur im Rahmen des Art. 10 EGV, der als „pars pro toto" Regelung lediglich eine besondere Ausprägung darstellt.[151] Seine Bezeichnung ist uneinheitlich. Der Gerichtshof spricht von einem Grundsatz, dass den Mitgliedstaten und den Gemeinschaftsorganen gegenseitige Pflichten zur loyalen Zusammenarbeit obliegen.[152] Dieser Terminologie schließen sich viele Stimmen im Schrifttum an.[153]

---

147 *Müller-Graff*, Wettbewerbsbeschränkungen durch Gesetz: Preisbindungspflicht bei Büchern, EuR 1985, S. 293, 296.

148 *Von Bogdandy*, in: Grabitz/Hilf, Kommentar zur EU, Art. 5 EGV Rn. 3; *Klein*, in: Hailbronner u.a., Handkommentar zum EUV/EGV, Art. 5 EGV Rn. 2.

149 *Hatje*, in: Schwarze, EU-Kommentar, Art. 10 EGV Rn. 4; *von Bogdandy*, Rechtsfortbildung nach Artikel 5 EG-Vertrag, in: GS Grabitz, 1995, S. 17, 19 ff.

150 EuGH Rs. 230/81, Luxemburg/Parlament, Slg. 1983, 255 Rn. 37; EuGH Rs. 42/82, Kommission/Frankreich, Slg. 1983, 1013 Rn. 36; EuGH Rs. C-2/Imm. Zwartfeld, Slg. 1990, I-3365 Rn. 17.

151 *Kahl*, in: Calliess/Ruffert, EUV/EGV, Art. 10 EGV Rn. 6; *Hatje*, in: Schwarze, EU-Kommentar, Art. 10 EGV Rn. 4; *Bleckmann*, Europarecht, 6. Aufl., 1997, Rn. 704.

152 EuGH Rs. 230/81, Luxemburg/Parlament, Slg. 1983, 255 Rn. 34 ff.; EuGH verb. Rsen. 385/85 und 51/86, Frankreich/Parlament, Slg. 1988, 4821 Rn. 34 f.; EuGH Rs. 343/93,

In der Literatur wird dieser allgemeine Rechtsgrundsatz häufig aber auch als Gemeinschaftstreue bezeichnet. Der Begriff wird in Anlehnung an die im Bundesstaat geltende Bundestreue verwendet.[154] Aufgrund dieser Verbindung mit dem Bundesstaat wird die Gemeinschaftstreue von ihren Gegnern abgelehnt, da die Gemeinschaft eben (noch) keinen Staat darstelle.[155] Die Befürworter der Gemeinschaftstreue betonen dagegen, dass der Vergleich mit der Bundestreue nicht bedeuten soll, dass die Gemeinschaft ein Bundesstaat oder bundesstaatsähnlich sei. Vielmehr bezeichne die Gemeinschaftstreue eine der Bundestreue vergleichbare Figur unter den besonderen Voraussetzungen der Gemeinschaft.[156] Teilweise wird der Begriff der Gemeinschaftstreue demnach auch nur deshalb abgelehnt, weil er den Eindruck erwecke, die Gemeinschaft habe Staatsqualität.[157] Ein sachlicher Unterschied zwischen dem Grundsatz der loyalen Zusammenarbeit und der Gemeinschaftstreue ist insoweit nicht zu erkennen.

Als allgemeiner Rechtsgrundsatz, der in Art. 10 EGV zum Ausdruck komme, wird teilweise auch eine Pflicht zur Solidarität bezeichnet. Diese Wendung wird auf die Ausführungen des Gerichtshofes gestützt, in denen er auf die „Solidarität, die gemäß Art. 5 [jetzt Art. 10] des Vertrages (...) dem gesamten Gemeinschaftssystem zugrunde liegt" Bezug nimmt. Meist wird der Solidarität jedoch in der Literatur neben der Pflicht zur loyalen Zusammenarbeit und Gemeinschaftstreue keine eigenständige Bedeutung eingeräumt. Vielmehr erscheint sie lediglich als deren terminologische Variante. So wird ausgeführt, der Gerichtshof habe durch die Festlegung einer Pflicht zur Solidarität gezeigt, dass ein

---

Kommission/Italien, Slg. 1995, I-343 Rn. 13; EuGH Rs. 348/93, Kommission/Italien, Slg. 1995, I-673 Rn. 17.

153 *Von Bogdandy*, in: Grabitz/Hilf, Kommentar zur EU, Art. 5 EGV Rn. 6; *Klein*, in: Hailbronner u.a., Handkommentar zum EUV/EGV, Art. 5 EGV Rn. 3; *Hatje*, in: Schwarze, EU-Kommentar, Art. 10 EGV Rn. 12.

154 *Kahl*, in: Calliess/Ruffert, EUV/EGV, Art. 10 EGV Rn. 6; *Zuleeg*, in: GTE, EGV/EUV, Art. 5 EGV Rn. 1; *Bleckmann*, Art. 5 EWG-Vertrag und die Gemeinschaftstreue, DVBl. 1976, S. 483, 486 f.; vgl. allgemein dazu: *Lück*, Die Gemeinschaftstreue als allgemeines Rechtsprinzip im Recht der Europäischen Gemeinschaft, 1992.

155 *Feige*, Der Gleichheitssatz im Recht der EWG, 1973, S. 90; *Constantinesco*, Das Recht der Europäischen Gemeinschaften, Bd.1, 1977, S. 295; *Ipsen*, Europäisches Gemeinschaftsrecht, 1972, § 9 Rn. 22; *Scheuner*, Die Rechtsetzungsbefugnis internationaler Gemeinschaften, in: FS-Verdross 1960, S. 229, 239 f.

156 *Kahl*, in: Calliess/Ruffert, EUV/EGV, Art. 5 EGV Rn. 6; *Epiney*, Gemeinschaftsrecht und Föderalismus: „Landes-Blindheit" und Pflicht zur Berücksichtigung innerstaatlicher Verfassungsstrukturen, EuR 1994, S. 301, 311 f.

157 *Von Bogdandy*, in: Grabitz/Hilf, Kommentar zur EU, Art. 5 EGV Rn. 6; *Bach*, Wettbewerbsrechtliche Schranken für staatliche Maßnahmen nach europäischem Gemeinschaftsrecht, 1992, S. 94.

Prinzip der Gemeinschaftstreue bestehe.[158] Zwischen der Pflicht zur Solidarität und der zur loyalen Zusammenarbeit gäbe es insoweit keinen sachlichen Unterschied.[159]

Im Folgenden soll untersucht werden, ob entgegen der herrschenden Literaturmeinung zwischen dem als Pflicht zur loyalen Zusammenarbeit bzw. Gemeinschaftstreue und dem als Pflicht zur Solidarität bezeichneten allgemeinen Rechtsgrundsatz ein sachlicher Unterschied besteht und somit den Pflichten zur Solidarität im Rahmen des Art. 10 EGV eine eigenständige Bedeutung zukommt.

c) Rechtsprechung

Da die Pflichten aus Art. 10 EGV vom EuGH entwickelt wurden, ist für die Frage, ob die Pflicht zur Solidarität einen eigenständigen Gehalt hat, die Rechtsprechung von entscheidender Bedeutung. In der Mehrzahl seiner Entscheidungen bezeichnet der Gerichtshof die aus Art. 10 EGV abgeleiteten Pflichten überhaupt nicht mit einem bestimmten Begriff, teilweise fehlt es sogar an einer ausdrücklichen Bezugnahme auf Art. 10 EGV. Wenn die Pflichten in besonderer Weise benannt werden, ist der am häufigsten gebrauchte Terminus der der Pflichten zur loyalen Zusammenarbeit. Der Begriff Gemeinschaftstreue wurde vom Gerichtshof bislang, soweit ersichtlich, noch nicht verwendet. In einigen Entscheidungen spricht der EuGH im Zusammenhang mit Art. 10 EGV von einer Pflicht zur Solidarität.[160] Auffällig ist, dass der Ausdruck Solidarität nur in Urteilen bis Ende der 70er Jahre erscheint, während erst Anfang der 80er Jahre die Bezeichnung loyale Zusammenarbeit auftaucht[161] und seitdem der Begriff Solidarität in dem Zusammenhang nicht mehr gebraucht wird. Dies könnte darauf hin deuten, dass der Gerichtshof mit dem Wechsel der Begriffe nur einen neuen Terminus eingeführt hat, ohne damit auch eine Änderung seiner Bedeutung vollziehen zu wollen.

Deshalb ist der Frage nachzugehen, ob zwischen den vom Gerichtshof aufgestellten Solidaritätspflichten und den Pflichten zur loyalen Zusammenarbeit ein sachlicher Unterschied besteht. Zu diesem Zweck muss zunächst ein Überblick

---

158 *Bleckmann*, Die Rechtsprechung des Europäischen Gerichtshofes zur Gemeinschaftstreue, RIW 1981, S. 653.

159 *Zuleeg*, in: GTE, EGV/EUV, Art. 5 EGV Rn. 1; auch *Hatje*, Loyalität als Rechtsprinzip in der Europäischen Union, 2001, S. 16, weist darauf hin, dass Rechtsprechung und Literatur nicht immer klar zwischen den Begriffen trennen.

160 EuGH verb. Rsen. 6 und 11/69, Kommission/Frankreich, Slg. 1969, 523 Rn. 14/17; EuGH Rs. 39/72, Kommission/Italien, Slg. 1973, 101 Rn. 25; EuGH Rs. 128/78, Kommission/Großbritannien, Slg. 1979, 419 Rn. 9, 12.

161 Erstmalig verwendet wird der Terminus „loyale Zusammenarbeit“ wohl in EuGH Rs. 230/81, Luxemburg/Parlament, Slg. 1983, 255 Rn. 34 ff.

über die Pflichten gegeben werden, die der EuGH aus Art. 10 EGV entwickelt hat. Dann sind die Urteile näher darzustellen, in denen Pflichten zur loyalen Zusammenarbeit aufgestellt wurden, und die, die auf Pflichten zur Solidarität Bezug nehmen, um anschließend feststellen zu können, ob es zwischen ihnen Differenzen gibt.

(1) Überblick über die aus Art. 10 EGV abgeleiteten Pflichten

Pflichten der Mitgliedstaaten hat der Gerichtshof aus Art. 10 EGV insbesondere im Zusammenhang mit der Durchführung des Gemeinschaftsrechts im nationalen Bereich entwickelt.[162] Da Ausführung und Kontrolle der Anwendung des Gemeinschaftsrechts grundsätzlich in die Zuständigkeit der Mitgliedstaaten fallen, ist die Gemeinschaft auf eine Kooperation der Mitgliedstaaten angewiesen. Diese haben dabei wegen des Fehlens gemeinschaftsrechtlicher Regelungen meist nationale Vorschriften anzuwenden. Deshalb besteht die Gefahr, dass das Gemeinschaftsrecht aufgrund der Unterschiede in den mitgliedstaatlichen Rechtsordnungen nicht einheitlich angewendet wird. Durch die aus Art. 10 EGV abgeleiteten Pflichten soll die Einheitlichkeit der Anwendung gewährleistet werden. Gebunden werden die nationale Gesetzgebung, Verwaltung und Rechtsprechung.

Des Weiteren hat der EuGH Pflichten im Zusammenhang mit der Kompetenzordnung betont.[163] Die Verteilung der Kompetenzen auf verschiedene Hoheitsträger verlangt nach Regeln zur Lösung von Konfliktfällen. Art. 10 EGV kommt die Aufgabe zu, die Ausübung der mitgliedstaatlichen Kompetenzen zu begrenzen.

Außerdem ist es den Mitgliedstaaten nach der Rechtsprechung des Gerichtshofes entsprechend der Pflicht des Art. 10 Abs. 2 EGV verboten, durch ihre nationalen Rechtsvorschriften die uneingeschränkte und einheitliche Anwendung des Gemeinschaftsrechts und die Wirksamkeit der zu dessen Vollzug ergangenen oder zu treffenden Maßnahmen zu beeinträchtigen oder auszuschalten.[164]

Auch Pflichten zur Zusammenarbeit der Mitgliedstaaten untereinander werden aus dieser Vorschrift abgeleitet. Insbesondere wird ihnen auferlegt, ihre Kompetenzen in einem Verfahren auszuüben, das die anderen Mitgliedstaaten in die Lage versetzt, sich darauf einstellen zu können.[165] Gestützt auf den dem Art. 10

---

[162] Siehe dazu *Hatje*, in: Schwarze, EU-Kommentar, Art. 10 EGV Rn. 15 ff.; *Lück*, Die Gemeinschaftstreue als allgemeines Rechtsprinzip im Recht der Europäischen Gemeinschaft, 1992, S. 29 ff.

[163] Siehe dazu *Kahl*, in: Calliess/Ruffert, EUV/EGV, Art. 10 EGV Rn. 35 ff.; *Von Bogdandy*, in: Grabitz/Hilf, Kommentar zur EU, Art. 5 EGV Rn. 34 ff.

[164] Siehe dazu *Kahl*, aaO, Art. 10 EGV Rn. 45 ff.; *Zuleeg*, in: GTE, EGV/EUV, Art. 5 EGV Rn. 10.

[165] Siehe dazu *Hatje*, in: Schwarze, EU-Kommentar, Art. 10 EGV Rn. 54 f.

EGV zugrunde liegenden Rechtsgrundsatz, dass den Mitgliedstaaten und der Gemeinschaft gegenseitige Pflichten zur Zusammenarbeit obliegen, hat der Gerichtshof auch Pflichten der Gemeinschaft gegenüber den Mitgliedstaaten entwickelt. Diese verlangen die Rücksichtnahme auf die elementaren Interessen der Mitgliedstaaten.[166]

Nachdem ein kurzer Überblick über die aus Art. 10 EGV abgeleiteten Pflichten gegeben worden ist, soll der Frage nachgegangen werden, welche von diesen als solche zur loyalen Zusammenarbeit und welche als solche zur Solidarität bezeichnet werden. Deshalb sind im Folgenden die Urteile näher zu betrachten, in denen der EuGH auf diese Pflichten ausdrücklich Bezug nimmt. Anhand dieser Zusammenstellung wird dann untersucht, ob den so bezeichneten Pflichten innerhalb der Gesamtheit der Pflichten aus Art. 10 EGV eine besondere Bedeutung zukommt.

(2) Pflicht zur loyalen Zusammenarbeit

Gegenseitige Pflichten zur loyalen Zusammenarbeit zwischen den Mitgliedstaaten und den Gemeinschaftsorganen wurden bei der Frage nach der Zuständigkeit für Beschlüsse über den Sitz des Parlaments herangezogen, um den Mitgliedstaaten und dem Parlament zu gebieten, die Zuständigkeit des jeweils anderen bei Ausübung der eigenen Zuständigkeit zu beachten.[167]

Auf die loyale Zusammenarbeit hat sich der EuGH auch in einem Fall berufen, in dem ein Mitgliedstaat die inländischen Lehrer an einer Europaschule im Vergleich zu ausländischen Lehrern finanziell benachteiligte, was durch den Gemeinschaftshaushalt auszugleichen war. Nach Ansicht des Gerichtshofes führte dieses Verhalten dazu, dass das System der Finanzierung der Gemeinschaft und der Verteilung der finanziellen Lasten zwischen den Mitgliedstaaten beeinträchtigt wurde und widersprach damit der Pflicht zur loyalen Zusammenarbeit.[168]

Mehrere Urteile, in denen eine Pflicht zur loyalen Zusammenarbeit ausgesprochen wurde, hatten die Nichterfüllung einer gemeinschaftsrechtlichen Pflicht durch einen Mitgliedstaat zum Gegenstand. Es wurde betont, dass sich der Mitgliedstaat nicht auf Bestimmungen, Übungen und Umstände seiner internen Rechtsordnung berufen könne, um die Nichtbeachtung von Gemeinschaftsrecht zu rechtfertigen.[169] Etwas anderes gelte nur dann, wenn dem Mitgliedstaat die

---

166 Siehe dazu *Kahl*, in: Calliess/Ruffert, EUV/EGV, Art. 10 EGV Rn. 50 ff.

167 EuGH Rs. 230/81, Luxemburg/Parlament, Slg. 1983, 255 Rn. 34 ff.; EuGH verb. Rsen. 385/85 und 51/86, Frankreich/Parlament, Slg. 1988, 4821 Rn. 34 f.

168 EuGH Rs. 44/84, Hurd/Jones, Slg. 1986, 29 Rn. 38 ff.; EuGH Rs. C-6/89, Kommission/Belgien, Slg. 1990, I-1595 Ls. 1.

169 EuGH Rs. 217/88, Kommission/Deutschland, Slg. 1990, I-2879 Rn. 26; EuGH Rs. 343/93, Kommission/Italien, Slg. 1995, I-343 Rn. 11.

Erfüllung absolut unmöglich sei. Werde diese Unmöglichkeit durch unvorhersehbare Schwierigkeiten begründet, dann müsse der Mitgliedstaat dies der Gemeinschaft mitteilen und geeignete Lösungen vorschlagen. Denn in einem solchen Fall verlange die gegenseitige Pflicht zur loyalen Zusammenarbeit, dass die Gemeinschaft und der Mitgliedstaat nach Treu und Glauben zusammenarbeiten, um diese Schwierigkeiten zu überwinden.[170]

Weiter wurde die Pflicht zur loyalen Zusammenarbeit herangezogen, um die Mitgliedstaaten zu verpflichten, die Maßnahmen zur Erfüllung des Gemeinschaftsrechts so zu treffen, dass das Ziel der vertraglichen Vorschriften tatsächlich erreicht wird.[171] So hat der Gerichtshof in diesem Zusammenhang die Pflicht zur fristgemäßen Erfüllung begründet.[172] Auf eine Verletzung der Pflicht zur loyalen Zusammenarbeit wurde auch zurückgegriffen, als ein Mitgliedstaat einer gemeinschaftlichen Verpflichtung nur nachkam, wenn ihm eine Vertragsverletzungsklage drohte.[173]

Auch die Mitgliedstaaten untereinander sind nach der Rechtsprechung zur loyalen Zusammenarbeit verpflichtet. Der Gerichtshof hat daraus die Forderung nach Auskunftserteilung zwischen den mitgliedstaatlichen Behörden gezogen.[174]

Versucht man anhand dieser Urteile die Pflicht zur loyalen Zusammenarbeit zu charakterisieren, so ist festzustellen, dass in allen Fällen eine bestimmte Art und Weise des Verhaltens gefordert wird. Dem Gerichtshof geht es in den Entscheidungen nicht darum zu begründen, dass eine gemeinschaftsrechtliche Pflicht überhaupt zu erfüllen ist, sondern er zieht diesen Terminus heran, um zu bestimmen, wie die Pflicht zu erfüllen ist. Dabei dient die Bezugnahme auf die loyale Zusammenarbeit dem Zweck, die Befolgung des Gemeinschaftsrechts beim Fehlen konkreter Bestimmungen zu gewährleisten. So wird in Urteilen, die Schwierigkeiten eines Mitgliedstaates beim Vollzug von Gemeinschaftsrecht zum Gegenstand haben, die Pflicht zur loyalen Zusammenarbeit nicht herangezogen, um dem jeweiligen Mitgliedstaat trotz dieser Schwierigkeiten die Anwendung von Gemeinschaftsrecht aufzuerlegen. Vielmehr verlangt der Gerichtshof mit der Forderung nach loyaler Zusammenarbeit, dass der Mitglied-

---

170 EuGH Rs. 52/84, Kommission/Belgien, Slg. 1986, 89 Rn. 16; EuGH Rs. 240/86, Kommission/Griechenland, Slg. 1988, 1835 Rn. 27; EuGH Rs. 94/87, Kommission/Deutschland, Slg. 1989, 175 Rn. 9; EuGH Rs. 217/88 aaO, Rn. 33; EuGH Rs. C-343/93 aaO, Rn. 13; EuGH Rs. 348/93, Kommission/Italien, Slg. 1995, I-673 Rn. 17.

171 EuGH Rs. C-165/91, Van Munster, Slg. 1994, I-4661 Rn. 32; EuGH Rs. 14/88, Italien/Kommission, Slg. 1989, 3677 Rn. 20; EuGH Rs. C-242/96, Italien/Kommission, Slg. 1998, I-5863 Rn. 116; EuGH verb. Rsen. Rs. C- 36/97 und 37/97, Kellinghusen, Slg. 1998, I-6337 Rn. 30 f.

172 EuGH Rs. 14/88 aaO, Rn. 20.

173 EuGH Rs. C-374/89, Kommission/Belgien, Slg. 1991, I-367 Rn. 15.

174 EuGH Rs. C-251/89, Athanasopoulos, Slg. 1991, I-2797 Rn. 57.

staat und das Gemeinschaftsorgan im Fall unüberwindbarer Schwierigkeiten zusammenwirken, um gemeinsam eine Lösung zu finden. Damit beschreibt dieser Grundsatz, wie sich die Beteiligten zu verhalten haben, um die Erfüllung der gemeinschaftsrechtlichen Pflichten zu ermöglichen. Auch in den Fällen, in denen sich der Gerichtshof auf die Pflicht zur loyalen Zusammenarbeit beruft, um den Mitgliedstaaten ein Verhalten aufzuerlegen, mit dem das Ziel einer vertraglichen Vorschrift erreicht wird, bezieht sich diese Forderung auf die Art und Weise der Pflichterfüllung. Es geht darum, die Pflicht so zu erfüllen, dass sie dem Zweck der gemeinschaftsrechtlichen Regelung gerecht wird. Ähnlich lässt sich auch die Pflicht der Mitgliedstaaten einordnen, die Lastenverteilung innerhalb der Gemeinschaft nicht zu stören. Da es an einer ausdrücklichen Pflicht zur Gleichbehandlung der inländischen mit den ausländischen Lehrer fehlte, hat man auf die Pflicht zur loyalen Zusammenarbeit zurückgegriffen, um zu begründen, dass der Mitgliedstaat so handeln muss, dass das gemeinschaftliche Finanzierungssystem nicht beeinträchtigt wird.

Zu beachten ist auch, dass die loyale Zusammenarbeit auf verschiedenen Beziehungsebenen gefordert wird. Zum einen werden dem einzelnen Mitgliedstaat und der Gemeinschaft gegenseitige Pflichten auferlegt. Die Urteile über die Beschlüsse zum Sitz des Parlaments zeigen, dass zu diesem Komplex auch Pflichten zwischen der Gesamtheit der Mitgliedstaaten und der Gemeinschaft gezählt werden. Außerdem wird das Verhältnis der Mitgliedstaaten untereinander erfasst. Die Vielzahl der Beziehungsebenen bringt zum Ausdruck, dass sich der Grundsatz der loyalen Zusammenarbeit nicht dadurch auszeichnet, dass er sich auf ein bestimmtes Verhältnis bezieht, sondern durch die Art und Weise, wie Pflichten zu erfüllen sind.

(3) Pflicht zur Solidarität

Im Folgenden ist die Rechtsprechung zu Art. 10 EGV auf Pflichten zur Solidarität hin zu untersuchen. Dabei soll insbesondere der Frage nachgegangen werden, ob diesen neben den soeben dargestellten Pflichten zur loyalen Zusammenarbeit eine eigenständige Bedeutung zukommt.

Auf eine Pflicht zur Solidarität hat der Gerichtshof im Zusammenhang mit Art. 10 EGV ausdrücklich nur in den Rsen. 6 und 11/69 Bezug genommen.[175] In der Entscheidung ging es darum, dass ein Mitgliedstaat die Befolgung des Gemeinschaftsrechts mit dem Argument verweigerte, die Angelegenheit falle in seine ausschließliche Zuständigkeit. Um auch in diesem Fall eine Verpflichtung des Mitgliedstaates zu begründen, vom Vertrag verbotene Maßnahmen zu unterlassen, berief sich der Gerichtshof darauf, dass die einschlägigen vertraglichen Vorschriften gebieten würden, die nationalen Politiken zu koordinieren und sie

[175] EuGH verb. Rsen. 6 und 11/69, Kommission/Frankreich, Slg. 1969, 523 Rn. 14/17.

als Angelegenheiten von gemeinsamem Interesse zu behandeln. Außerdem wären die geltenden Regelungen gegenstandslos, wenn die Mitgliedstaaten von ihnen abweichen dürften. Des Weiteren stützte sich der EuGH darauf, dass die Solidarität diesen Bestimmungen zugrunde liege. Begründet wird dies mit der in Art. 10 EGV eingegangenen Verpflichtung. Die in dieser Vorschrift zum Ausdruck kommende Solidarität wird demnach herangezogen, um die Forderung zu bekräftigen, dass die Mitgliedstaaten nicht mehr unbeschränkt nur ihr nationales Interesse verfolgen dürfen, sondern das Gemeinschaftsrecht zu beachten haben.

Besonders deutlich wird die Bedeutung der Solidarität in diesem Zusammenhang in den Urteilen in den Rsen. 39/72[176] und 128/78[177], in denen sich der Gerichtshof ausführlich über die Pflicht zur Solidarität geäußert hat. In dem der Rs. 39/72 zugrunde liegenden Fall weigerte sich Italien, Durchführungsmaßnahmen zu einer Verordnung, nach der die Mitgliedstaaten für die Nichtvermarktung von Milch Prämien auszahlen sollten, zu treffen. Italien begründete sein Verhalten damit, dass die Unterstützung der Nichtvermarktung für den italienischen Markt unzweckmäßig sei, da dort eine unzureichende Milchversorgung vorliege. Diese Weigerung betrachtete der Gerichtshof als Verletzung der Pflicht zur Solidarität. Über einen ähnlichen Fall hatte der Gerichtshof in der Rs. 128/78 zu entscheiden. Dort ging es um die Durchführung einer Verordnung, die für bestimmte Kraftfahrzeuge eine Verpflichtung zu Einbau und Benutzung eines Kontrollgeräts vorschrieb. Großbritannien verweigerte den Erlass entsprechender Maßnahmen mit der Begründung, es würde auf Widerstand der betroffenen Kreise stoßen, was Streiks und schwere Schädigungen der Volkswirtschaft zur Folge hätte. Der Gerichtshof nimmt Bezug auf die Rs. 39/72 und spricht auch hier von einer Verletzung der Pflicht zur Solidarität. Gemeinsam ist diesen beiden Fällen, dass die betroffenen Mitgliedstaaten die Anwendung von Gemeinschaftsrecht aus Gründen ihres nationalen Interesses vorsätzlich verweigerten.

Bevor die Bedeutung dieser Pflicht zur Solidarität näher bestimmt werden kann, muss zunächst ihr Zusammenhang mit Art. 10 EGV geklärt werden. Beide Urteile stellen nicht ausdrücklich auf Art. 10 EGV ab. Der Gerichtshof könnte aber stillschweigend die Pflicht zur Solidarität aus Art. 10 EGV abgeleitet haben. Dafür spricht, dass die Kommission in beiden Fällen die eingeklagte Verpflichtung in ihrem Antrag auf die Verordnung in Verbindung mit Art. 10 EGV gestützt hat.[178] Auch der Generalanwalt hat in seinem Schlussantrag auf diese Bestimmung ausdrücklich Bezug genommen, um die Pflicht zur Durchführung der Verordnung zu begründen.[179]

---

176 EuGH Rs. 39/72, Kommission/Italien, Slg. 1973, S. 101 ff.

177 EuGH Rs. 128/78, Kommission/Großbritannien, Slg. 1979, S. 419 ff.

178 EuGH Rs. 39/72 aaO (Fn. 176), S. 107; EuGH Rs. 128/78 aaO (Fn. 177), S. 424.

179 Schlußantrag des GA Mayras in der Rs. 39/72 aaO (Fn. 176), S. 117, 123.

Außerdem hat der Gerichtshof in anderen Fällen, in denen - wie hier - der Erlass von Maßnahmen zur Durchführung von Verordnungen eingefordert wurde, auf Art. 10 EGV zurückgegriffen. Da Verordnungen gemäß Art. 249 Abs. 2 EGV in allen ihren Teilen in den Mitgliedstaaten unmittelbar anwendbar sind, bedarf es zwar grundsätzlich keiner nationalen Rechtsvorschriften zur Durchführung einer Verordnung im innerstaatlichen Bereich. Ist eine Verordnung aber zu abstrakt, als dass sie ohne weitere Maßnahmen von den nationalen Behörden angewandt werden könnte, so sind die Mitgliedstaaten zum Erlass ergänzender nationaler Rechtsvorschriften verpflichtet. Wenn eine Verordnung Durchführungsmaßnahmen auf nationaler Ebene erforderlich macht, dann wird die Verpflichtung zum Erlass dieser Maßnahmen aus Art. 10 EGV abgeleitet.[180] Enthält eine Verordnung bereits selber Verpflichtungen zum Erlass von Durchführungsmaßnahmen, so werden diese durch den in Art. 10 EGV niedergelegten Grundsatz zur Zusammenarbeit bekräftigt.[181]

Von Interesse ist im vorliegenden Zusammenhang insbesondere die Entscheidung in der Rs. 30/72. Diese ist sachlich - in beiden Fällen ging es um eine Prämienregelung - und zeitlich - beide Entscheidungen ergingen in einem Abstand von nur einem Tag - eng mit der Rs. 39/72 verknüpft. In dem Urteil Rs. 30/72 hat der Gerichtshof ausdrücklich auf Art. 10 EGV Bezug genommen, um die Pflicht eines Mitgliedstaates zu begründen, das nationale Haushaltsverfahren durchzuführen, das die Durchführung einer Verordnung ermöglicht.[182] Aufgrund der Rechtsprechung des EuGH zur Bedeutung des Art. 10 EGV bei der Durchführung von Verordnungen ist folglich davon auszugehen, dass diese Vorschrift auch in den in Rede stehenden Entscheidungen stillschweigend herangezogen wurde.

Auch die dogmatische Herleitung des Art. 10 EGV, wonach sämtliche Verpflichtungen im Verhältnis zwischen Mitgliedstaaten und Gemeinschaft, die deren Funktionsfähigkeit dienen, auf Art. 10 EGV zurückzuführen sind, spricht für seine Anwendung im vorliegenden Fall. Denn es soll gerade die einheitliche Anwendung der Verordnung erreicht werden, die zur Sicherung der Funktionsfähigkeit des Gemeinschaftsrechts erforderlich ist. Außerdem hatte der EuGH bereits im Urteil 6 und 11/69 betont, dass die Solidarität gemäß der Pflicht aus Art. 10 EGV dem Gemeinschaftsvertrag zugrunde liegt und damit die Verbindung von Art. 10 EGV und der Pflicht zur Solidarität deutlich gemacht.[183] Diese Überlegungen bestätigen die Annahme, dass die in den Rs. 39/72 und 128/78 ausgesprochene Pflicht zur Solidarität eine Verbindung zu Art. 10 EGV aufweist.

---

180 EuGH Rs. 137/80, Kommission/Belgien, Slg. 1981, 2393 Rn. 9.
181 EuGH Rs. 54/81, Fromme/BALM, Slg. 1982, 1449 Rn. 5.
182 EuGH Rs. 30/72, Kommission/Italien, Slg. 1973, 161 Rn. 11.
183 Slg. 1969, 523 Rn. 14/17.

Damit ist jedoch noch nicht die Frage nach dem Inhalt dieser aus Art. 10 EGV abgeleiteten Pflicht zur Solidarität beantwortet. Kennzeichnend für die Urteile in den Rs. 39/72 und 128/78 ist, dass der Mitgliedstaat die Durchführung aus Gründen seines nationalen Interesses verweigerte. Der Gerichtshof zog die Pflicht zur Solidarität heran, um auch unter diesen Umständen die Beachtung des Gemeinschaftsrechts zu verlangen. Die Pflicht zur Solidarität wird in den Urteilen wie folgt beschrieben:

> „Der Vertrag erlaubt es den Mitgliedstaaten, die Vorteile der Gemeinschaft für sich zu nutzen, er legt ihnen aber auch die Verpflichtung auf, deren Rechtsvorschriften zu beachten. Stört ein Staat aufgrund der Vorstellung, die er sich von seinem nationalen Interesse macht, einseitig das mit der Zugehörigkeit zur Gemeinschaft verbundene Gleichgewicht zwischen Vorteilen und Lasten, so stellt dies die Gleichheit der Mitgliedstaaten vor dem Gemeinschaftsrecht in Frage und schafft Diskriminierungen für die Einzelnen, und zwar in erster Linie für die Staatsangehörigen des Staates, der sich außerhalb des Gemeinschaftsrechts stellt.
>
> Ein solcher Verstoß gegen die Pflicht zur Solidarität, welche die Mitgliedstaaten durch ihren Beitritt zur Gemeinschaft übernommen haben, beeinträchtigt die Rechtsordnung der Gemeinschaft bis in ihre Grundfesten.“[184]

Ein Verstoß gegen die Pflicht zur Solidarität liegt demnach vor, wenn ein Mitgliedstaat aufgrund der Vorstellung, die er sich von seinem nationalen Interesse macht, die Vorschriften des Gemeinschaftsrechts nicht beachtet. Folglich verlangt die Solidarität im Rahmen des Art. 10 EGV, das Gemeinschaftsrecht auch dann anzuwenden, wenn es den nationalen Interessen widerspricht. Als solidarische Pflichten werden somit nicht die konkreten Pflichten bezeichnet, die aus diesen Vorschriften fließen. Die Bedeutung der Solidarität in diesem Zusammenhang besteht vielmehr darin, dass sie der Vorschrift zugrunde liegt. Sie bildet die Voraussetzung dafür, dass die Mitgliedstaaten die Pflichten des Art. 10 EGV überhaupt übernommen haben. Denn dies setzt voraus, dass sie zur Beachtung der Rechtsvorschriften auch dann bereit sind, wenn es ihrem nationalen Interesse widerspricht. Verweigern die Mitgliedstaaten die Anwendung des Gemeinschaftsrechts aus Gründen des nationalen Interesses, dann verstoßen sie gegen die Pflicht zur Solidarität, die sie mit dem Art. 10 EGV übernommen haben.

---

184 EuGH Rs. 39/72, Kommission/Italien, Slg. 1973, 101 Rn. 24 f.; EuGH Rs. 128/78, Kommission/Großbritannien, Slg. 1979, 419 Rn. 12.

Zur Überprüfung dieser These ist die einschlägige Rechtsprechung zu den Pflichten des Art. 10 EGV heranzuziehen. Dabei sind insbesondere die Fälle zu betrachten, die Ähnlichkeiten zu den Entscheidungen aufweisen, in denen der Gerichtshof auf die Solidarität Bezug genommen hat. Untersucht werden soll, ob die Besonderheit der Bezugnahme auf die Solidarität tatsächlich darin besteht, dass von den Mitgliedstaaten die Pflichterfüllung auch bei entgegenstehendem nationalen Interesse verlangt wird. Da die Solidarität bei der Durchführung einer Verordnung eingefordert wurde, ist zunächst das Augenmerk auf Fälle zu richten, die sich mit dieser Problematik befassen.

In der Rs. 39/72 war der Mitgliedstaat nicht nur wegen der vorsätzlichen Nichtdurchführung der Milchprämienverordnung angeklagt, sondern auch wegen unzureichender Durchführung einer weiteren Verordnung, der Schlachtprämienverordnung. Deren Abwicklung verweigerte der Mitgliedstaat nicht vorsätzlich, er nahm sie jedoch nicht ordnungsgemäß vor. Es bestand somit die grundsätzliche Bereitschaft des Mitgliedstaates zur Befolgung des Gemeinschaftsrechts. Dessen Verletzung bestand lediglich darin, dass die Modalitäten der Ausführungsbestimmung mit dem Vertrag unvereinbar waren. Dass die Solidarität des Mitgliedstaates in dem Fall nicht gefordert wurde, kann damit begründet werden, dass dieser nicht geltend machte, die Durchführung widerspreche seinen nationalen Interessen. Daraus lässt sich folgern, dass es eines Rückgriffes auf die Pflicht zur Solidarität nicht bedarf, wenn die grundsätzliche Bereitschaft zur Pflichterfüllung besteht und lediglich deren ordnungsgemäße Durchführung in Rede steht.

Wegen der Ähnlichkeit zur Rs. 39/72 ist weiter die Rs. 30/72 zu betrachten, in der es ebenfalls um den Erlass innerstaatlicher Rechtsvorschriften zur Durchführung einer Verordnung ging, die eine Prämienregelung zum Inhalt hatte. In dieser Entscheidung hat der EuGH zur Begründung der Pflicht Rückgriff auf Art. 10 EGV genommen, auf eine Pflicht zur Solidarität nahm er nicht Bezug. Anders als bei den „Milchprämien“ war dort der Mitgliedstaat grundsätzlich zur Umsetzung der Verordnung bereit, die Durchführung war bisher jedoch an vorübergehenden Hindernissen im innerstaatlichen Gesetzgebungsverfahren gescheitert. Der Gerichtshof betonte, dass der Mitgliedstaat die Nichtbeachtung nicht mit Bestimmungen und Umständen seiner internen Rechtsordnung begründen könne. Diesen Terminus gebraucht der EuGH häufig, wenn ein Mitgliedstaat das Gemeinschaftsrecht unter Bezugnahme auf Schwierigkeiten bei der Umsetzung nicht anwendet.[185] In den Fällen spricht er ebenfalls nicht von einer Pflicht zur Solidarität. Der Unterschied zu den Entscheidungen, die einen

---

[185] EuGH Rs. 254/83, Kommission/Italien, Slg. 1984, 3395 Rn. 4 f.; EuGH Rs. 279/83, Kommission/Italien, Slg. 1984, 3403 Rn. 3 f.; Mitgliedstaat kann sich auch nicht auf praktische Schwierigkeiten bei der Durchführung berufen: EuGH Rs. C-244/89, Kommission/Frankreich, Slg. 1991, I-163 Rn. 20.

Verweis auf die Solidarität enthalten, besteht darin, dass es sich um Schwierigkeiten handelt, die in der nationalen Rechtsordnung begründet liegen und die Mitgliedstaaten sich somit auf ein formelles Hindernis berufen haben. Im Gegensatz dazu ging es in den Rs. 39/72 und 128/78 darum, den fehlenden Willen der Mitgliedstaaten zur Beachtung des Gemeinschaftsrechts zu überwinden. Die Bezugnahme auf die Solidarität bringt also zum Ausdruck, dass die nationalen Interessen nicht nur in formeller, sondern auch in materieller Hinsicht zurückstehen müssen.

Zusammenfassend lässt sich feststellen, dass der Gerichtshof eine Verletzung der Pflicht zur Solidarität annimmt, wenn ein Mitgliedstaat die Durchführung von Gemeinschaftsrecht aufgrund entgegenstehender nationaler Interessen vorsätzlich verweigert. Daraus ergibt sich, dass die Solidarität die Bereitschaft verlangt, Gemeinschaftsrecht auch dann anzuwenden, wenn es dem nationalen Interesse widerspricht. Damit stellt die Solidarität eine Voraussetzung für die Übernahme der Pflichten des Art. 10 EGV dar. Wären die Mitgliedstaaten nicht bereit, diese Pflichten auch dann zu erfüllen, wenn es ihrem nationalen Interesse widerspricht, dann hätten sie diese Pflicht nicht übernommen. Denn Art. 10 EGV verlangt von ihnen, das Gemeinschaftsrecht in jedem Fall anzuwenden, also auch, wenn es ihrem eigenen Interesse entgegensteht. Damit lässt sich auch erklären, warum die Pflicht zur Solidarität nur in wenigen Urteilen des Gerichtshofes Erwähnung findet. Nur selten verweigern die Mitgliedstaaten die Anwendung von Gemeinschaftsrecht unter ausdrücklicher Berufung auf ihre nationalen Interessen. Lediglich in diesen Fällen müssen die Mitgliedstaaten darauf hingewiesen werden, dass sie die Pflicht zur Solidarität übernommen haben, die darin besteht, Art. 10 EGV auch bei entgegenstehendem nationalen Interesse zu erfüllen. Die Bereitschaft zur Solidarität ist aber Voraussetzung für die Übernahme der Pflicht des Art. 10 EGV und liegt damit grundsätzlich jeder aus dieser Vorschrift abgeleiteten Pflicht zugrunde.

d) Stellungnahmen im Schrifttum

Im Schrifttum wird überwiegend davon ausgegangen, dass sachliche Unterschiede zwischen den Pflichten zur loyalen Zusammenarbeit bzw. Gemeinschaftstreue und zur Solidarität nicht bestehen. Die verschiedenen Bezeichnungen werden meist synonym verwendet. Es finden sich nur wenige Stimmen, die sich speziell mit der Pflicht zur Solidarität im Zusammenhang mit Art. 10 EGV befassen.

(1) Pflichten zwischen den Mitgliedstaaten

Blanquet ist einer der wenigen Vertreter, der den Solidaritätspflichten im Zusammenhang mit Art. 10 EGV eine eigene Bedeutung beimisst. In seiner Untersuchung über Art. 10 EGV unterteilt er die aus dieser Vorschrift abgeleiteten Pflichten in mehrere Kategorien. Dabei bezeichnet er als Solidaritätspflichten die Pflichten, die zwischen den Mitgliedstaaten bestehen.[186] Er betont, dass diese letztlich auch eine Pflicht gegenüber der Gemeinschaft darstellen und sich deshalb in den Kontext des Art. 10 EGV eingliedern lassen. Der Ansicht von *Blanquet* ist insoweit zuzustimmen, als sich die Solidarität in der Europäischen Union auf das Verhältnis zwischen den Mitgliedstaaten bezieht. Dass die Solidarität diese Beziehungen zum Gegenstand hat, wurde schon deutlich gemacht. Zu dem Ergebnis kommt auch die Analyse der Rechtsprechung. Wie dargestellt, verlangt die Pflicht zur Solidarität danach von den Mitgliedstaaten, nicht einseitig aus Gründen des nationalen Interesses gemeinschaftliche Pflichten unbeachtet zu lassen. Verstößt ein Mitgliedstaat hiergegen, so stört er die Gleichheit der Mitgliedstaaten vor dem Gemeinschaftsrecht. Die anderen Mitgliedstaaten haben in diesem Fall die Vorteile, die die Nichtbeachtung von Gemeinschaftsrecht für den betroffenen Mitgliedstaat mit sich bringt, durch eigene Nachteile mitzutragen. Damit wird deutlich, dass die Beachtung der Pflicht zur Solidarität dem einzelnen Mitgliedstaat im Interesse der anderen Mitgliedstaaten obliegt.

Aus diesen Pflichten der Staaten untereinander lassen sich auch Pflichten gegenüber der Gemeinschaft ableiten. Denn die Solidarität der Mitgliedstaaten untereinander verlangt von jedem Einzelnen von ihnen, dass er für die Gesamtheit der Mitgliedstaaten einsteht. Diese Pflicht gegenüber der Gesamtheit manifestiert sich im Gemeinschaftsrecht in Pflichten gegenüber der Gemeinschaft, die die Interessen der Gesamtheit der Mitgliedstaaten vertritt.[187] Aus der Solidarität der Mitgliedstaaten untereinander Pflichten gegenüber der Gemeinschaft abzuleiten, ist demnach folgerichtig.

Blanquet zählt zu den Pflichten zur Solidarität - über die vom Gerichtshof ausdrücklich als solche bezeichneten hinaus - alle Pflichten zwischen den Mitgliedstaaten, die der Gerichtshof aus Art. 10 EGV abgeleitet hat. Die Analyse der Rechtsprechung hat jedoch gezeigt, dass nicht alle diese Pflichten Ausdruck von Solidarität sind. Zwar ist die Bereitschaft zur Solidarität Voraussetzung für die Übernahme der Pflichten des Art. 10 EGV. Aber nur, wenn die Pflichterfüllung vom Mitgliedstaat die Zurückstellung seiner eigenen Interessen ver-

---

186 *Blanquet*, L'article 5 du Traité C.E.E., 1994, S. 223 ff.; auch *Kahl*, in: Calliess/Ruffert, EUV/EGV, Art. 10 EGV Rn. 53 bezeichnet die Pflichten der Mitgliedstaaten untereinander als solche zur Solidarität.

187 So auch *Calliess*, Subsidiaritäts- und Solidaritätsprinzip in der Europäischen Union, 2. Aufl., 1999, S. 193, der betont, dass in Art. 10 EGV an das „Verhalten der Mitgliedstaaten als Glieder der Union, die das gemeinsame Ganze verkörpert," angeknüpft wird.

langt, kommt diese Solidaritätspflicht zum Tragen. Wird auf die aus Art. 10 EGV abgeleiteten Pflichten Bezug genommen, um die Art und Weise der Pflichten zwischen den Mitgliedstaaten zu bestimmen, so zählen diese nach der Terminologie der Rechtsprechung zu den Pflichten zur loyalen Zusammenarbeit. Solidarität wird von den Mitgliedstaaten in diesem Fall nicht verlangt, da es nicht um ein Einstehen für den anderen geht, sondern nur die Modalitäten der Zusammenarbeit geregelt werden.

Nach *Blanquet* wird eine Solidaritätspflicht besonders in der Rs. 235/87 betont.[188] In dieser Entscheidung hat der Gerichtshof aus Art. 10 EGV die Verpflichtung eines Mitgliedstaates abgeleitet, die Anwendung einer Vorschrift des Gemeinschaftsrechts, die durch eine Maßnahme behindert werden kann, die im Rahmen der Durchführung eines zweiseitigen Abkommens getroffen worden ist, zu erleichtern und zu diesem Zweck jeden anderen Mitgliedstaat, dem eine gemeinschaftsrechtliche Verpflichtung obliegt, zu unterstützen.[189] Diese Unterstützung ist erforderlich, damit sich der andere Mitgliedstaat vertragskonform verhalten kann. Deshalb konkretisiert diese Anforderung die aus Art. 10 EGV fließenden Pflichten. Art. 10 EGV wird also herangezogen, um die Modalitäten der Vertragserfüllung zu regeln. Um die Besonderheit der Solidarität, das füreinander Einstehen, geht es in diesem Fall aber nicht. Auch die weitere von *Blanquet* angeführte Entscheidung, in der von einem Mitgliedstaat verlangt wird, den betroffenen Mitgliedstaat über die Änderung seiner Verwaltungspraxis bei der Kontrolle von Einfuhren zu informieren, beschreibt, wie die Zusammenarbeit zu funktionieren hat.[190] Schließlich bezieht er sich auf die Rs. 251/89, wo betont wird, dass ein Mitgliedstaat nach Art. 10 EGV zu loyaler Zusammenarbeit mit den Trägern der anderen Mitgliedstaaten verpflichtet ist und demnach eine Auskunftspflicht bestehe.[191] In dem Urteil macht der Gerichtshof schon in seiner Terminologie deutlich, dass nicht die Solidarität diese Pflicht fordert. Sie passt auch in die Kategorie der oben dargestellten Pflichten zur loyalen Zusammenarbeit, mit denen die Anforderungen an die Art und Weise der Vertragserfüllung bezeichnet werden.

Außerdem zählt *Blanquet* die vom Gerichtshof aus Art. 10 EGV abgeleitete Pflicht, die Verteilung der finanziellen Lasten zwischen den Mitgliedstaaten nicht zu beeinträchtigen, zu den Solidaritätspflichten.[192] Damit soll verhindert werden, dass sich ein Mitgliedstaat zum Nachteil der anderen Mitgliedstaaten einen finanziellen Vorteil verschafft. In den oben angesprochenen Urteilen, in denen der Gerichtshof unter Berufung auf die Solidarität verlangt hat, dass ein

---

188 *Blanquet*, aaO (Fn. 186), S. 228.
189 EuGH Rs. 235/87, Matteucci, Slg. 1988, 5589 Rn. 19.
190 EuGH Rs. 42/82, Kommission/Frankreich, Slg. 1983, 1013 Rn. 36.
191 Vgl. EuGH Rs. C-251/89, Athanasopoulos, Slg. 1991, I-2797 Rn. 57.
192 *Blanquet*, aaO (Fn. 186), S. 232.

Mitgliedstaat Gemeinschaftsrecht auch dann beachtet, wenn dies seinem nationalen Interesse widerspricht, wurde diese Pflicht damit begründet, dass sich der Mitgliedstaat ansonsten zum Nachteil der anderen Mitgliedstaaten Vorteile verschaffe. Dies spricht dafür, auch die Beeinträchtigung der Verteilung der finanziellen Lasten als Verstoß gegen die Solidarität anzusehen. Der Unterschied in beiden Konstellationen besteht jedoch darin, dass die Solidarität herangezogen wurde, um dem Mitgliedstaat die Beachtung des Gemeinschaftsrechts trotz entgegenstehenden nationalen Interesses zu gebieten. Im Gegensatz dazu hat sich der Gerichtshof in dem anderen Urteil deshalb auf Art. 10 EGV berufen, um trotz Fehlens ausdrücklicher Pflichten dem betroffenen Mitgliedstaat die Schaffung bestimmter Vorschriften aufzuerlegen.[193] Es ging nicht darum, die auf spezielle nationale Interessen gestützte Weigerung eines Mitgliedstaates zu überwinden. Vielmehr sollte die effektive Durchsetzung von Gemeinschaftsrecht erreicht werden. Dieser Unterschied kommt auch in der Terminologie des Gerichtshofs zum Ausdruck, der insoweit von einer Pflicht zur loyalen Zusammenarbeit spricht.

Abschließend ist somit festzustellen, dass nicht alle aus Art. 10 EGV abgeleiteten Pflichten zwischen den Mitgliedstaaten Solidaritätspflichten sind. Da die Analyse der Rechtsprechung zutage gebracht hat, dass die Pflicht zur Solidarität darin besteht, die Vorschriften des Gemeinschaftsrechts überhaupt anzuwenden, während die Pflicht zur loyalen Zusammenarbeit die Art und Weise dieser Anwendung beschreibt, können nicht alle Pflichten zwischen Mitgliedstaaten als solidarisch bezeichnet werden. Vielmehr hängt dies von deren Ausgestaltung im Einzelfall ab. Scheitert eine Zusammenarbeit der Mitgliedstaaten untereinander an einem entsprechenden Willen der Mitgliedstaaten, so ist ihre Solidarität gefordert. Geht es darum festzustellen, wie eine Pflicht zu erfüllen ist, so wird die loyale Zusammenarbeit verlangt.

(2) Formelle Solidarität

Auch *Marias* gibt den Pflichten zur Solidarität aus Art. 10 EGV einen eigenen Bedeutungsgehalt. In seinen Ausführungen über die Rechtsprechung des Gerichtshofes unterscheidet er zwischen materieller und formeller Solidarität. Erstere beschreibe Inhalt und Intensität der Solidarität, letztere enthalte formelle Pflichten betreffend die Zusammenarbeit und das gegenseitige Verhalten der Mitgliedstaaten. Die formelle Solidarität diene dabei der Bildung einer materiellen Solidarität und sei vom Gerichtshof in seiner Interpretation des Art. 10 EGV betont worden.[194] Diese Unterscheidung zwischen formeller und materi-

---

[193] Vgl. EuGH Rs. 44/84, Hurd/Jones, Slg. 1986, 29 Rn. 38 ff.; siehe dazu schon oben C 2 c (2).

[194] *Marias*, Solidarity as an objective of the European Union and the European Community, Legal issues of European Integration, 1994/2, S. 85, 98 ff.

eller Solidarität, wobei nur erstere von *Marias* in Zusammenhang mit Art. 10 EGV gesehen wird, beruht auf der Annahme, dass die in den Rs. 39/72 und 128/78 angesprochene Pflicht zur Solidarität nicht aus Art. 10 EGV, sondern aus dem Wesen des Vertrages abgeleitet werde.[195] Aus den oben dargestellten Gründen ist diese Annahme jedoch abzulehnen. Die materielle Dimension der Solidarität, die in diesen Urteilen zum Ausdruck kommt, ist nicht von Art. 10 EGV zu trennen. Die vom Gerichtshof in den Rs. 39/72 und 128/78 zur Solidarität vorgenommenen Ausführungen zeigen gerade ihre Bedeutung für die Pflichten aus Art. 10 EGV.

Marias nimmt an, dass die von Art. 10 EGV geforderte formelle Solidarität in den Pflichten, die im Zusammenhang mit der Kompetenzordnung bestehen, zum Ausdruck kommt. Insbesondere sei die Solidarität hinsichtlich der Erhaltungsmaßnahmen in der Fischereipolitik verlangt worden. Pflichten ergaben sich für die Mitgliedstaaten in diesem Zusammenhang daraus, dass im Bereich der gemeinsamen Fischereipolitik für den Schutz der Fischbestände eine konkurrierende Zuständigkeit bestand, die nach Ablauf einer bestimmten Frist in eine ausschließliche Zuständigkeit der Gemeinschaft übergehen sollte. Solange die Mitgliedstaaten neben der Gemeinschaft eine konkurrierende Zuständigkeit inne hatten, konnten sie eigene Erhaltungsmaßnahmen treffen, wenn die Gemeinschaft von ihrer Zuständigkeit noch keinen Gebrauch gemacht hatte. Dabei oblag ihnen aber gemäß Art. 10 EGV die Pflicht, vor Erlass eigener Maßnahmen die Kommission und die anderen Mitgliedstaaten zu unterrichten und sich um die Billigung der Kommission zu bemühen.[196] Außerdem hatten die Mitgliedstaaten bei einem Nichthandeln der Gemeinschaft nicht nur das Recht, sondern auch die Pflicht, Erhaltungsmaßnahmen vorzunehmen.[197] Nachdem die ausschließliche Zuständigkeit auf die Gemeinschaft übergegangen war, konnten die Mitgliedstaaten nur noch als Sachwalter des gemeinsamen Interesses handeln, d.h. nicht in Ausübung ihrer eigenen Zuständigkeit, sondern in Erfüllung ihrer Pflicht aus Art. 10 EGV.[198] Dabei durften sie den Zugang zu nationalen Gewässern nicht aufgrund lokaler Interessen verbieten.[199] Nach der Ansicht von *Marias* verlangen diese Pflichten die Solidarität der Mitgliedstaaten.[200]

Dem ist insofern zuzustimmen, als sie im Bereich der konkurrierenden und ausschließlichen Zuständigkeit der Gemeinschaft den Mitgliedstaaten gebieten, ihre eigenen Interessen zugunsten des gemeinsamen Interesses zurückstellen.

---

195 *Ders.*, aaO, S. 89.
196 EuGH Rs. 141/78, Frankreich/Großbritannien, Slg. 1979, 2923 Rn. 12; EuGH Rs. 32/79, Kommission/Großbritannien, Slg. 1980, 2403 Rn. 10 ff.
197 EuGH Rs. 32/79, aaO, Rn. 15.
198 EuGH Rs. 804/79, Kommission/Großbritannien, Slg. 1981, 1045 Rn. 28 ff.
199 EuGH Rs. 63/83, Regina/Kirk, Slg. 1984, 2689 Rn. 19.
200 *Marias*, aaO (Fn. 194), S. 85, 94 ff., 100 f.

Denn mit dem Übergang der Zuständigkeit auf die Gemeinschaft ist verbunden, dass im gemeinsamen Interesse gehandelt wird. Zu unterscheiden ist aber zwischen der Ausgestaltung dieser Pflichten und den ihnen zugrunde liegenden Anforderungen an die Mitgliedstaaten. Soweit die Art und Weise der Zusammenarbeit im Bereich der Kompetenzausübung betroffen ist, sind die Pflichten der Mitgliedstaaten zur loyalen Zusammenarbeit angesprochen. Die Übernahme dieser Pflichten verlangt von den Mitgliedstaaten aufgrund der damit verbundenen Notwendigkeit der Zurückstellung eigener Interessen aber auch ihre Solidarität. Damit unterscheiden sich diese Pflichten im Zusammenhang mit der Kompetenzwahrnehmung jedoch nicht von den übrigen Pflichten des Art. 10 EGV. Auch bezüglich der Durchführung von Gemeinschaftsrecht wird von den Mitgliedstaaten die Zurückstellung eigener Interessen zugunsten des gemeinsamen Interesses verlangt. Die Bereitschaft zur Solidarität liegt demnach allen Pflichten des Art. 10 EGV zugrunde. Soweit es um die Modalitäten der Pflichterfüllung geht, ist aber ebenfalls in allen Fällen die Pflicht zur loyalen Zusammenarbeit einschlägig. Die von Marias vorgenommene Beschränkung der Solidaritätspflichten auf den Bereich der Kompetenzwahrnehmung überzeugt demnach nicht.

e) Stellungnahme

Die Analyse der Rechtsprechung hat gezeigt, dass der Gerichtshof der Pflicht zur Solidarität im Zusammenhang mit Art. 10 EGV eine eigenständige Bedeutung beimisst. Diese kommt darin zum Ausdruck, dass mit der Übernahme der Pflichten aus Art. 10 EGV die Bereitschaft zum Verzicht auf die Verfolgung eigener Interessen und damit auch zur Hinnahme von Nachteilen verbunden ist.[201] Denn die aus Art. 10 EGV fließende Pflicht zur Befolgung des Gemeinschaftsrechts bindet die Mitgliedstaaten auch dann, wenn es ihrem nationalen Interesse widerspricht. Die Solidarität liegt somit allen Pflichten der Mitgliedstaaten, die aus Art. 10 EGV abgeleitet werden, zugrunde. Eine Übernahme der Pflichten dieser Vorschrift hätte ohne die Bereitschaft der Mitgliedstaaten zur Solidarität gar nicht stattfinden können. Aktuell wird diese aber nur dann, wenn das Gemeinschaftsrecht dem nationalen Interesse zuwiderläuft. In einem solchen Fall wird die Bereitschaft der Mitgliedstaaten zur Solidarität gefordert. Das erklärt auch, warum die Solidarität in der Rechtsprechung nur selten Erwähnung findet. Sie ist eine selbstverständliche Voraussetzung der aus Art. 10 EGV abgeleiteten Pflichten. Nur wenn ein Mitgliedstaat meint, aus Gründen des

---

201 So betont auch *Calliess*, Subsidiaritäts- und Solidaritätsprinzip in der Europäischen Union, 2. Aufl., 1999, S. 193, dass das Solidaritätsprinzip in Art. 10 EGV dadurch zum Ausdruck komme, dass dem einzelnen Mitgliedstaat auferlegt wird, seine eigenen Interessen nicht ohne Rücksicht auf die gemeinsamen Interessen durchzusetzen.

nationalen Interesse das Gemeinschaftsrecht nicht anwenden zu brauchen, muss er auf seine Pflicht zur Solidarität hingewiesen werden.

Der Pflicht zur loyalen Zusammenarbeit kommt dagegen im Rahmen des Art. 10 EGV eine andere Bedeutung zu. Sie wird herangezogen, um die Art und Weise der Erfüllung der Pflichten aus dieser Vorschrift zu beschreiben. Damit bezieht sich die loyale Zusammenarbeit auf deren konkrete Ausgestaltung. Es geht nicht, wie bei der Solidarität, darum zu bestimmen, *dass* die Pflichten zu erfüllen sind, sondern *wie* sie zu erfüllen sind.

Diese Verschiedenheit wird durch die unterschiedliche Wortbedeutung der Pflichten zur loyalen Zusammenarbeit und zur Solidarität unterstrichen. Letztere entstehen aus einer wechselseitigen Verbundenheit und erfordern ein füreinander Einstehen. Loyal bedeutet pflicht- und gesetzestreu, redlich, die Interessen anderer wahrend.[202] Ein solidarisches Einstehen hingegen verlangt, dem gemeinsamen Interesse den Vorrang vor dem eigenen Interessen einzuräumen. Für eine loyale Wahrung fremder Interessen genügt es, diese nicht zu beeinträchtigen. Die Loyalität stellt auf die ordnungsgemäße Erfüllung der Pflichten ab, die Solidarität demgegenüber orientiert sich an den Interessen der Gesamtheit und den Bedürfnissen der anderen.

Auch das Verhältnis der Adressaten zueinander ist in beiden Fällen unterschiedlich. Während die Solidarität eine wechselseitige Verbundenheit voraussetzt, ist die Verbindung zwischen den Betroffenen eines Loyalitätsverhältnisses von einer einseitigen oder gegenseitigen Pflichterfüllung geprägt. Die beiden Begriffe haben folglich einen unterschiedlichen Bedeutungsgehalt. Die Solidarität enthält - anders als die Loyalität - ein Merkmal des Verzichts, das sich aus der wechselseitigen Verbundenheit erklärt. Damit geht sie über die Anforderungen an die Loyalität hinaus, die eine Pflichterfüllung unter Beachtung der Interessen des anderen genügen lassen.

Die unterschiedliche Charakterisierung der Pflichten aus Art. 10 EGV wird dadurch bestärkt, dass mit dem Terminus „Solidarität" ein Substantiv gewählt wurde, während „loyale Zusammenarbeit" die Loyalität in adjektivischer Form erfasst. Auch dies spricht dafür, dass mit der Pflicht zur Solidarität die zur Pflichterfüllung erforderlichen materiellen Voraussetzungen angesprochen werden, während mit Pflicht zur loyalen Zusammenarbeit die Art und Weise des Vorgehens gemeint ist.

Als weiteres Argument für die unterschiedliche Bedeutung dieser Begriffe kann Art. 11 EUV herangezogen werden.[203] Danach haben die Mitgliedstaaten die Außen- und Sicherheitspolitik der Union „im Geiste der Loyalität und der ge-

---

[202] Brockhaus-Enzyklopädie, Bd. 13, 19. Aufl., 1990, S. 561; zum Begriff der Loyalität vgl. auch *Hatje*, Loyalität als Rechtsprinzip in der Europäischen Union, 2001, S. 15 f.

[203] Siehe näher dazu unten C II 2 a) (1) (d).

genseitigen Solidarität" zu unterstützen. Da sowohl die Loyalität als auch die Solidarität in dieser Vorschrift eine eigene Erwähnung finden, kann davon ausgegangen werden, dass sie einen verschiedenen Gehalt haben sollen.

Auch von den als Ausdruck der Gemeinschaftstreue bezeichneten Pflichten lässt sich die Solidarität abgrenzen. Die Gemeinschaftstreue bezieht sich entsprechend der Bundestreue - wie die loyale Zusammenarbeit - auf die Art und Weise der Pflichterfüllung. Damit kann sie dieser weitgehend gleichgesetzt werden. Insoweit gelten auch für den Unterschied zur Solidarität die gleichen Erwägungen. Dies steht in Einklang mit dem zur Bundestreue Gesagten, wonach diese die Solidarität in justitiable Pflichten umsetzt.[204]

f) Ergebnis

Der Gerichtshof hat aus Art. 10 EGV Pflichten abgeleitet, deren Übernahme die Bereitschaft der Mitgliedstaaten verlangt, ihre nationalen Interessen zugunsten des Gemeinschaftsinteresses zurückzustellen. Damit wird den Mitgliedstaaten in dieser Vorschrift eine Pflicht zur Solidarität auferlegt. Folglich kann Art. 10 EGV als Rechtsgrundlage für das Solidaritätsprinzip herangezogen werden.

3. Regelungen über das allgemeine Wohl der Gemeinschaft

In der Literatur wird das Solidaritätsprinzip auf europäischer Ebene damit begründet, dass es ein „europäisches Gemeinwohl" gibt.[205] Den allgemeinen Zusammenhang von Gemeinwohl und Solidarität hat insbesondere die katholische Soziallehre entwickelt. Er besteht darin, dass die Solidarität ihre Entfaltung im Gemeinwohl findet. Das „europäische Gemeinwohl" wird dahingehend charakterisiert, dass es durch die europäische Integration entstanden ist und sich von dem jeweiligen nationalen Wohl der Mitgliedstaten unterscheidet, aber auch mit diesem verbunden ist.[206] Das so verstandene „europäische Gemeinwohl" findet im Vertrag in dem Begriff des allgemeinen Wohls seinen Niederschlag. Es wird in Vorschriften erwähnt, in denen die Anforderungen an die Mitglieder von Gemeinschaftsorganen festgelegt werden und bestimmt die Zielsetzung ihres Handelns. Es hebt den Gemeinwohlbezug der Tätigkeit im Gegensatz zur einseitigen Vertretung der Gruppeninteressen hervor.[207] Das allgemeine Wohl bezeichnet dabei weder das Interesse des einzelnen Staates noch die Summe der

[204] Siehe oben B II 2 a) (1) (b).

[205] *Calliess*, aaO (Fn. 201), S. 187; *Tomuschat*, Solidarität in Europa, in: FS Pescatore, 1987, S. 729, 734.

[206] *Calliess*, in: ders./Ruffert, EUV/EGV, Art. 1 EUV Rn. 45.

[207] *Suhr*, in: Calliess/Ruffert, EUV/EGV, Art. 258 EGV Rn. 4.

nationalen Interessen. Vielmehr findet es seine Konkretisierung in den Vertragszielen.[208]

Das allgemeine Wohl bezieht sich somit auf die Interessen der Gemeinschaft. Zu seiner Verwirklichung muss diesen der Vorrang vor dem nationalen Interesse eingeräumt werden. Damit kommt der solidarische Gedanke der Zurückstellung der eigenen Interessen zugunsten des gemeinsamen Interesses in den Vorschriften zum Ausdruck, die auf das allgemeine Wohl Bezug nehmen (Art. 213 Abs. 2 Uabs. 1, 247 Abs. 4 Uabs. 1, 258 EGV).

4. Regelungen, die auf ein gemeinsames Interesse verpflichten

Als Anhaltspunkt für das Solidaritätsprinzip dienen des Weiteren die Vorschriften, die auf ein gemeinsames Interesse Bezug nehmen. Besonders deutlich wird die Verbindung von Solidarität und gemeinsamem Interesse in einem Urteil zum EGKSV. Dort führt der Gerichtshof aus, dass das Prinzip der Solidarität in Art. 3 EGKSV konkretisiert werde. Der in dieser Vorschrift festgelegte Vorrang des gemeinsamen Interesses setze die Pflicht zur Solidarität voraus.[209]

Den solidarischen Gehalt der Verpflichtung auf ein gemeinsames Interesse hat der Gerichtshof auch schon in den Rsen. 6 und 11/69 betont. In diesem Fall war es Frankreich gemäß Art. 119 Abs. 3 EGV von der Kommission als Schutzmaßnahme erlaubt worden, seinen Exporteuren Vergünstigungen in Form eines Vorzugsrediskontsatzes zu gewähren. Da Frankreich den Umfang des erlaubten Diskontsatzes überschritt, leitete die Kommission ein Vertragsverletzungsverfahren ein, in dem sich Frankreich darauf berief, die Festlegung des Diskontsatzes gehöre zur Währungspolitik, für die die Mitgliedstaaten ausschließlich zuständig seien. Der Gerichtshof bezog sich in seinem Urteil unter anderem auf Art. 107 EWGV, wonach die Mitgliedstaaten die Politik auf dem Gebiet der Wechselkurse als Angelegenheit von gemeinsamem Interesse zu behandeln haben.[210] Er betonte, dass „die Solidarität, (...) gemäß der in Art 5 [jetzt Art. 10] des Vertrages eingegangenen Verpflichtung diesen Verpflichtungen wie dem gesamten Gemeinschaftssystem zugrunde liegt". In dem zu entscheidenden Fall führten diese Feststellungen zu dem Ergebnis, dass die Mitgliedstaaten auch in Bereichen, die in ihrer Zuständigkeit verblieben sind, die nach dem Vertrag gebotenen Maßnahmen zu ergreifen haben.

Die Solidarität kommt nach Ansicht des Gerichtshofes also in den Vorschriften zum Ausdruck, die den Mitgliedstaaten aufgeben, ihre nationalen Politiken als

---

208 *Schmitt von Sydow*, in: GTE, EGV/EUV, Art. 157 EGV Rn. 22.

209 EuGH verb. Rsen. 154, 205, 206, 226 bis 228, 263 und 264/78 sowie 39, 31, 83 und 85/79, Valsabbia/Kommission, Slg. 1980, 907 Rn. 59.

210 Diese Verpflichtung bezieht sich nach der neuen Fassung des EGV nur noch auf die Wirtschaftspolitik, Art. 99 Abs. 1 EGV.

Angelegenheit von gemeinsamem Interesse zu behandeln. Wenn der Vertrag eine solche Aussage trifft, wird damit die tatsächliche Verbundenheit festgestellt, wonach die Politik eines jeden Mitgliedstaates die Belange aller gemeinsam betrifft. Daraus abgeleitet wird die Pflicht, Rücksicht auf die Belange der anderen Mitgliedstaaten und der Gemeinschaft zu nehmen.[211] Neben Art. 99 Abs. 1 EGV wird eine solche Verpflichtung insbesondere in Art. 126 Abs. 2 EGV festgelegt.

Da diese Bezugnahme auf das gemeinsame Interesse in Bereichen erfolgt, in denen die Zuständigkeit bei den Mitgliedstaaten verblieben ist, muss sich die Solidarität erst recht in den Vorschriften zeigen, die eine gemeinsame Politik festlegen. Denn diese zeichnen sich dadurch aus, dass deren Regelung den Mitgliedstaaten entzogen und der Gemeinschaft überantwortet ist.[212] Mit einer gemeinsamen Politik wird also in jedem Fall ein gemeinsames Interesse verfolgt. Damit können auch die Vorschriften, die eine gemeinsame Politik vorsehen, zur Herleitung des Solidaritätsprinzips fruchtbar gemacht werden (z.B. Art. 3 Abs. 1, 33, 70, 131 EGV).

5. Regelungen zur Koordinierung

Das Solidaritätsprinzip kommt auch in den Vorschriften zum Ausdruck, die den Mitgliedstaaten Koordinierungspflichten auferlegen. Der Gerichtshof berief sich in den bereits erwähnten Rsen. 6 und 11/69 auch auf Art. 105 EWGV (jetzt Art. 99 EGV), wonach die Mitgliedstaaten ihre Wirtschaftspolitik zu koordinieren haben, und betonte, dass diesem Gebot die Pflicht zur Solidarität zugrunde liege.[213]

Koordinierungspflichten werden den Mitgliedstaaten in Politikbereichen auferlegt, die in ihrer Zuständigkeit verblieben sind. Sie verlangen ein abgestimmtes Vorgehen, wodurch eine gewisse Annäherung der Politiken erreicht werden soll.[214] Obwohl in diesen Fällen die Kompetenzausübung weiter bei den Mitgliedstaaten liegt, wird ihre Handlungsfreiheit durch die Koordinierungspflichten in gewissem Umfang eingeschränkt. Denn sie müssen ihre eigenen Interessen insoweit zurückstellen, als sie sich mit den anderen Mitgliedstaaten auf gemeinsame Ziele hin abzustimmen haben. Damit wird ihnen die Verfolgung eines gemeinsamen Interesses unter Zurückstellung der eigenen Interessen abverlangt, so dass die im EGV normierten Pflichten zu einem koordinierten Vor-

---

211 *Schulze-Steinen*, Rechtsfragen zur Wirtschaftsunion, 1997/98, S. 186 ff.

212 *Ders.*, ebenda; *Everling*, Rechtsprobleme der Gemeinsamen Handelspolitik in der Europäischen Wirtschaftsgemeinschaft, in: Institut für Völkerrecht der Universität Göttingen (Hrsg.), Beiträge zum internationalen Wirtschaftsrecht und Atomenergierecht, Bd. 1, Heft 5, 1965, S. 189, 191.

213 Slg. 1969, 523 Rn. 14/17.

214 *Bandilla*, in: Grabitz/Hilf, Kommentar zur EU, Art. 99 EGV Rn. 5 f.

gehen als Ausdruck der Solidarität anzusehen sind. Koordinierungspflichten finden sich außer im bereits erwähnten Art. 99 Abs. 1 EGV u.a. in den Art. 4 Abs. 1, 152 Abs. 2, 155 Abs. 2, 157 Abs.2, 159 Abs. 1, 165 Abs. 1, 180 Abs. 1, 280 Abs. 3 EGV.

6. Kompetenzordnung

Schließlich bietet sich die Kompetenzordnung als Anknüpfungspunkt zur Herleitung des Solidaritätsprinzips an. Mit der Kompetenzverteilung auf die Gemeinschaft und die Mitgliedstaaten weist das europäische Recht ein wesentliches Merkmal des Föderalismus auf.[215] In der Politikwissenschaft wird die Europäische Union als Mehrebenensystem bezeichnet, in dem die Kompetenzen der Zentralinstanz und der Gliedstaaten nebeneinander bestehen, wobei sie sich nicht gegenseitig verdrängen, sondern ihre Politik an der des anderen ausrichten.[216]

Betrachtet man die Europäische Union demnach als föderale Ordnung, so stellen die Vertragsvorschriften über die Kompetenzverteilung Rechtsgrundlagen eines Solidaritätsprinzips dar. Denn die Solidarität ist ein Strukturprinzip des Föderalismus.[217]

Ein Verständnis der Europäischen Union als föderaler Verband ist jedoch nicht unumstritten. Insbesondere wird in der Diskussion vorgebracht, die Europäische Union sei kein Bundesstaat und ein solcher solle auch nicht das Endziel des Integrationsprozesses sein. Die Ablehnung des Föderalismus beruht zudem häufig darauf, dass damit unitarische Vorstellungen verbunden werden.[218] Diesen Einwänden ist insoweit beizupflichten, als die Europäische Union schon deshalb kein Bundesstaat ist, weil sie keine Staatsqualität hat. Ihr fehlt sowohl ein eigenes Staatsvolk als auch die dem Staat eigene Kompetenz-Kompetenz.[219] Föde-

---

215 *Mazan*, Das föderative Prinzip in der Europäischen Union, 1996, S. 93 ff.; *Everling*, Zur föderalen Struktur der Europäischen Gemeinschaft, in: FS Döhring, 1989, S. 179, 184 ff.; *Zuleeg*, Die föderativen Grundsätze der Europäischen Union, NJW 2000, S. 2846, 2847;

216 *Scharpf*, Optionen des Föderalismus in Deutschland und Europa, 1994, S. 139 ff.; *Jachtenfuchs/Kohler-Koch*, Regieren im dynamischen Mehrebenensystem, in: dies. (Hrsg.), Europäische Integration, 1996, S. 15 f.; *Schorkopf*, Homogenität in der Europäischen Union - Ausgestaltung und Gewährleistung durch Art. 6 Abs. 1 und Art. 7 EUV, 2000, S. 34 f.

217 Dazu siehe oben B I 3.

218 Zu diesen begrifflichen Unsicherheiten siehe: *Laufer/Fischer*, Föderalismus als Strukturprinzip für die Europäische Union, 1996, S. 26 ff.; *Everling*, Zur föderalen Struktur der Europäischen Gemeinschaft, in: FS Doehring, 1989, S. 179, 180; *von Bogdandy*, Die Europäische Union als supranationale Föderation, Integration 1999, S. 95, 109.

219 *Pechstein/Koenig*, Die Europäische Union, 3. Aufl., 2000, Rn. 57 ff.; *Everling*, Überlegungen zur Struktur der Europäischen Union, DVBl. 1993, S. 936, 941.

rale Strukturen kann es aber nicht nur in staatlichen Formen des Gemeinwesens, sondern auch in nicht-staatlichen Organisationsformen geben.[220] Im Übrigen dient die europäische Integration gerade nicht der Unitarisierung, sondern der Bewahrung der Vielfalt in Einheit, und damit einem Hauptmerkmal des Föderalismus.[221]

7. *Gegenseitiger bzw. finanzieller Beistand*

Gemäß Art. 119 EGV kann ein Mitgliedstaat gegenseitigen Beistand erhalten, wenn er mit Zahlungsbilanzschwierigkeiten konfrontiert ist. Diese Vorschrift findet jedoch nur für die Staaten Anwendung, die nicht an der dritten Stufe der Wirtschafts- und Währungsunion teilnehmen. Für die anderen Mitgliedstaaten gilt Art. 100 Abs. 2 EGV, der bei Auftreten von Schwierigkeiten die Gewährung finanziellen Beistands ermöglicht.

a) Gegenseitiger Beistand

Der Gerichtshof hat ausgeführt, dass die dem gesamten Gemeinschaftssystem zugrunde liegende Solidarität im Verfahren des gegenseitigen Beistands „zu Gunsten der Staaten noch ausgedehnt“ werde.[222] Um die Frage beantworten zu können, ob Art. 119 EGV tatsächlich eine Rechtsgrundlage für eine Solidaritätspflicht darstellt, ist diese Vorschrift genauer zu betrachten.

Voraussetzung für die Gewährung gegenseitigen Beistands ist, dass ein Mitgliedstaat hinsichtlich seiner Zahlungsbilanz von Schwierigkeiten betroffen oder ernstlich bedroht ist (Art. 119 Abs. 1 EGV). Die Zahlungsbilanz erfasst alle wirtschaftlichen Transaktionen, die in einem bestimmten Zeitraum zwischen Inländern und Ausländern erfolgt sind. Diese wechselseitigen Zahlungsströme sollen ausgeglichen sein; von Schwierigkeiten kann aber erst gesprochen werden, wenn dieses Gleichgewicht dauerhaft und wesentlich gestört ist.[223] Anzunehmen ist das beispielsweise bei einem über längere Zeit übermäßigen Devisenabfluss.[224] Das Verfahren des Art. 119 EGV zur Abwendung der Zahlungsbilanzschwierigkeiten erfolgt in mehreren Stufen, die grundsätzlich nur hinter-

---

220 *Bach*, Wettbewerbsrechtliche Schranken für staatliche Maßnahmen nach europäischem Gemeinschaftsrecht, 1992, S. 97; *Schneider*, Die Europäische Union als Staatenverbund oder multinationale „Civitas Europea“, in: GS Grabitz, 1995, S. 677, 721; *Zuleeg*, Die föderativen Grundsätze der Europäischen Union, NJW 2000, S. 2846, 2850.

221 *Everling*, Zur föderalen Struktur der Europäischen Gemeinschaft, in: FS Doehring, 1989, S. 179, 187; *von Bogdandy*, Die Europäische Union als supranationale Föderation, Integration 1999, S. 95, 109.

222 EuGH verb. Rsen. 6 und 11/69, Kommission/Frankreich, Slg. 1969, 523 Rn. 14/17.

223 *Häde*, in: Calliess/Ruffert, EUV/EGV, Art. 119 EGV Rn. 3 f.

224 *Zuleeg/Amphoux/Smulders*, in: GTE, EGV/EUV, Art. 109 h, i EGV Rn. 15 ff; *Krämer/Bandilla*, in: Grabitz/Hilf, Kommentar zu EU, Art. 109 h EGV Rn. 8.

einander durchgeführt werden können. Zunächst prüft die Kommission die Lage des betreffenden Staates sowie die Maßnahmen, die er getroffen hat oder unter Einsatz aller ihm zur Verfügung stehenden Mittel treffen kann. Dann gibt die Kommission die Maßnahmen an, die sie ihm empfiehlt (Abs. 1). Erst wenn sich diese Maßnahmen als unzureichend erweisen, kann als zweite Stufe der Rat auf Empfehlung der Kommission mit qualifizierter Mehrheit den gegenseitigen Beistand gewähren. Von den möglichen Formen haben das abgestimmte Verhalten bei anderen internationalen Organisationen (Abs. 2 lit. a) und Maßnahmen, die notwendig sind, um die Verlagerung von Handelsströmen zu vermeiden (Abs. 2 lit. b), keine besondere Bedeutung erlangt.[225] Häufigste Form des gegenseitigen Beistands war bis Mitte der 70er Jahre die Bereitstellung von Krediten seitens der anderen Mitgliedstaaten (Abs. 2 lit. c). Da Abs. 2 nur eine beispielhafte Aufzählung der Formen des gegenseitigen Beistands enthält, sind auch andere Finanzierungsmittel nicht ausgeschlossen. So stellen inzwischen Gemeinschaftsanleihen die Hauptform des gegenseitigen Beistands dar.[226] Wenn der Rat dem empfohlenen gegenseitigen Beistand nicht zustimmt oder der gewährte Beistand unzureichend ist, ermächtigt die Kommission als dritte Stufe den in Schwierigkeiten befindlichen Staat, Schutzmaßnahmen zu treffen (Abs. 3). Dabei handelt es sich um Maßnahmen, die von den Vorschriften des Gemeinschaftsrechts abweichen.[227]

Mit der Gewährung gegenseitigen Beistands unterstützen die Mitgliedstaaten einen in Not geratenen Staat, ohne dafür eine direkte Gegenleistung zu erhalten. Die starken Mitgliedstaaten leisten damit einem schwachen Mitgliedstaat Hilfe. Ein solches Verhalten fordert ihre Solidarität. Folglich bringt die Regelung über den gegenseitigen Beistand die Pflicht zur Solidarität zum Ausdruck.[228]

Diese Vorschrift findet jedoch seit dem Beginn der dritten Stufe der Wirtschafts- und Währungsunion keine Anwendung mehr für die Staaten, die an ihr teilnehmen (Art. 119 Abs. 4 EGV). Grund dafür ist, dass sie ab diesem Zeitpunkt keine eigene, sondern nur noch eine gemeinsame Zahlungsbilanz haben und damit auch die Möglichkeit nationaler Zahlungsbilanzschwierigkeiten entfällt. Für die Staaten, für die eine Ausnahmeregelung gilt, bleibt Art. 119 EGV indes weiterhin anwendbar (Art. 122 Abs. 6 EGV).

---

225 Siehe dazu *Häde*, aaO (Fn. 223), Art. 119 EGV Rn. 10.

226 *Zuleeg/Amphoux/Smulders*, aaO (Fn. 224), Art. 109 h, i EGV Rn. 40; *Krämer/Bandilla*, aaO (Fn. 224), Art. 109 h EGV Rn. 21 ff.

227 *Häde*, aaO (Fn. 223), Art. 119 EGV Rn. 14.

228 So auch *Pescatore*, Les objectifs de la communauté européenne comme principes d'interprétation dans la jurisprudence de la cour de justice, in: FS für van der Meersch, 1972, S. 325, 349 ff.; *Marias*, Solidarity as an objective of the European Union and the European Community, Legal Issues of European Integration 1994/2, S. 85, 92 ff.

b) Finanzieller Beistand

Für die Staaten, die an der dritten Stufe der Wirtschafts- und Währungsunion teilnehmen, tritt an die Stelle des gegenseitigen der finanzielle Beistand, der gemäß Art. 100 Abs. 2 EGV einem Mitgliedstaat von der Gemeinschaft gewährt werden kann, wenn er aufgrund außergewöhnlicher Ereignisse, die sich seiner Kontrolle entziehen, von Schwierigkeiten betroffen oder von gravierenden Schwierigkeiten ernstlich bedroht ist. Über die Erteilung des Beistands entscheidet der Rat einstimmig auf Vorschlag der Kommission; sind die gravierenden Schwierigkeiten auf Naturkatastrophen zurückzuführen, so beschließt der Rat mit qualifizierter Mehrheit. Im Gegensatz zum gegenseitigen Beistand kann dieser nicht von den anderen Mitgliedstaaten, sondern ausschließlich aus dem Gemeinschaftshaushalt gewährt werden.[229] Da Art. 100 Abs. 2 EGV - anders als Art. 119 Abs. 2 EGV - keine bestimmten Maßnahmen zur Durchführung des finanziellen Beistands nennt, bieten sich vielfältige Möglichkeiten der Hilfeleistung.[230]

Eingeführt wurde die Vorschrift auf Druck der ärmeren Mitgliedstaaten, die diese finanzielle Unterstützung als Ersatz für den gegenseitigen Beistand für notwendig erachteten. Dabei mussten sie sich gegen die Befürchtungen durchsetzen, die Hilfe könnte zu unberechtigten Finanztransfers an die Mitgliedstaaten missbraucht werden, die eine verfehlte Wirtschaftspolitik betreiben.[231]Diese entgegengesetzten Ansichten kommen ebenfalls in der Streitfrage zum Ausdruck, ob der finanzielle Beistand auch dann gewährt werden kann, wenn die Mitgliedstaaten ihre Schwierigkeiten selbst verschuldet haben.[232]

Die Vorschrift legt den Mitgliedstaaten in ihrer Gesamtheit die Pflicht auf, einen Mitgliedstaat zu unterstützen, der sich in Schwierigkeiten befindet. Damit handelt es sich auch hier um eine Hilfeleistung der starken Mitgliedstaaten gegenüber einem schwachen Mitgliedstaat, die Solidarität verlangt. Mit der Einführung der gemeinsamen Währung ist die Verbundenheit sogar noch intensiviert worden. Die schlechte Finanzsituation eines Staates wirkt sich stärker als zuvor auf die ganze Wirtschafts- und Währungsunion aus. Die Vorschrift über den finanziellen Beistand kann folglich als Anknüpfungspunkt für die Herleitung des Solidaritätsprinzips dienen.[233]

---

229 *Häde*, in: Calliess/Ruffert, EUV/EGV, Art. 100 EGV Rn. 6.

230 Dazu siehe unten D II 4 b).

231 *Hattenberg*, in: Schwarze, EU-Kommentar, Art. 100 EGV Rn. 5; *Pipkorn*, Legal arrangements in the Treaty of Maastricht for the effectiveness of the Economic and Monetary Union, CMLRev. 1994, S. 263, 273.

232 Dazu siehe unten E III 2 b).

233 Ebenso *Ohler*, Die fiskalische Integration in der Europäischen Gemeinschaft, 1997, S. 288; *Heinemann*, Bailout- und Bonitätseffekte in der Wirtschafts- und Währungsunion, ZWS 115 (1995), S. 605, 609; vgl. auch Pipkorn, aaO (Fn. 231), S. 274.

8. *Wirtschaftlicher und sozialer Zusammenhalt*

Eine Verpflichtung zur Solidarität enthalten auch die Vorschriften über den wirtschaftlichen und sozialen Zusammenhalt (Kohäsion). Ziel der Politik zur Stärkung des wirtschaftlichen und sozialen Zusammenhalts ist die Förderung einer harmonischen Entwicklung der Gemeinschaft als Ganzes, wobei insbesondere die Unterschiede im Entwicklungsstand der verschiedenen Regionen und der Rückstand der am stärksten benachteiligten Gebiete verringert werden sollen (Art. 158 EGV).

Der wirtschaftliche und soziale Zusammenhalt findet an verschiedenen Stellen der Verträge Erwähnung. Gemäß Art. 2 EGV ist die Förderung des wirtschaftlichen und sozialen Zusammenhalts und der Solidarität zwischen den Mitgliedstaaten eine Aufgabe der Gemeinschaft. Art. 3 lit. k) EGV erklärt die Stärkung des wirtschaftlichen und sozialen Zusammenhalts zur Tätigkeit der Gemeinschaft. Die speziellen Regelungen zu deren Ausgestaltung befinden sich im Titel XVII des EGV (Art. 158 -162). Besondere Betonung erfährt diese Politik außerdem in dem Protokoll über den wirtschaftlichen und sozialen Zusammenhalt, das gemäß Art. 311 EGV Bestandteil des Vertrages ist. Art. 2 EUV bestimmt schließlich, dass die Stärkung des wirtschaftlichen und sozialen Zusammenhalt auch ein Ziel der Europäischen Union darstellt.

Im Folgenden soll die Kohäsionspolitik näher betrachtet werden. Dabei wird zunächst ihre Entwicklung seit Gründung der Gemeinschaften und dann ihre Ausgestaltung aufgezeigt. Anschließend ist festzustellen, ob die Regelungen über den wirtschaftlichen und sozialen Zusammenhalt als Rechtsgrundlage für ein Solidaritätsprinzip herangezogen werden können.

a) Entwicklung der Kohäsionspolitik

Bei Gründung der EWG maß man der Regionalpolitik keine besondere Bedeutung bei.[234] Zwar betonten die Vertragsparteien bereits in der Präambel des Gründungsvertrages das Bestreben, ihre Volkswirtschaften zu einigen und deren harmonische Entwicklung zu fördern, indem der Abstand zwischen den einzelnen Gebieten und der Rückstand weniger entwickelter Gebiete verringert werden sollte. Es wurde jedoch erwartet, dass die bestehenden Unterschiede durch die Errichtung des Gemeinsamen Marktes und das daraus folgende Wirtschaftswachstum automatisch ausgeglichen würden.[235] Außerdem war ein besonderer Ausgleich ohnehin nicht erforderlich, da die Wirtschaftskraft der sechs

---

[234] *Schäfers*, Die Kohäsionspolitik in der Europäischen Gemeinschaft, 1993, S. 28 ff.

[235] *Puttler*, in: Calliess/Ruffert, EUV/EGV, Art. 158 EGV Rn. 1; *Beutler/Bieber/Pipkorn/Streil*, Die Europäische Union: Rechtsordnung und Politik, 4. Aufl., 1993, S. 503.

Gründerstaaten keine großen Differenzen aufwies.[236] Die bereits in den Anfangsjahren der Gemeinschaft bestehenden regionalpolitischen Instrumente blieben ohne Bedeutung für die Kohäsionspolitik.[237]

Durch die erste Erweiterung im Jahre 1973, insbesondere durch den Beitritt Irlands, nahmen die regionalen Unterschiede jedoch deutlich zu. Diese Entwicklung wurde noch verschärft durch die Abschwächung der Weltwirtschaft. Mit Griechenland (1981) sowie Spanien und Portugal (1986) traten weitere wirtschaftlich schwache Staaten der Gemeinschaft bei. Vor dem Hintergrund setzte sich die Erkenntnis durch, dass allein durch den entstehenden Gemeinsamen Markt die regionalen Probleme nicht automatisch gelöst werden. Dies führte zu einem Ausbau der regionalpolitischen Maßnahmen.[238] Die Verankerung der Kohäsionspolitik im EWGV erfolgte durch die Einheitliche Europäische Akte (EEA) 1987, mit der ein Titel über den wirtschaftlichen und sozialen Zusammenhalt aufgenommen wurde.

In der Folgezeit wurden die Finanzmittel für die Strukturpolitik stark aufgestockt.[239] Sie umfassen heute etwa 35% der gesamten Gemeinschaftsausgaben und stellen damit nach der Agrarpolitik den zweitgrößten Ausgabenposten des Gemeinschaftshaushalts dar.[240] Dies zeigt den Stellenwert, der dem wirtschaftlichen und sozialen Zusammenhalt in der Europäischen Union inzwischen zukommt.

---

236 *Franzmeyer/Seidel*, Regionalausgleichswirkung des EG-Haushalts - Bedarf und Realität -, in: Biehl/Pfennig (Hrsg.), Zur Reform der EG-Finanzverfassung, 1990, S. 189; *Franzmeyer*, Die Europäische Wirtschafts- und Währungsunion: Ausbau der gemeinschaftlichen Kohäsionspolitik, Integration 1993, S. 95.

237 *Schäfers*, Die Kohäisionspolitik in der Europäischen Gemeinschaft, 1993, S. 29 ff.

238 *Priebe*, in: Schwarze, EU-Kommentar, Art. 158 EGV Rn. 2; *Wulf-Mathies*, Europäische Regionalpolitik - Herausforderung für die Zukunft, in: FS Jochimsen, 1998, S. 57, 63 f.; *Franzmeyer/Seidel*, aaO (Fn. 236), S. 189 ff.; *Ridinger*, Wirtschaftlicher und sozialer Zusammenhalt in der EG, Europa-Archiv 1992, S. 133, 135.

239 Von 3,7 Mrd. ECU im Jahre 1985 auf 18,3 Mrd. ECU im Jahre 1992; für den Zeitraum von 1994 bis 1999 standen insgesamt etwa 170 Mrd. ECU aus dem Gemeinschaftshaushalt zur Verfügung; siehe dazu *Wulf-Matthies*, aaO, S. 57, 64. Für den Zeitraum von 2000-2006 belaufen sich die für Verpflichtungen der Fonds verfügbaren Mittel auf 195 Milliarden Euro, Art. 7 Abs. 1 Verordnung (EG) Nr. 1260/1999 des Rates vom 21.6.1999 mit allgemeinen Bestimmungen über die Strukturfonds, ABl. EG Nr. L 161 S. 1 vom 26.6.1999.

240 Gesamthaushaltsplan der Europäischen Union für das Haushaltsjahr 2002, Zahlenübersicht im Internet abrufbar unter: http://www.europa.eu.int/comm/budget/pubfin/data/grp7_de.gif.

b) Inhalt der Kohäsionspolitik

Zur Erreichung der Ziele der Politik zur Stärkung des wirtschaftlichen und sozialen Zusammenhalts wird den Mitgliedstaaten aufgegeben, ihre Wirtschaftspolitiken zu koordinieren (Art. 159 Abs. 1 S. 1 EGV). Außerdem hat die Gemeinschaft bei der Verfolgung anderer Politiken diese Ziele stets zu berücksichtigen und zu deren Verwirklichung beizutragen (Art. 159 Abs. 1 S. 2 EGV). Das wichtigste Instrument in dem Zusammenhang sind die Fonds, mit deren Hilfe die Gemeinschaft die Maßnahmen der Mitgliedstaaten unterstützt. Die Gemeinschaft verfügt mit dem Europäischen Sozialfonds (ESF), dem Europäischen Fonds für regionale Entwicklung (EFRE) und dem Europäischen Ausrichtungs- und Garantiefonds für die Landwirtschaft - Abteilung Ausrichtung - (EAGFL) über drei Strukturfonds.

Der Europäische Sozialfonds (ESF) wurde bereits 1958 auf Grundlage der damaligen Art. 123 ff. EWGV (jetzt Art. 146 ff. EGV) errichtet. Mit den Mitteln aus diesem Fonds werden beschäftigungspolitische Maßnahmen der Mitgliedstaaten in besonders betroffenen Gebieten durchgeführt.[241] 1962 wurde der Europäische Ausrichtungs- und Garantiefonds für die Landwirtschaft (EAGFL) aufgrund von Art. 40 Abs. 4 EWGV (jetzt Art. 34 Abs. 3 EGV) geschaffen. Von seinen beiden Abteilungen Ausrichtung und Garantie hat erstere die strukturpolitische Aufgabe, durch Lenkungsmaßnahmen Erzeugung und Vermarktung zu beeinflussen, und zählt damit zu den Strukturfonds. Eine genaue Trennung von den marktordnungspolitischen Aufgaben der Abteilung Garantie ist jedoch schwierig.[242] Rechtsgrundlage für den Europäischen Fonds für regionale Entwicklung (EFRE) ist Art. 160 EGV.[243] Mit diesen Mitteln werden Maßnahmen zur Entwicklung und strukturellen Anpassung der rückständigen Gemeinschaftsgebiete sowie zur Umstellung der Industriegebiete mit rückläufigen Entwicklungen unterstützt.

1994 wurde auf Grundlage des mit dem Vertrag von Maastricht neu eingeführten Art. 130 d Abs. 2 EGV (jetzt 161 Abs. 2) ein Kohäsionsfonds zur Förderung ausschließlich der ärmsten Länder errichtet.[244] Aus diesem Fonds werden Vorhaben in den Bereichen Umwelt und transeuropäische Verkehrsinfrastrukturnet-

---

241 *Häde*, Finanzausgleich, 1996, S. 493; *Peffekoven*, Die Finanzen der Europäischen Union, 1994, S. 83.

242 *Glaesner*, Der Grundsatz des wirtschaftlichen und sozialen Zusammenhalts im Recht der Europäischen Wirtschaftsgemeinschaft, 1990, S. 61

243 Da diese Vorschrift erst mit der EEA eingeführt wurde und bei Errichtung des Fonds 1975 noch nicht existierte, wurde dieser zunächst auf den damaligen Art. 235 EWGV (jetzt Art. 308 EGV) gestützt.

244 Verordnung (EG) Nr. 1164/94 des Rates vom 16.5.1994 zur Errichtung des Kohäsionsfonds, ABl. Nr. L 130 S. 1 vom 25.51994; aus diesem Fonds erhalten Griechenland, Portugal, Spanien und Irland Zahlungen.

ze in jenen Mitgliedstaaten finanziert, deren Bruttoinlandsprodukt (BIP) pro Kopf weniger als 90 % des EU-Durchschnitts beträgt.[245] Neben dem grundsätzlichen Anliegen, Entwicklungsrückstände zu verringern, diente der Kohäsionsfonds insbesondere dem Ziel, den betroffenen Mitgliedstaaten den Eintritt in die dritte Stufe der Wirtschafts- und Währungsunion zu ermöglichen.[246]

Die Verteilung der Mittel aus diesen Fonds erfolgt meist auf Initiative der Mitgliedstaaten,[247] die Pläne über den Handlungsbedarf in ihren Regionen vorlegen. In einem Verhandlungsprozess zwischen der Kommission und den betroffenen Gebietskörperschaften werden dann Konzepte über die Durchführung der Förderung erarbeitet. Anschließend erhalten die Mitgliedstaaten auf Antrag die entsprechenden Mittel.[248] Um einen effektiven Einsatz der Mittel zu gewährleisten, werden die Aktionen der verschiedenen Fonds dabei aufeinander abgestimmt.[249] Die Kosten dieser Maßnahmen werden nicht vollständig von der Gemeinschaft übernommen, vielmehr müssen sich die Mitgliedstaaten an der Finanzierung beteiligen.[250]

c) Kohäsionspolitik als Ausdruck der Solidarität

Die Vorschriften über den wirtschaftlichen und sozialen Zusammenhalt dienen dem Ziel, die Unterschiede im Entwicklungsstand der verschiedenen Regionen und den Rückstand der am stärksten benachteiligten Gebiete zu verringern. Damit sind sie auf eine finanzielle Umverteilung von den reicheren zu den ärmeren Regionen und Gebieten gerichtet. Aufgrund dieser Zwecksetzung bringen sie die Solidarität der Mitgliedstaaten zum Ausdruck.[251]

---

245 Protokoll über den wirtschaftlichen und sozialen Zusammenhalt, das dem EGV beigefügt ist.

246 *Peffekoven*, Die Finanzen der Europäischen Union, 1994, S. 104; *Samland*, Perspektiven der EU-Finanzverfassung und EU-Strukturpolitik, in: Caesar (Hrsg.), Zur Reform der Finanzverfassung und Strukturpolitik der EU, 1997, S. 223, 230.

247 In bestimmten Fällen - Strukturwandel in altindustriellen Regionen, Aufbau regionaler Kooperationsnetze und Technologietransfer - kann die Kommission auch eigene Initiativen vorschlagen, vgl. dazu *Waniek*, EG-Regionalpolitik für die Jahre 1994-1999, Wirtschaftsdienst 1994/I, S. 43, 44.

248 *Peffekoven*, Die Finanzen der Europäischen Union, 1994, S. 84; *Thomas*, Finanzausgleich und Kohäsion in der Europäischen Union, Weltwirtschaft 1994, S. 472, 473.

249 Dies wurde insbesondere mit den Strukturfondsreformen 1988 und 1993 versucht; vgl. dazu *Häde*, Finanzausgleich, 1996, S. 490 ff.

250 *Peffekoven*, Die Finanzen der Europäischen Union, 1994, S. 85; *Ridinger*, Wirtschaftlicher und sozialer Zusammenhalt in der EG, Europa-Archiv 1992, S. 133, 135.

251 So auch *Calliess*, in: ders./Ruffert, EUV/EGV Art. 1 EUV Rn. 47; *Wulf-Mathies*, Europäische Regionalpolitik - Herausforderung für die Zukunft, in: FS Jochimsen, 1998, S. 57; *Stahl*, Die EU-Strukturpolitik: Zielorientierung, Wirkungen, Effizienz, in: Caesar (Hrsg.), Zur Reform der Finanzverfassung und Strukturpolitik der EU, 1997, S. 193; *Hei-*

Dem steht nicht entgegen, dass die Vertragsparteien für diese Politik gerade nicht den Begriff der Solidarität, sondern den des wirtschaftlichen und sozialen Zusammenhalts gewählt haben. Zwar beschreibt das Wort Zusammenhalt „eher einen faktischen Zustand“ und besitzt „nicht das politische Moblisierungspotential der Vokabel Solidarität“.[252] Die mit der Kohäsionspolitik verfolgten Ziele umfassen aber nach dem allgemeinen Verständnis des Begriffs eine Forderung nach Solidarität.

Zudem heißt es in dem Protokoll über den wirtschaftlichen und sozialen Zusammenhalt, es werde unter Hinweis darauf erlassen, dass in Art. 2 EGV auch die Aufgabe der Förderung des wirtschaftlichen und sozialen Zusammenhalts und der Solidarität zwischen den Mitgliedstaaten erwähnt ist. Damit wird deutlich, dass die Vertragsparteien den wirtschaftlichen und sozialen Zusammenhalt als eine Erscheinungsform des Solidaritätsprinzips ansehen.

Die vertraglichen Vorschriften über den wirtschaftlichen und sozialen Zusammenhalt können somit als Rechtsgrundlage für die Pflicht zur Solidarität herangezogen werden. Das in den Regelungen zur Kohäsionspolitik zum Ausdruck kommende Solidaritätsprinzip ist auch nicht von dem Solidaritätsprinzip, das in den anderen Vorschriften des EGV zutage tritt, zu trennen. Wenn das im Rahmen des wirtschaftlichen und sozialen Zusammenhalts geltende Solidaritätsprinzip von dem in Art. 10 EGV unterschieden wird,[253] so kann dem nur insoweit zugestimmt werden, als in den verschiedenen Zusammenhängen daraus unterschiedliche Pflichten der Mitgliedstaaten abzuleiten sind. In beiden Fällen handelt es sich aber um ein und dasselbe Prinzip, welches das europäische Recht durchzieht. Es geht darum, dass die Europäische Union nur dann funktionieren kann, wenn die Mitgliedstaaten bereit sind, für die anderen Mitgliedstaaten einzustehen. Die Solidarität tritt im europäischen Recht in verschiedenen Formen in Erscheinung, entspringt jedoch stets demselben Gedanken.

9. Ergebnis

Die Untersuchung der Vorschriften des EGV hat gezeigt, dass die Forderung nach Solidarität an verschiedenen Stellen des Vertrages festgelegt ist. Dabei tritt die Solidarität in unterschiedlichen Ausprägungen zutage. Trotz dieser Verschiedenheit können die Vorschriften als Ausdruck eines einheitlichen Solidaritätsprinzips angesehen werden. Da die Solidarität für grundlegende Fragen der Europäischen Gemeinschaft von wesentlicher Bedeutung ist, lässt sich ein ent-

---

nemann, Bailout- und Bonitätseffekte in der Wirtschafts- und Währungsunion, ZWS 115 (1995), S. 605, 610.

252 *Tomuschat*, Solidarität in Europa, in: FS Pescatore, 1987, S. 729, 733.

253 *Glaesner*, Der Grundsatz des wirtschaftlichen und sozialen Zusammenhalts im Recht der Europäischen Wirtschaftsgemeinschaft, 1990, S. 15 f.

sprechendes Strukturprinzip des Gemeinschaftsrechts aus „Geist und System" des EGV ableiten.

II. Vertrag über die Europäische Union (EUV)

Der Unionsvertrag enthält zum einen grundlegende Vorschriften über die Europäische Union als Ganzes und zum anderen Bestimmungen über die Gemeinsame Außen- und Sicherheitspolitik (GASP) sowie die polizeiliche und justizielle Zusammenarbeit in Strafsachen (PJZS).

1. Allgemeine Vorschriften

Zunächst sollen die allgemeinen Vorschriften des Unionsvertrages untersucht werden, die für alle Teile der Europäischen Union gelten. Außer den „Gemeinsamen Bestimmungen" (Art. 1-7 EUV) gehört dazu auch die Präambel. Sie geben Aufschluss darüber, ob die Solidarität ein umfassendes Prinzip ist, das für die Europäische Union Wirkung entfaltet. In dieser Bedeutung ist seine rechtliche Durchsetzbarkeit aber aufgrund der fehlenden Zuständigkeit des Gerichtshofes fraglich (Art. 46 EUV).

Die allgemeinen Vorschriften des EUV können darüber hinaus zur Begründung eines allgemeinen Rechtsgrundsatzes des Gemeinschaftsrechts dienen. Diese lassen sich nicht nur aus dem Gemeinschaftsrecht selber, sondern ebenso aus Rechtssätzen, die in der Mehrzahl der nationalen Rechtsordnungen bekannt oder anerkannt sind, ableiten.[254] Zu deren Bestimmung werden auch völkerrechtliche Verträge herangezogen, soweit sie die gemeinsamen Verfassungstraditionen der Mitgliedstaaten zum Ausdruck bringen.[255] Damit kann der Unionsvertrag als völkerrechtlicher Vertrag eine Erkenntnisquelle für die Herleitung allgemeiner Rechtsgrundsätze darstellen. In dieser Funktion entfalten dessen Vorschriften für die Rechtsprechung des EuGH mittelbar Bedeutung.

a) Präambel

Die Solidarität findet bereits an vorderster Stelle des Unionsvertrages ausdrücklich Erwähnung. Im fünften Erwägungsgrund der Präambel betonen die Vertragsparteien, dass sie bei Abschluss dieses Vertrages in dem Wunsch handelten, die Solidarität zwischen ihren Völkern unter Achtung ihrer Geschichte, ihrer Kultur und ihrer Traditionen zu stärken.

---

[254] *Emmert*, Europarecht, 1996, § 12 Rn. 42 ff.; *Koenig/Haratsch*, Europarecht, 3. Aufl., 2000, Rn. 238.

[255] EuGH Rs. 4/73, Nold, Slg. 1974, 491 Rn. 13; EuGH verb. Rsen. 46/87 und 227/88, Hoechst/Kommission, Slg. 1989, 2859 Rn. 13.

Die rechtliche Bedeutung von Präambeln zu völkerrechtlichen Verträgen wird meist für gering erachtet und ihre Funktion auf die eines politischen und damit unverbindlichen Bekenntnisses beschränkt. Tatsächlich begründet die Präambel zum Unionsvertrag keine rechtlichen Verpflichtungen.[256] Rechtliche Wirkung entfaltet sie aber dennoch, insbesondere indem sie zur Auslegung der Vertragstexte herangezogen wird. Zudem können die in der Präambel niedergelegten Erwägungen zur Herausbildung allgemeiner Rechtsgrundsätze dienen, da sie die gemeinsamen Grundüberzeugungen der Vertragsparteien widerspiegeln.[257] Als Ausdruck der grundlegenden Leitgedanken der europäischen Integration hat die Präambel Geltung sowohl für die Europäische Union als auch für die drei Gemeinschaften und für die GASP und die PJZS. [258]

Zur Begründung eines Solidaritätsprinzips kann die Präambel demnach unter verschiedenen Aspekten herangezogen werden. Sie bringt die gemeinsamen Rechtsvorstellungen der Mitgliedstaaten über die Bedeutung der Solidarität für ihr Handeln zum Ausdruck und dient damit zur Herleitung eines allgemeinen Rechtsgrundsatzes des Gemeinschaftsrechts. Darüber hinaus lässt sich daraus ableiten, dass ein Solidaritätsprinzip für die Europäische Union als Ganzes Geltung beansprucht. Als solches ist es aber - anders als ein allgemeiner Rechtsgrundsatz des Gemeinschaftsrechts - nicht justiziabel. Außerdem kann die Präambel zur Begründung eines für die intergouvernemental geregelten Politiken geltenden Solidaritätsprinzips herangezogen werden.

(1) Subjekte der Solidarität

Zunächst ist zu klären, welche Beziehungen Gegenstand der in der Präambel angesprochenen Solidarität sind. Während bislang die Mitgliedstaaten als Subjekte der Solidarität in der Europäischen Union betrachtet wurden, sind dies nach dem Wortlaut der Präambel die Völker. Damit werden die in einem Staatenverband zusammengefassten Völker als Summe der Staatsangehörigen angesprochen.[259] Die gewählte Formulierung zeigt, dass sich das Solidaritätsprinzip auch auf die hinter den Staaten stehenden Bürger bezieht.[260] An deren Bereitschaft zu einem solidarischen Miteinander mangelt es aufgrund des fehlenden tatsächlichen Zusammenhalts in der Europäischen Union jedoch bislang. Dies

---

[256] *Pache*, in: Grabitz/Hilf, Kommentar zur EU, Präambel zum EUV Rn. 7 f.; *Geiger*, Kommentar zum EG-Vertrag, Präambel EUV Rn. 1.

[257] *Pache*,aaO, Rn. 6; *Zuleeg*, in: GTE, EGV/EUV, Präambel Rn. 3.

[258] Pache, aaO, Rn. 2; *Zuleeg*, aaO, Rn. 2.

[259] *Hilf*, in: Grabitz/Hilf, Kommentar zur EU, Art. A EUV Rn. 13.

[260] *Volkmann*, Solidarität in einem vereinten Europa, SuS 1998, S. 17, 31. Vgl. auch *Martenczuk*, Die differenzierte Integration und die föderale Struktur der Europäischen Union, EuR 2000, S. 351, 362: die Solidarität der Mitgliedstaaten setzt langfristig die Entwicklung einer „europäischen Bürgersolidarität" voraus.

belegen Umfragen, wonach nur die Hälfte die EU-Mitgliedschaft ihres Landes unterstützt.[261] Der nur gering ausgeprägte Zusammenhalt in der Europäischen Union steht aber nicht im Gegensatz zu der in der Präambel genannten Solidarität zwischen den Völkern. Deren Stärkung ist nur als Wunsch aufgeführt, wodurch zum Ausdruck kommt, dass sich die Mitgliedstaaten bei Abschluss des Vertrages der Defizite in diesem Bereich durchaus bewusst waren.

Um die Förderung eines Zusammengehörigkeitsgefühls hat sich die Europäische Union in den letzten Jahren verstärkt bemüht. Diesem Ziel dienen beispielsweise die Einführung einer Unionsbürgerschaft und der europäischen politischen Parteien.[262] Insbesondere ist in dem Zusammenhang die Charta der Grundrechte zu nennen, die ein eigenes Kapitel „Solidarität" enthält, in dem die sozialen Grundrechte der Bürger festgeschrieben sind.[263] Ob mit Hilfe dieser rechtlichen Verankerungen auch tatsächlich ein Solidaritätsgefühl der Bürger untereinander erreicht werden kann, ist eher zweifelhaft. Dies zu ermitteln ist freilich nicht Gegenstand juristischer Dogmatik.

Bei der Auslegung der in Rede stehenden Präambelerwägung ist des Weiteren zu beachten, dass die Solidarität der Bürger nicht von der der Staaten zu trennen ist. Das macht schon Art. 1 Abs. 3 EUV deutlich, wo im Gegensatz zur Präambel neben der Solidarität zwischen den Völkern auch die zwischen den Mitgliedstaaten betont wird. Dementsprechend könnte sich die in der Präambel bekundete Absicht zur Stärkung der Solidarität zwischen den Völkern auch auf die Solidarität zwischen den Mitgliedstaaten beziehen, die als Medium zur Förderung der Solidarität zwischen ihren Völkern zu betrachten sind.[264]

Für ein solches Verständnis der Präambel spricht, dass es in der Europäischen Union Solidarität zwischen den Einzelnen ohne Solidarität zwischen den Staaten nicht geben kann. Es sind die Vertreter der Mitgliedstaaten, die in Europa die Entscheidungen treffen und somit auch die solidarischen Pflichten begründen. Soll in der Europäischen Union die Solidarität zwischen den Bürgern eine rechtliche Bedeutung erhalten, so kann dies nur durch die Mitgliedstaaten geschehen und setzt dementsprechend auch deren Solidarität voraus. Die Präambel ist deshalb dahingehend zu interpretieren, dass die Mitgliedstaaten durch

---

[261] Vgl. Standard Eurobarometer, Umfrage Nr. 54 November-Dezember 2000, Ausgabe April 2001, S. 32 f.: 50% der Befragten halten die Mitgliedschaft in der EU für eine „gute Sache", 27% finden sie „weder gut noch schlecht" und 14% bezeichnen sie als „schlechte Sache".

[262] *Volkmann*, aaO (Fn. 260), S. 17, 32 ff.

[263] Kapitel IV der Charta der Grundrechte der Europäischen Union, ABl. Nr. C 364 S. 1 vom 18.12.2000; siehe dazu auch, *Pache*, Die Europäische Grundrechtscharta - ein Rückschritt für den Grundrechtsschutz in Europa, EuR 2001, S. 475, 481 f.; *Leinen/Schönlau*, Die Erarbeitung der EU-Grundrechtscharta im Konvent: nützliche Erfahrungen für die Zukunft Europas, Integration 2001, S. 26, 31 f.

[264] *Pache*, in: Grabitz/Hilf, Kommentar zur EU, Präambel zum EUV Rn. 22.

eigenes solidarisches Verhalten auch die Solidarität ihrer Bürger stärken wollen. Da die Solidarität zwischen den Mitgliedstaaten in dieser Vorschrift verankert ist, kann sie zur Begründung eines entsprechenden Rechtsprinzips herangezogen werden.

(2) Grenzen der Solidarität

Zugleich werden aber bereits an dieser Stelle Grenzen so verstandener Solidarität deutlich, wenn der Wunsch nach ihrer Stärkung mit der Forderung nach Achtung der Geschichte, Kultur und Tradition der Völker verbunden wird. In diesem Spannungsverhältnis bringt die Solidarität das Streben nach Intensivierung und Vertiefung der Integration zum Ausdruck, deren Gegenpol die Wahrung der Eigenständigkeit der Mitgliedstaaten und der Schutz vor einer Entstaatlichung ist.[265] Diese Gegenüberstellung deutet darauf hin, dass Solidarität in der Übertragung von Kompetenzen auf die Gemeinschaft zutage tritt. Der solidarische Gedanke entfaltet sich dabei insoweit, als bei der gemeinschaftlichen Rechtsetzung die nationalen Besonderheiten möglicherweise nicht beachtet werden. Die Pflicht zur Achtung der Geschichte, Kultur und Tradition der Völker macht deutlich, dass die solidarische Forderung nach der Zurückstellung der eigenen Interessen den Mitgliedstaaten nicht unbegrenzt Verzicht gebieten darf. Eine Angleichung der Lebensverhältnisse in allen Bereichen ist in jedem Fall ausgeschlossen.

Geschichte, Kultur und Tradition der Völker prägen die nationale Identität. Folglich kommt diese Grenze der Solidarität auch in Art. 6 Abs. 3 EUV zum Ausdruck, wonach die Union die nationale Identität ihrer Mitgliedstaaten zu achten hat.[266]

b) Art. 1 Abs. 3 S. 2 EUV

Auch zu Beginn des eigentlichen Vertragstextes wird auf die Solidarität Bezug genommen. Art. 1 Abs. 3 S. 2 EUV erklärt es zur Aufgabe der Union, die Beziehungen zwischen den Mitgliedstaaten sowie ihren Völkern kohärent und solidarisch zu gestalten. Die in dieser Vorschrift festgelegte Aufgabe unterscheidet sich von den in Art. 2 EUV genannten Zielen durch ihre allgemeinere Umschreibung. Anders als der Aufgabenbegriff in Art. 2 EGV, der sich insbesondere auf wirtschaftliche Gesichtspunkte bezieht, ist die in Art. 1 Abs. 3 S. 2 EUV beschriebene Aufgabe umfassend zu verstehen und findet Anwendung nicht nur in den vertraglich geregelten Bereichen, sondern im gesamten Verhältnis der Mitgliedstaaten und ihrer Völker zueinander.[267]

---

[265] *Pache*, aaO, Rn. 21.
[266] *Pache*, aaO, Rn. 23.
[267] *Hilf*, in: Grabitz/Hilf, Kommentar zur EU, Art. A EUV Rn. 20 f.

In dieser allgemeinen Bedeutung kann Art. 1 Abs. 3 S. 2 EUV ebenso wie die Präambel herangezogen werden, um der Solidarität den Charakter eines Verfassungsprinzips der Europäischen Union als Ganzes zu verschaffen. Darüber hinaus können die in dieser Vorschrift zum Ausdruck kommenden gemeinsamen Rechtsvorstellungen der Mitgliedstaaten auch zur Begründung eines allgemeinen Rechtsgrundsatzes des Gemeinschaftsrechts fruchtbar gemacht werden. Da die Vorschrift für die gesamte Europäische Union gilt, kann sie schließlich auch in den Bereichen der intergouvernementalen Zusammenarbeit Bedeutung entfalten.

Als Subjekte der Solidarität werden in Art. 1 Abs. 3 S. 2 EUV - anders als in der Präambel - nicht nur die Völker, sondern auch die Mitgliedstaaten genannt. Indem auf beide Ebenen Bezug genommen wird, zeigt sich deren enger Zusammenhang, der darauf beruht, dass die Solidarität der Völker die ihrer Mitgliedstaaten voraussetzt und die Solidarität der Mitgliedstaaten auf Dauer nicht ohne die ihrer Völker möglich ist. Durch die Formulierung „Mitgliedstaaten sowie (...) ihren Völker“ wird aber deutlich, dass primär die Beziehungen der Mitgliedstaaten solidarisch zu gestalten sind. Damit entspricht die Aufgabenstellung den bisherigen Ausführungen über das Solidaritätsprinzip in der Europäischen Union, die sich auf das Verhältnis zwischen den Mitgliedstaaten konzentrieren.

Neben Solidarität wird in dieser Vorschrift auch Kohärenz angemahnt. Kohärenz bezeichnet ein aufeinander abgestimmtes, zusammenhängendes Vorgehen, das eine widerspruchsfreie Politik ermöglicht. Einteilen lässt sich das Kohärenzgebot in drei verschiedene Kategorien: die innere, die äußere und die inhaltliche Kohärenz. Während die innere Kohärenz den Zusammenhalt der Union im Inneren wahrt, sichert die äußere Kohärenz das gemeinsame Auftreten gegenüber Drittstaaten. Die inhaltliche Kohärenz schließlich verlangt die Stimmigkeit und Widerspruchsfreiheit von Maßnahmen und ist sowohl bei der inneren als auch bei der äußeren Kohärenz zu beachten.[268]

In Art. 1 Abs. 3 S. 2 EUV geht es nicht um das Handeln im Außenverhältnis, sondern um das interne Miteinander in der Union. Angesprochen ist demnach die innere Kohärenz.[269] Die von ihr beschworene Wahrung des Zusammenhalts im Inneren bezieht sich insbesondere auf den wirtschaftlichen und sozialen Zusammenhalt der Gemeinschaft, der in den Art. 158 ff. EGV geregelt ist.[270] Diese

---

[268] *Pechstein/Koenig*, Europarecht, 3. Aufl., 2000, Rn. 132 f.; *Müller-Graff*, Europäische Politische Zusammenarbeit und Gemeinsame Außen- und Sicherheitspolitik: Kohärenzgebot aus rechtlicher Sicht, Integration 1993, S. 147.

[269] *Hilf*, in: Grabitz/Hilf, Kommentar zur EU, Art. A EUV Rn. 22; *Siems*, Das Kohärenzgebot in der Europäischen Union und seine Justitiabilität, 1999, S. 23.

[270] *Pechstein/Koenig*, aaO (Fn. 268), Rn. 133; *Müller-Graff*, aaO (Fn. 268), S. 147.

Vorschriften bringen auch die Solidarität zum Ausdruck,[271] so dass sich Solidaritäts- und Kohärenzprinzip insoweit überschneiden.[272] Beiden aber kommt in dem Kontext eine unterschiedliche Bedeutung zu. Während die Solidarität Voraussetzung für die Stärkung des wirtschaftlichen und sozialen Zusammenhalts ist, beschreibt die Kohärenz das angestrebte Ziel selber. Aufgrund dieser Differenzen erklärt sich auch die Nennung beider Begriffe in Art. 1 Abs. 3 S. 2 EUV.

Der aufgezeigte Zusammenhang von Kohärenz und Solidarität könnte darauf hindeuten, dass die Solidarität in dieser Vorschrift auf die ihr im Rahmen des wirtschaftlichen und sozialen Zusammenhalts zukommende Bedeutung beschränkt ist. Ein solches Verständnis wird auch dadurch unterstrichen, dass die Forderung, die Solidarität als Aufgabe in den Vertrag aufzunehmen, von Portugal und Griechenland, zwei Mitgliedstaaten, die zu den wirtschaftlich schwächsten in der Europäischen Union zählen und damit Nutznießer der Politik des wirtschaftlichen und sozialen Zusammenhalts sind, gestellt wurde.[273] Eine solche Betrachtungsweise griffe aber zu kurz, wenn die folgenden Untersuchungen ergeben, dass der Solidarität in der Europäischen Union über diesen speziellen Kontext hinaus Bedeutung zukommt. Ist die Solidarität auf europäischer Ebene umfassend zu verstehen, dann muss dies auch für die Aufgabenstellung in Art. 1 Abs. 3 S. 2 EUV gelten.

2. Vorschriften über die intergouvernementalen Politiken

Die GASP und die PJZS stellen anders als die supranationalen Gemeinschaften Formen der intergouvernementalen Zusammenarbeit dar. Eine Übertragung von Zuständigkeiten auf die Europäische Union ist nicht erfolgt.[274] Dieser Unterschied wirkt sich auf die rechtliche Dimension des Solidaritätsprinzips aus. So ist zweifelhaft, inwieweit die in der GASP und der PJZS den Mitgliedstaaten auferlegten Verpflichtungen überhaupt rechtlich verbindlich sind. Sicher ist jedenfalls, dass sie mangels Zuständigkeit des EUGH einer gerichtlichen Kon-

---

271 Dazu siehe oben C I 8 c).

272 *Calliess*, in: Calliess/Ruffert, EUV/EGV, Art. 1 EUV Rn. 43; *Hilf*, in: Grabitz/Hilf, Kommentar zur EU, Art. A EUV Rn. 23 betont, dass Solidarität und Kohärenz Berührungspunkte aufweisen.

273 Vgl. dazu Hellenic Memorandum, Contribution to the Discussions on Progress Towards Political Union, Brussels, 15 May 1990, in: Laursen/Vanhoonacker (Hrsg.), The Intergovernmental Conference on Political Union, 1992, S. 277, 280; Memorandum from the Portuguese Delegation, Political Union with view to the Intergovernmental Conference, Lisbon, 30 November 1990, in: Lausen/Vanhoonacker (Hrsg.), aaO, S. 304.

274 *Regelsberger*, Gemeinsame Außen- und Sicherheitspolitik nach Maastricht - Minimalreformen in neuer Entwicklungsperspektive, Integration 1992, S. 83; *Burghardt/Tebbe*, Die Gemeinsame Außen- und Sicherheitspolitik der Europäischen Union - Rechtliche Struktur und politischer Prozess, EuR 1995, S. 1, 4 ff.; *Streinz*, Der Vertrag von Amsterdam, EuZW 1998, S. 137, 138, 140.

trolle entzogen sind.[275] Demnach kann in Bezug auf die Unionspolitiken nicht im Wege der richterlichen Rechtsfortbildung ein Solidaritätsprinzip als allgemeiner Rechtsgrundsatz entwickelt werden. Die Solidarität erlangt lediglich die Stellung eines völkerrechtlichen Grundsatzes.

a) GASP

Für die Herleitung eines Solidaritätsprinzips sind insbesondere die unionsvertraglichen Regelungen über die GASP von Interesse, da in diesen Vorschriften die Solidarität an verschiedenen Stellen ausdrücklich genannt wird. Die Bezugnahme auf die Solidarität in dem Politikbereich stellt kein Novum der GASP dar. Schon im Rahmen der Europäischen Politischen Zusammenarbeit (EPZ), in der bereits eine intergouvernementale Zusammenarbeit der Mitgliedstaaten auf dem Gebiet der Außenpolitik stattfand und die insoweit den Vorläufer der GASP darstellt, wurde die Solidarität erwähnt. In dem sog. ersten Davignon- oder Luxemburger Bericht der Außenminister aus dem Jahre 1970, der der Gründung der EPZ vorausging,[276] wurden als Ziele der Zusammenarbeit in der Außenpolitik „die Harmonisierung der Standpunkte, die Abstimmung der Haltung und, wo dies möglich und wünschenswert erscheint, ein gemeinsames Vorgehen zu begünstigen und dadurch die Solidarität zu festigen“ bestimmt.[277] Die Außenminister schienen demnach davon auszugehen, dass zwischen den Mitgliedstaaten in einem gewissen Umfang bereits die Bereitschaft zu solidarischem Handeln bestand, diese aber durch einheitliches Handeln noch verstärkt werden sollte. Mit dem Inkrafttreten des Vertrags von Maastricht hat die GASP die EPZ abgelöst. Die GASP stellt ebenso wie ihre Vorgängerin eine intergouvernementale Kooperationsform dar; eine Vergemeinschaftung der Außen- und Sicherheitspolitik hat nicht stattgefunden.

---

275 Für die PJZS ist aber gemäß Art. 35 EUV unter bestimmten Bedingungen in gegenüber dem EGV beschränkten Umfang eine Zuständigkeit des Gerichtshofes gegeben. Siehe dazu *Pechstein*, Die Justitiabilität des Unionsrechts, EuR 1999, S. 1.

276 Beauftragt wurden die Außenminister zur Erstellung dieses Berichts von den Staats- und Regierungschefs auf der Gipfelkonferenz von Den Haag im Jahre 1969. In dieser schwierigen Phase wollte man einen neuen Anlauf zur Vertiefung der Integration nehmen. Die zu dem Zeitpunkt primär wirtschaftliche Ausrichtung der Integration sollten um weitere Politikbereiche, so auch die wichtige Außen- und Sicherheitspolitik, ergänzt werden; vgl. Pechstein/Koenig, Europarecht, 3. Aufl., 2000, Rn. 257.

277 Erster Bericht der Außenminister an die Staats- und Regierungschefs der EG-Mitgliedstaaten vom 27.10.1970, in: Auswärtiges Amt (Hrsg.), Europäische Politische Zusammenarbeit, Dokumentation, 7. Aufl., 1984, S. 25 ff., 27; auch im Zweiten Bericht der Außenminister an die Staats- und Regierungschefs der EG-Mitgliedstaaten vom 23.7.1973 wird als Ziel der Zusammenarbeit „die Solidarität der Regierungen zu festigen“ betont, in: Auswärtiges Amt (Hrsg.), aaO, S. 38 ff.

Dass die Solidarität im Rahmen der GASP von Bedeutung ist, kommt bereits in ihrer Bezeichnung zum Ausdruck. Indem von einer *gemeinsamen* Außen- und Sicherheitspolitik gesprochen wird, zeigt sich, dass ein gemeinsames Interesse verfolgt werden soll, hinter dem das eigene Interesse der Mitgliedstaaten zurückzustehen hat.[278]

(1) Art. 11 EUV

Ausdrücklich wird insbesondere in Art. 11 Abs. 2 EUV auf die Solidarität Bezug genommen. In dessen Uabs. 1 ist festlegt, dass die Mitgliedstaaten die Außen- und Sicherheitspolitik der Union aktiv und vorbehaltlos im Geiste der Loyalität und der gegenseitigen Solidarität unterstützen. Gemäß Uabs. 2 S. 1 arbeiten die Mitgliedstaaten zusammen, um ihre gegenseitige politische Solidarität zu stärken und weiterzuentwickeln. Nach Uabs. 2 S. 2 enthalten sie sich jeder Handlung, die den Interessen der Union zuwiderläuft oder ihrer Wirksamkeit als kohärente Kraft in den internationalen Beziehungen schaden könnte. Der Rat trägt für die Einhaltung dieser Grundsätze Sorge (Uabs. 3). Obwohl die Solidarität in dieser Vorschrift nur im Zusammenhang mit der Unterstützungs- und Zusammenarbeitspflicht genannt wird, ist auch der Unterlassungspflicht ein solidarischer Charakter zuzuweisen.[279] Denn die den Mitgliedstaaten in Art. 11 Abs. 2 EUV auferlegten Pflichten stehen in engem Zusammenhang, indem sie verschiedene Ausprägungen der den Mitgliedstaaten auferlegten Solidaritäts- und Loyalitätspflichten darstellen. Zumindest die Unterstützungs- und Unterlassungspflicht entfaltet dabei auch eine rechtliche Dimension.[280] Die Forderung

---

[278] *Regelsberger*, Gemeinsame Außen- und Sicherheitspolitik nach Maastricht - Minimalreformen in neuer Entwicklungsperspektive, Integration 1992, S. 83, 86, betont, dass die Einführung des Begriffs „gemeinsame" Außen- und Sicherheitspolitik „als Ausdruck einer gewachsenen Solidargemeinschaft verstanden werden" kann.

[279] Vgl. *Kaufmann-Bühler*, in: Grabitz/Hilf, Kommentar zur EU, Art. J.1 EUV Rn. 3, der von der in Abs. 2 enthaltenen Solidaritätsverpflichtung spricht, bei der zwischen Handlungs- und Unterlassungspflichten zu unterscheiden sei.

[280] *Cremer*, in: Calliess/Ruffert, EUV/EGV, Art. 11 EUV Rn. 4; *Burghardt/Tebbe*, in: GTE, EGV/EUV, Art. J.1 EUV Rn. 12. Damit unterscheidet sich Art. 11 Abs. 2 EUV auch von Art. 30 Abs. 2 d) EEA, dessen Nachfolge er angetreten hat. Nach dieser Vorschrift hatten sich die „hohen Vertragsparteien" der EPZ lediglich zu „bemühen ...Maßnahmen und Stellungnahmen zu vermeiden, die ihrer Wirksamkeit als kohärente Kraft in den internationalen Beziehungen oder in internationalen Organisationen schaden würden". Diese Vorschrift brachte zum Ausdruck, dass den Mitgliedstaaten die Möglichkeit einseitig abweichender Maßnahmen verbleiben sollte, vgl. dazu: *Pechstein/Koenig*, Europarecht, 3. Aufl., 2000, Rn. 259; *Regelsberger*, Gemeinsame Außen- und Sicherheitspolitik nach Maastricht - Minimalreformen in neuer Entwicklungsperspektive, Integration 1992, S. 83, 86. Die unterschiedliche Verbindlichkeit dieser Vorschriften rechtfertigt auch, dass im Rahmen der EPZ nur von einer Festigung der Solidarität die Rede war, während diese in den Regelung der GASP als vorhanden vorausgesetzt wird.

nach Stärkung und Weiterentwicklung der gegenseitigen politischen Solidarität ist dagegen lediglich ein politischer Appell.[281]

(a) Regelungen zur Koordinierung

Für die Ausgestaltung dieser solidarischen Pflichten ist der Charakter der GASP als Forum intergouvernementaler Zusammenarbeit bestimmend. Da die Außen- und Sicherheitspolitik in der Zuständigkeit der Mitgliedstaaten verbleibt, beschränken sich deren Pflichten auf die Koordinierung ihrer nationalen Politiken. Vor diesem Hintergrund lässt sich auch die in Art. 11 Abs. 2 EUV normierte Unterstützungspflicht dahingehend verstehen, dass sie diese Koordinierung zum Gegenstand hat.[282] Für die Unterlassungspflichten ist in dem Zusammenhang zu folgern, dass sie den Mitgliedstaaten lediglich Begrenzungen bei der Ausübung der in ihrer Zuständigkeit verbliebenen Politiken auferlegen. In diesen Pflichten kommt die Solidarität in ihrer Ausprägung des Vorrangs des gemeinsamen Interesses vor dem nationalen Interesse zum Ausdruck.

Die in Art. 11 Abs. 2 EUV allgemein beschriebenen Koordinierungspflichten werden in weiteren Vorschriften der GASP konkretisiert. In dem Zusammenhang ist insbesondere Art. 14 Abs. 3 EUV zu nennen, wonach gemeinsame Aktionen für die Mitgliedstaaten bei ihren Stellungnahmen und ihrem Vorgehen bindend sind. Der solidarische Gehalt der Vorschrift besteht darin, dass die Übernahme dieser Pflicht die Bereitschaft der Mitgliedstaaten zur Zurückstellung ihrer eigenen Interessen zugunsten des gemeinsamen Interesses voraussetzt. Des Weiteren ist Art. 15 S. 2 EUV zu erwähnen, wonach die Mitgliedstaaten dafür Sorge tragen, dass ihre einzelstaatliche Politik mit den gemeinsamen Standpunkten in Einklang steht. Dies verlangt von ihnen Solidarität, denn sie dürfen nicht mehr allein nach ihren nationalen Interessen vorgehen, sondern müssen sich dem im gemeinsamen Standpunkt zum Ausdruck kommenden gemeinsamen Interesse unterordnen. Außerdem haben sich die Mitgliedstaaten gemäß Art. 16 EUV zu jeder außen- und sicherheitspolitischen Frage von allgemeiner Bedeutung im Rat abzustimmen, was zur Folge hat, dass sie ihre Politik in diesen Bereichen nicht mehr unbeschränkt ausüben können. Schließlich zeigt sich die Solidarität darin, dass die Mitgliedstaaten gemäß Art. 19 EUV ihr Handeln in den internationalen Organisationen koordinieren und ihr Verhalten auf diplomatischer Ebene gemäß Art. 20 EUV abstimmen.

---

281 *Cremer*, in: Calliess/Ruffert, EUV/EGV, Art. 11 EUV Rn. 4, *Regelsberger*, Gemeinsame Außen- und Sicherheitspolitk, Jahrbuch der europäischen Integration 1996/97, S. 215, 219, betont, dass dieser Appell möglichen Blockbildungen zwischen den großen und kleinen Mitgliedstaaten entgegenwirken könnte.

282 Vgl. *Pechstein/Koenig*, aaO (Fn. 280), Rn. 135; *Majer*, Integration versus Kooperation?, EuR 1999, S. 555, 559, 561, betont, dass das Verfahren der GASP weithin auf Kooperation beruht.

(b) Verhältnis von Solidarität und Kohärenz

Mit der Unterlassungspflicht in Art. 11 Abs. 2 Uabs. 2 S. 2 EUV soll insbesondere die Wirksamkeit der Union als kohärente Kraft in den internationalen Beziehungen gewahrt werden. Wie schon Art. 1 Abs. 3 S. 2 EUV[283] bringt damit auch Art. 11 Abs. 2 Uabs. 2 S. 2 EUV den Zusammenhang zwischen Solidarität und Kohärenz zum Ausdruck. Anders als in Art. 1 Abs. 3 S. 2 EUV wird hier die Kohärenz in ihrer Ausprägung als äußere Kohärenz im Sinne des gemeinsamen Auftretens gegenüber Drittstaaten angemahnt.[284] Auch in dieser Form weist die Kohärenz Berührungspunkte mit der Solidarität auf.[285] Das von der Kohärenz geforderte gemeinsame Auftreten nach Außen verlangt von den Mitgliedstaaten Solidarität, da sie zugunsten dieser Gemeinsamkeit ihre eigenen Interessen zurückstellen müssen.

(c) Adressat der Pflichten

Bei der Untersuchung des Art. 11 Abs. 2 EUV stellt sich die Frage, auf welche Beziehungen die geforderte Solidarität abstellt. Sowohl Uabs. 1, wonach die Mitgliedstaaten die Außen- und Sicherheitspolitik der Union zu unterstützen haben, als auch Uabs. 2 S. 2, der bestimmt, dass sich die Mitgliedstaaten jeder Handlung enthalten, die den Interessen der Union zuwiderläuft oder ihrer Wirksamkeit als kohärente Kraft in den internationalen Beziehungen schaden könnte, deuten darauf hin, dass das Verhältnis zwischen der Europäischen Union und den Mitgliedstaaten angesprochen ist. Träger von Rechten und Pflichten kann die Europäische Union aber nur dann sein, wenn sie eine eigenständige Rechtspersönlichkeit besitzt. Dies wird von der h.M. abgelehnt.[286] Folglich müssen die Formulierungen in Art. 11 Abs. 2 EUV dahingehend verstanden werden, dass die Beziehungen zwischen den Mitgliedstaaten gemeint sind.

(d) Verhältnis von Solidarität und Loyalität

Angemahnt wird in Art. 11 Abs. 2 EUV neben der gegenseitigen Solidarität auch die Loyalität bei der Pflichterfüllung. Deshalb ist anzunehmen, dass die Vertragsparteien beiden Begriffen einen verschiedenartigen Inhalt zuweisen wollten.[287] Damit bestätigt die Regelung die in der vorliegenden Arbeit vertre-

---

283 Dazu siehe oben C II 1 b).

284 *Hilf*, in: Grabitz/Hilf, Kommentar zur EU, Art. A EUV Rn. 22; *Siems*, Das Kohärenzgebot in der Europäischen Union und seine Justitiabilität, 1999, S. 23;. vgl. auch *Kugelmann*, Die Gemeinsame Außen- und Sicherheitspolitik, EuR Beiheft 2/1998, S. 99, 100 f.

285 So auch *Hilf*, aaO, Art. A EUV Rn. 23.

286 *Pechstein/Koenig*, Europarecht, 3. Aufl., 2000, Rn. 135; *Streinz*, Europarecht, 5. Aufl., 2001, Rn. 1216; Kugelmann, aaO (Fn. 284), S. 99.

287 A.A. wohl *Cremer*, in: Calliess/Ruffert, EUV/EGV, Art. 11 EUV Rn. 4, der meint die Verwendung beider Begriffe sei „leicht tautologisch“.

tene Ansicht, dass zwischen Solidaritäts- und Loyalitätspflichten unterschieden werden muss.

Art. 11 Abs. 2 EUV bildet insoweit das Gegenstück zu Art. 10 EGV auf dem Gebiet der GASP. In der Literatur wird der in dieser Vorschrift zum Ausdruck kommende Grundsatz in Anlehnung an die „Gemeinschaftstreue" dementsprechend auch als „Unionstreue" bezeichnet.[288] Die Bedeutung der Solidarität in Art. 11 Abs. 2 EUV ist - ebenso wie im Rahmen von Art. 10 EGV - darin zu sehen, dass von den Mitgliedstaaten eine Zurückstellung eigener Interessen zugunsten des gemeinsamen Interesses verlangt wird, während die Loyalität sich auf die Ausgestaltung dieser Pflichten bezieht.

Außerdem ist zu bemerken, daß Art. 11 Abs. 2 EUV von einer gegenseitigen Solidarität spricht, während in Bezug auf die Loyalität ein solcher Zusatz fehlt. Diese Verschiedenheit entspricht der unterschiedlichen Bedeutung der Begriffe. Die aus der wechselseitigen Verbundenheit folgenden Solidaritätspflichten setzen eine Gegenseitigkeit voraus, während das von der Loyalität geforderte pflichtgetreue Verhalten einseitig möglich ist.

(2) Art. 23 EUV

Erwähnung findet die Solidarität auch in den Vorschriften über das Entscheidungsverfahren. Grundsätzlich werden Beschlüsse im Rahmen der GASP gemäß Art. 23 Abs. 1 S. 1 EUV einstimmig gefasst.[289] Seit Inkrafttreten des Amsterdamer Vertrages stehen Stimmenthaltungen dem Zustandekommen eines Beschlusses nicht entgegen (Art. 23 Abs. 1 S. 2 EUV). Der Mitgliedstaat, der sich seiner Stimme enthält, kann gemäß Art. 23 Abs. 1 Uabs. 2 S. 1 EUV eine förmliche Erklärung abgeben. Dann ist er nicht verpflichtet, den Beschluss durchzuführen, er akzeptiert jedoch, dass der Beschluss für die Union bindend ist (Uabs. 2 S. 2). Im Geiste gegenseitiger Solidarität muss er dann alles unterlassen, was dem auf diesem Beschluss beruhenden Vorgehen der Union zuwiderlaufen oder es behindern könnte, und die anderen Mitgliedstaaten respektieren seinen Standpunkt (Uabs. 2 S. 3).

(3) Ergebnis

Verschiedene Vorschriften über die GASP bringen die Forderung nach Solidarität zum Ausdruck. Der solidarische Gedanke ist dabei nicht auf Einzelfälle

---

288 *Burghardt/Trebbe*, in: GTE, EGV/EUV, Art. J.1 EUV Rn. 12; *Kaufmann-Bühler*, in: Grabitz/Hilf, Kommentar zur EU, Art. J.1 EUV Rn. 3; *Krück* , in: Schwarze, EU-Kommentar, Art. 11-28 EUV Rn. 8; *Everling*, Von den Europäischen Gemeinschaften zur Europäischen Union. Durch Konvergenz zur Kohärenz, in: FS Oppermann, 2001, S. 163, 185.

289 Mehrheitsentscheidungen sind in den in Art. 23 Abs. 2 EUV genannten Fällen möglich.

beschränkt, sondern kennzeichnet die Zusammenarbeit im Allgemeinen. Insoweit lässt sich aus diesen Regelungen ein Solidaritätsprinzip herleiten. Dessen Geltungsbereich erstreckt sich in erster Linie auf die GASP. Als Bestandteil des Unionsrechts entfaltet es aber auch Wirkung für die Union als Ganzes, indem es den in den Gemeinsamen Bestimmungen verankerten Grundsatz unterstreicht.

Seine rechtliche Bedeutung in der GASP ist aber gering. Zwar enthalten die vertraglichen Regelungen, welche die Solidarität vorschreiben, rechtliche Verpflichtungen. Dementsprechend weist auch das aus diesen Vorschriften hergeleitete Solidaritätsprinzip den Charakter eines Rechtsprinzips auf. Es fehlt jedoch die Zuständigkeit des EuGH (Art. 46 EUV) und damit die Möglichkeit gerichtlicher Kontrolle. Das im Rahmen der GASP bestehende Solidaritätsprinzip ist folglich rechtlich nicht durchsetzbar.

b) PJZS

Schließlich sind die unionsvertraglichen Bestimmungen über die PJZS auf die Verankerung des Solidaritätsprinzips hin zu untersuchen. Ausdrücklich wird die Solidarität dort nicht genannt. Angesichts dessen, dass sich die Vertragsparteien bei der GASP für eine Erwähnung entschieden haben, könnte dieser Verzicht darauf hindeuten, dass eine Verpflichtung zur Solidarität im Rahmen der PJZS nicht gewollt war.[290] Für die Geltung des Solidaritätsprinzips spricht jedoch, dass in den gemeinsamen Bestimmungen des Unionsvertrages, die für die PJZS ebenfalls Anwendung finden, die Forderung nach Solidarität festgeschrieben ist.[291] Zudem lässt es sich auch aus Regelungen herleiten, in denen die Solidarität nicht ausdrücklich genannt wird.

Ziel der PJZS ist es, einen gemeinsamen Raum der Freiheit, der Sicherheit und des Rechts zu schaffen, in dem die Unionsbürger ein hohes Maß an Sicherheit genießen (Art. 29 Abs. 1 EUV). Gemäß Art. 29 Abs. 2 EUV soll dies durch ein gemeinsames Vorgehen erreicht werden. Art. 34 EUV gibt den Mitgliedstaaten auf, ihr Vorgehen zu koordinieren. Damit wird die für die Solidarität charakteristische Zurückstellung eigener Interessen zugunsten des gemeinsamen Interesses gefordert.

Die Bedeutung der Solidarität in der PJZS betonten außerdem der Rat und die Kommission in ihrem Aktionsplan zur bestmöglichen Umsetzung der Bestimmungen des Amsterdamer Vertrages über den Aufbau eines Raumes der Freiheit, der Sicherheit und des Rechts, in dem sie ausführten, dass der Grundsatz der Solidarität zwischen den Mitgliedstaaten auch bei grenzüberschreitenden

---

290 *Schieffer*, Die Zusammenarbeit der EU-Mitgliedstaaten in den Bereichen Asyl und Einwanderung, 1998, S. 207.

291 *Schieffer*, aaO, S. 208, 213; *Petri*, Europol. Grenzüberschreitende polizeiliche Tätigkeit, 2001, S. 70 f.

Herausforderungen, die insbesondere durch die organisierte Kriminalität gestellt werden, zum Tragen komme.[292] Zu beachten ist des Weiteren, dass im Europol-Übereinkommen ebenfalls auf die Solidarität zwischen den Mitgliedstaaten Bezug genommen wird.[293]

Abschließend ist festzustellen, dass die Vorschriften über die PJZS solidarische Pflichten enthalten. Auch in dem Bereich gibt es also Anhaltspunkte für ein Solidaritätsprinzip. Dessen rechtliche Durchsetzbarkeit ist aber beschränkt, denn die Zuständigkeit des EuGH besteht bei dieser Zusammenarbeit nur in den in Art. 35 EUV aufgezählten Fällen.

III. Ergebnis

Im EGV und im EUV werden den Mitgliedstaaten in verschiedenen Vorschriften Pflichten zur Solidarität auferlegt. Da sich diese nicht bloß auf Einzelfälle beziehen, sondern die Verträge als allgemeinen Grundsatz durchziehen, kann daraus auf die Geltung des Solidaritätsprinzips im europäischen Recht geschlossen werden. Dieses entfaltet - wie gesehen - verschiedene rechtliche Bedeutungen. So stellt die Solidarität einen allgemeinen Rechtsgrundsatz des Gemeinschaftsrechts dar, der sich als Strukturprinzip aus den Vorschriften des EGV herleiten lässt. Aber auch die in den allgemeinen Bestimmungen des EUV zum Ausdruck kommenden gemeinsamen Rechtsvorstellungen der Mitgliedstaaten lassen sich zur Begründung eines gemeinschaftsrechtlichen Rechtsgrundsatzes fruchtbar machen. Zudem können die in diesen Vorschriften niedergelegten Solidaritätspflichten zur Herleitung eines Rechtsprinzips, das für die Europäische Union als Ganzes gilt, dienen. Schließlich können die allgemeinen Bestimmungen des EUV Wirkung für die intergouvernemental geregelten Politiken entfalten. In Verbindung mit den besonderen Vorschriften der zweiten und dritten Säule lässt sich damit die Geltung eines Solidaritätsprinzips in der GASP und der PJZS begründen.

---

[292] ABl. Nr. C 19 S. 1 vom 23.1.1999, Teil II A. 24 iii).

[293] Übereinkommen aufgrund von Art. K.3 des Vertrages über die Europäische Union über die Errichtung eines Europäischen Polizeiamts (Europol-Übereinkommen), ABl. Nr. C 316 S. 2 vom 27.11.1995; dritter Spiegelstrich der Präambel: „im Hinblick darauf, dass Fortschritte bei der Solidarität und der Zusammenarbeit zwischen den Mitgliedstaaten erforderlich sind; hierzu bedarf es insbesondere einer Verbesserung der polizeilichen Zusammenarbeit".

D. ERSCHEINUNGSFORMEN DER SOLIDARITÄT

Der folgende Abschnitt untersucht, welche Formen das Solidaritätsprinzip im Unions- und Gemeinschaftsrecht annimmt. Bisher konnten insbesondere zwei Aspekte aufgezeigt werden, in denen die Solidarität zum Ausdruck kommt. Sie zeigt sich zum einen darin, dass dem gemeinsamen Interesse der Vorrang vor dem eigenen Interesse eingeräumt wird, und zum anderen in Hilfeleistungen gegenüber Schwächeren. Unter diesen beiden Gesichtspunkten lassen sich die Erscheinungsformen der Solidarität der Mitgliedstaaten in der Europäischen Union systematisieren.

I. Vorrang des gemeinsamen Interesses vor dem eigenen Interesse

Solidarität in Form des Vorrangs des gemeinsamen Interesses vor dem eigenen Interesse ist für die Funktionsfähigkeit der Europäischen Union von entscheidender Bedeutung. Indem sich die Mitgliedstaaten in den Gemeinschaftsverträgen und im Unionsvertrag gemeinsame Ziele gesetzt haben, bringen sie zum Ausdruck, dass sie insoweit auch gemeinsame Interessen verfolgen. Dies setzt zugleich ihre Bereitschaft voraus, die eigenen Interessen zugunsten des gemeinsamen Interesses zurückzustellen. Denn die Interessen von zunächst sechs, zur Zeit fünfzehn und in Zukunft 25 und mehr Staaten differieren zwangsläufig voneinander und ein Handeln im gemeinsamen Interesse ist nur möglich, sofern einige Mitgliedstaaten auf die Verwirklichung ihrer eigenen Interessen verzichten. Zwar stimmt das Interesse der Gemeinschaft bzw. Union häufig mit dem nationalen Interesse überein, doch können die gemeinsamen Ziele nicht ohne die grundsätzliche Bereitschaft der Mitgliedstaaten zum Verzicht auf die Erfüllung ihrer eigenen Interessen erreicht werden. Die Ausrichtung auf gemeinsame Ziele ist wesentliches Merkmal der Europäischen Union, die nicht funktionsfähig wäre, wenn die Mitgliedstaaten nicht eingewilligt hätten, dem gemeinsamen Interesse Vorrang vor dem nationalen Interesse einzuräumen.

Diese solidarische Pflicht erfährt im Gemeinschaftsrecht eine andere Ausgestaltung als im Unionsrecht. Mithin haben die Unterschiede zwischen den supranationalen Gemeinschaften und den intergouvernemental gehandhabten Unionspolitiken auch Auswirkungen darauf, wie sich der Vorrang des gemeinsamen Interesses vor dem nationalen Interesse konkretisiert.

1. Gemeinschaftsrecht

Die Besonderheit der Europäischen Gemeinschaft gegenüber anderen internationalen Organisationen wird mit dem Begriff der Supranationalität beschrieben. Dessen wichtigste Kennzeichen sind die Autonomie, die unmittelbare

Wirksamkeit und der Vorrang des Gemeinschaftsrechts.[294] Die Errichtung und das Funktionieren einer solchen Rechtsordnung setzen voraus, dass die Mitgliedstaaten dem gemeinsamen Interesse den Vorrang vor dem nationalen Interesse eingeräumt haben. Denn das Gemeinschaftsrecht ist am gemeinsamen Interesse, nicht am Interesse des einzelnen Mitgliedstaates orientiert. In dieser Erscheinungsform ist das Solidaritätsprinzip somit für die Gemeinschaft als supranationalen Hoheitsträger nicht zu unterschätzen.

Dabei erlangt die Bereitschaft der Mitgliedstaaten, Solidarität zu üben, auf verschiedenen Ebenen Geltung. Die Zurückstellung der eigenen Interessen bildet schon die Voraussetzung dafür, dass überhaupt eine gemeinsame Rechtsordnung geschaffen wird. Des Weiteren tritt der Vorrang des gemeinsamen Interesses in der Ausgestaltung des Entscheidungsverfahrens in dieser gemeinsamen Rechtsordnung zutage. Schließlich müssen die Mitgliedstaaten diese gemeinsame Rechtsordnung anerkennen, und zwar auch in den Fällen, in denen es ihren eigenen Interessen widerspricht.

a) Schaffung einer gemeinsamen Rechtsordnung

Auf einer ersten Ebene gewinnt die Solidarität der Mitgliedstaaten Bedeutung, indem deren Bereitschaft, dem gemeinsamen Interesse den Vorrang vor dem eigenen Interesse einzuräumen, bereits Bedingung für die Schaffung der Gemeinschaftsrechtsordnung war. Das europäische Gemeinschaftsrecht stellt eine eigenständige Rechtsordnung mit einer autonomen Gemeinschaftsgewalt dar.[295] Zu deren Gründung haben die Mitgliedstaaten einen Teil ihrer Zuständigkeiten an die Gemeinschaft abgetreten. Das aufgrund dieser übertragenen Kompetenzen erlassene Gemeinschaftsrecht entspricht dem gemeinsamen Interesse, nicht unbedingt aber auch dem nationalen Interesse. Die Mitgliedstaaten haben also mit dieser für die Schaffung einer Gemeinschaftsrechtsordnung erforderlichen Kompetenzübertragung dem gemeinsamen Interesse den Vorrang vor ihrem nationalen Interesse eingeräumt.

(1) Rechtsprechung des EuGH

Die Kompetenzübertragung auf die Gemeinschaft hat auch der Gerichtshof als Ausdruck der Solidarität anerkannt, und zwar im Gutachten 1/75[296], in dem er die Frage zu beantworten hatte, ob beim Abschluss von völkerrechtlichen Abkommen auf dem Gebiet der gemeinsamen Handelspolitik eine ausschließliche

---

294 *Wichard*, in: Calliess/Ruffert, EUV/EGV, Art. 1 EGV Rn. 2; *Streinz*, Europarecht, 5. Aufl., 2001, Rn. 115 ff.

295 *Oppermann*, Europarecht, 2. Aufl., 1999, Rn. 616; *Emmert*, Europarecht, 1996, § 14 Rn. 7. Zur rechtlichen Konstruktion siehe auch *Ipsen*, Europäischen Gemeinschaftsrecht, 1972, § 1 I 6 d aa), S. 7; *Nicolaysen*, Europarecht I, 1991, S. 29 ff.

296 EuGH Gutachen 1/75, Slg. 1975, 1355 ff.

Zuständigkeit der Gemeinschaft bestehe. Der Gerichtshof führte aus, dass die gemeinsame Handelspolitik „zum Schutz des Gesamtinteresses der Gemeinschaft konzipiert" sei und „die Sonderinteressen der Mitgliedstaaten (...) sich innerhalb des Rahmens, den das Gesamtinteresse setzt, einander anpassen" müssten. Damit wäre es unvereinbar, wenn die Mitgliedstaaten ihre Eigeninteressen verfolgen könnten, wodurch die Gefahr einer Umgehung der Gesamtinteressen bestünde. Könnten die Mitgliedstaaten in den Beziehungen mit Drittländern eine den Absichten der Gemeinschaft zuwiderlaufende Haltung einnehmen, würde dies die Gemeinschaft bei der Erfüllung ihrer Aufgaben zum Schutz des gemeinsamen Interesses behindern. Durch die ausschließliche Zuständigkeit soll ein auf einheitlichen Grundsätzen der Gemeinschaft beruhendes Vorgehen der Gemeinschaft erfolgen, das an die Stelle des einseitigen Vorgehens der Mitgliedstaaten tritt.[297] Ausdrücklich wird die Solidarität in dem Gutachten zwar nicht erwähnt, in einem späteren Gutachten führt der EuGH jedoch aus, dass er die Forderung nach Solidarität bereits an jener Stelle betont habe.[298]

Damit wird zum einen deutlich, dass der Vorrang des gemeinsamen Interesses vor dem nationalen Interesse eine Erscheinungsform der Solidarität in der Europäischen Union darstellt. Zum anderen wird als konkrete Ausgestaltung dieser Form der Solidarität die Verleihung ausschließlicher Kompetenzen an die Gemeinschaft genannt.

(2) Solidarischer Gehalt des Gemeinschaftsrechts

Die Feststellung, dass in der Europäischen Union dem gemeinsamen Interesse der Vorrang vor dem eigenen Interesse eingeräumt wird, lässt sich jedoch nicht auf den Fall der ausschließlichen Zuständigkeit der Gemeinschaft zum Handeln im Außenverhältnis beschränken. Vielmehr kommt die Solidarität allgemein darin zum Ausdruck, dass die Mitgliedstaaten Zuständigkeiten auf die Gemeinschaft übertragen haben. Indem die Mitgliedstaaten Kompetenzen an die Gemeinschaft abgetreten und damit eine gemeinsame Rechtsordnung geschaffen haben, stellten sie zugleich ihre eigenen Interessen zugunsten des gemeinsamen Interesses zurück. Dieser solidarische Gehalt des Gemeinschaftsrechts lässt sich mit dessen Eigenschaften begründen.

Wesentliches Merkmal des Gemeinschaftsrechts ist, dass es in den Mitgliedstaaten unmittelbare Wirkung entfaltet.[299] Soweit die gemeinschaftsrechtlichen Normen zu ihrer Anwendbarkeit keiner weiteren Ausführungsakte bedürfen, können sie Rechte und Pflichten für den einzelnen Bürger begründen. Die Mit-

---

297 EuGH, aaO, 1363 f.

298 EuGH Gutachen 1/76, Stillegungsfonds, Slg. 1977, 741 Rn. 12.

299 Grundlegend EuGH Rs. 26/62, Van Gend & Loos, Slg. 1963, 1, 24 f.; ferner EuGH Rs. 8/81, Becker, Slg. 1982, 53 Rn. 29; EuGH verb. Rsen. 87-89/90, Verholen, Slg. 1991, I-3757 Rn. 16; EuGH Gutachen 1/91, Slg. 1991, I-6079 Rn. 21.

gliedstaaten haben mit der Schaffung der Gemeinschaftsrechtsordnung also akzeptiert, dass in ihren Hoheitsgebieten nicht mehr nur das von ihnen im eigenen Interesse erlassene nationale Recht, sondern auch das im gemeinsamen Interesse erlassene Gemeinschaftsrecht gilt. Dies setzt ihre Bereitschaft zum Handeln im gemeinsamen Interesse voraus.

Von grundlegender Bedeutung für die Europäische Gemeinschaft ist zudem die einheitliche Geltung ihres Rechts.[300] Einheitlichkeit ist Ausdruck einer solidarischen Pflichtenbindung und der Unmittelbarkeit sowie dem Vorrang des Gemeinschaftsrechts als Funktionsbedingung vorgelagert.

Den Vorrang des Gemeinschaftsrechts vor dem nationalen Recht begründet der Gerichtshof damit, dass der EGV eine eigene Rechtsordnung geschaffen habe, die bei ihrem Inkrafttreten in die Rechtsordnungen der Mitgliedstaaten aufgenommen worden sei.[301] Durch die Gründung der Gemeinschaft hätten die Mitgliedstaaten bestimmte Hoheitsrechte an die Gemeinschaft abgetreten und eine Beschränkung ihrer Souveränitätsrechte hingenommen. Könnten die Mitgliedstaaten nachträglich einseitige Maßnahmen erlassen, so würde das dieser von ihnen im Wege der Gegenseitigkeit angenommenen Rechtsordnung entgegenstehen. Außerdem bedürfe es des Vorrangs des Gemeinschaftsrechts, um dessen unmittelbare Wirkung zu sichern. Dieser Grundsatz wäre ohne Bedeutung, wenn die Mitgliedstaaten das Gemeinschaftsrecht durch Maßnahmen auf nationaler Ebene einseitig rückgängig machen oder seine Wirksamkeit beschränken könnten.

Zum Einsatz kommt die Vorrangregel, sobald europäisches und nationales Recht auf denselben Sachverhalt anwendbar sind, aber unterschiedliche Rechtsfolgen anordnen.[302] Indem die Mitgliedstaaten vereinbart haben, dass das im gemeinsamen Interesse erlassene Gemeinschaftsrecht in diesen Fällen Vorrang vor dem im mitgliedstaatlichen Interesse erlassenen nationalen Recht erhält, haben sie ihre Bereitschaft zur Solidarität in großem Umfang bekundet.[303] So haben sie sich nicht nur verpflichtet, ein gemeinsames Interesse zu verfolgen, sondern zudem im Konfliktfall ihr nationales Interesse zu dessen Gunsten zurückzustellen. Der Verzicht auf die Verwirklichung der eigenen Interessen wird durch den Vorrang des Gemeinschaftsrechts zum einen deshalb verlangt, weil

[300] EuGH Rs. 44/79, Hauer, Slg. 1979, 3727 Rn. 14; EuGH Rs. 106/77, Simmenthal, Slg. 1978, 629 Rn. 14/16; EuGH Rs. 228/92, Roquette Freres, Slg. 1994, I-1445 Rn. 20.

[301] EuGH Rs. 6/64, Costa/E.N.E.L., Slg. 1964, 1251, 1269 f.; vgl. auch EuGH Rs. 11/70, Internationale Handelsgesellschaft, Slg. 1970, 1125 Rn. 3; EuGH Rs. C-213/89, Factortame, Slg. 1990, I-2433 Rn. 18 ff.

[302] *Huthmacher*, Der Vorrang des Gemeinschaftsrechts bei indirekten Kollisionen, 1985, S. 122 ff.

[303] Vgl. auch *Calliess*, Subsidiaritäts- und Solidaritätsprinzip in der Europäischen Union, 2. Aufl. 1999, S. 196 ff.

die Mitgliedstaaten das im nationalen Interesse erlassene Recht nicht mehr anwenden dürfen, wenn ihm das Gemeinschaftsrecht entgegensteht. Zum anderen zeigt sich der solidarische Charakter dieser Regel darin, dass den Mitgliedstaaten der Erlass neuer Rechtsvorschriften versperrt wird. Die Beschränkung der nationalen Normierungskompetenzen ist dabei von unterschiedlicher Reichweite. Ist der Gemeinschaft im Vertrag die ausschließliche Zuständigkeit eingeräumt worden, so sind die Mitgliedstaaten in dem Bereich unabhängig vom konkreten Tätigwerden der Gemeinschaft überhaupt nicht mehr handlungsbefugt.[304] Eine solche Fallkonstellation lag im Gutachten 1/75 vor.[305] Die Übertragung der ausschließlichen Zuständigkeit verlangt von den Mitgliedstaaten ein sehr großes Maß an Solidarität. Es ist ihnen in diesem Rahmen überhaupt nicht mehr möglich, ihre eigenen Interessen durch nationales Handeln wahrzunehmen.

Aber auch in den Konstellationen, in denen der Gemeinschaft eine konkurrierende Zuständigkeit eingeräumt ist, wird von den Mitgliedstaaten die Zurückstellung eigener Interessen verlangt. Zwar sind sie in diesen Fällen solange zuständig, wie die Gemeinschaft noch keine Rechtsakte erlassen hat. Sobald der Gemeinschaftsgesetzgeber aber tätig geworden ist, dürfen die Mitgliedstaaten keine staatlichen Gesetzgebungsakte mehr erlassen, die mit den Gemeinschaftsnormen unvereinbar wären. Der Vorrang des Gemeinschaftsrechts versperrt den Erlass neuer nationaler Regelungen.[306] Auch in diesen Fällen können die Mitgliedstaaten ihre nationalen Interessen nicht mehr verwirklichen und verlangt der Vorrang des Gemeinschaftsrechts folglich ihre Solidarität.

(3) Gemeinschaftliche Kompetenzen zur Sicherung des Gemeinwohls?

Nach den vorstehenden Ausführungen kommt die Solidarität der Mitgliedstaaten darin zum Ausdruck, dass sie ihre Kompetenzen auf die Gemeinschaft übertragen und damit die Schaffung gemeinschaftlicher Rechtsnormen ermöglicht haben. In der Literatur werden dem Solidaritätsprinzip in diesem Zusammenhang teilweise noch weitergehende Folgen zugesprochen. So begründet *Calliess* die Kompetenzausübung der Gemeinschaft mit den Erfordernissen des Gemeinwohls.[307] Es wurde bereits ausgeführt, dass die Solidarität ihre Entfaltung im Gemeinwohl findet. Insbesondere die katholische Soziallehre betont

---

[304] *Calliess*, in: ders./Ruffert, EUV/EGV, Art. 5 EGV Rn. 25; *von Borries*, Gedanken zur Tragweite des Subsidiaritätsprinzips im Europäischen Gemeinschaftsrecht, in: FS Deringer, 1993, S. 22, 28.

[305] EuGH Gutachten 1/75, Slg. 1975, S. 1355 ff.

[306] EuGH Rs. 106/77, Simmenthal, Slg. 1978, 629 Rn. 17/18; EuGH Gutachen 2/91, Slg. 1993, I-1061 Rn. 9 f.

[307] *Calliess*, in: ders./Ruffert, EUV/EGV, Art. 1 EUV Rn. 45; *ders.*, Subsidiaritäts- und Solidaritätsprinzip in der Europäischen Union, 2. Aufl. 1999, S. 189 ff.

diese Bedeutung der Solidarität und leitet daraus die Pflicht ab, das Einzelwohl hinter dem Gemeinwohl zurückzustellen.[308] Das Gemeinwohl seinerseits bezeichnet dabei die Gesamtheit der öffentlichen Interessen. Die Verpflichtung auf das Gemeinwohl lässt sich demnach unter die solidarische Erscheinungsform des Vorrangs des gemeinsamen Interesses vor dem eigenen Interesse einordnen.

Calliess verleiht den mit dem Gemeinwohl verbundenen Anforderungen im europäischen Recht eine konkrete Ausgestaltung. Aus dem Solidaritätsprinzip leitet er die Verpflichtung zum Schutz bestimmter Gemeinwohlgüter ab, zu denen beispielsweise der Schutz des Lebens, der Gesundheit, der Umwelt sowie soziale Mindeststandards zählen. Deren Sicherung auf europäischer Ebene bedarf es nach seiner Ansicht aufgrund der Schaffung des Binnenmarktes. Bislang seien diese Gemeinwohlbelange, wenn sie im marktwirtschaftlichen Wettbewerb gefährdet wären, durch die Nationalstaaten geschützt worden. Diese könnten den Wettbewerb durch staatliche Regelungen so weit kontrollieren, dass die Mindestbedingungen der sozial- und umweltverträglichen Produktion, und damit das Gemeinwohl, gesichert seien. Das System funktioniere, solange die Regelungen in gleicher Weise für alle Konkurrenten gelten würden. Mit dem freien Verkehr im europäischen Binnenmarkt aber seien die Unternehmen der Konkurrenz durch ausländische Anbieter, die diesen Anforderungen nicht unterworfen seien, ausgesetzt. Dies führe dazu, dass ein Wettbewerb der Ordnungssysteme in Gang gesetzt werde, der zu Lasten der Vorschriften für einige Gemeinwohlgüter gehe.[309] Nach *Calliess* verlangt deshalb das Solidaritätsprinzip, diese Aufgaben auf zentraler Ebene zu regeln. Um das Gemeinwohl zu gewährleisten, müsse in bestimmten Bereichen die Gemeinschaft zuständig sein. Die Solidarität gebiete demnach in Fällen, in denen eine gemeinsame Regelung zur Sicherung des Gemeinwohls erforderlich sei, eine zentrale europäische Lösung.

Dieser Ansatz unterscheidet sich von der in der vorliegenden Arbeit vertretenen Annahme, dass die Regelungen auf Gemeinschaftsebene schon deshalb als Ausfluss des Solidaritätsprinzips anzusehen sind, weil sie von den Mitgliedstaaten die Zurückstellung ihrer eigenen Interessen zugunsten des gemeinsamen Interesses verlangen. Einem solchen Verständnis des Solidaritätsprinzips liegt ein - gegenüber der Ansicht von *Calliess* - allgemeinerer Solidaritätsbegriff zugrunde: Solidarität wird nicht auf die Bedeutung, die ihr in Bezug auf die Verwirklichung des Gemeinwohls zukommt, beschränkt. Diesen allgemeinen Solidari-

---

[308] Dazu siehe oben B I 2.

[309] so *Calliess* aaO (Fn. 307), S. 190 f. in Anlehnung an *Scharpf*, Regionalisierung des europäischen Raumes - Die Zukunft der Bundesländer im Spannungsfeld zwischen EG, Bund und Kommunen, in: Cappenberger Gespräche der Freiherr-Vom-Stein-Gesellschaft, Bd. 23, 1989, S. 7, 13 ff.

tätsbegriff legt auch der Gerichtshof seiner Rechtsprechung zugrunde, wenn er betont, die Solidarität komme in der Zurückstellung der nationalen Sonderinteressen hinter dem gemeinsamen Interesse zum Ausdruck. Für einen konkreteren Gehalt des Begriffs im Sinne eines Schutzes der Gemeinwohlgüter lassen sich im europäischen Recht dagegen keine Ansatzpunkte finden.[310] Zwar erwähnt der Gemeinschaftsvertrag in verschiedenen Vorschriften das allgemeine Wohl. Seine Bedeutung beschränkt sich in diesem Zusammenhang aber darauf, dass damit der einseitigen Vertretung von Gruppeninteressen entgegengewirkt werden soll.[311] Der Schutz bestimmter Gemeinwohlinteressen ist den Regelungen zum allgemeinen Wohl nicht zu entnehmen. Vielmehr enthalten auch diese Vorschriften den allgemeinen Gedanken des Vorrangs des gemeinsamen Interesses vor dem eigenen Interesse.

Die Auffassung von *Calliess* differiert noch unter einem weiteren Gesichtspunkt von dem Ansatz dieser Arbeit. Es wurde in den vorstehenden Ausführungen festgestellt, dass sich das Solidaritätsprinzip in seiner Erscheinungsform des Vorrangs des gemeinsamen Interesses vor dem eigenen Interesse in der Kompetenzübertragung auf die Gemeinschaft zeigt. Damit ist aber nicht festgelegt, in welchem Umfang die Kompetenzverteilung zugunsten der Gemeinschaft zu erfolgen hat. Die Bedeutung des Solidaritätsprinzips, wie es in der vorliegenden Untersuchung verstanden wird, beschränkt sich auf die Feststellung, dass die Solidarität der Mitgliedstaaten darin zum Ausdruck kommt, dass überhaupt eine Kompetenzübertragung auf die Gemeinschaft stattgefunden hat. Es besagt aber nicht, für welche Aufgaben der Gemeinschaft die Kompetenz im Einzelnen zustehen muss. Insbesondere kann aus dem so verstandenen Solidaritätsprinzip nicht die Pflicht abgeleitet werden, bestimmte Aufgaben auf zentraler Ebene zu regeln. Es lässt sich lediglich feststellen, dass die Solidarität tendenziell für eine Zuständigkeit auf gemeinschaftlicher Ebene spricht.

Demnach kann aus dem Solidaritätsprinzip nicht die Pflicht zur Kompetenzausübung durch die Gemeinschaft abgeleitet werden. Seine Wirkung beschränkt sich darauf, dass die Bereitschaft der Mitgliedstaaten, dem gemeinsamen Interesse den Vorrang vor dem eigenen Interesse einzuräumen, Voraussetzung der Kompetenzübertragung auf die Gemeinschaft ist. Das Solidaritätsprinzip spricht demnach für eine Zuständigkeit der Gemeinschaft, eine Verpflichtung zur Kompetenzausübung durch die Gemeinschaft folgt daraus aber nicht.

b) Entscheidungsverfahren in der gemeinsamen Rechtsordnung

Ist die Solidaritätsbereitschaft der Mitgliedstaaten somit schon Voraussetzung dafür, dass eine Kompetenzübertragung auf die Europäische Gemeinschaft

---

310 so auch *Stumpf*, in: Schwarze, EU-Kommentar, Art. 1 EUV Rn. 47.

311 So zu Art. 258 EGV: *Suhr*, in: Calliess/Ruffert, EUV/EGV, Art. 258 EGV Rn. 4.

überhaupt erfolgt ist, so wird sie auch im nächsten Schritt gefordert, wenn in Ausübung dieser gemeinschaftlichen Zuständigkeiten Beschlüsse gefasst werden. Denn bei der Ausgestaltung des Entscheidungsverfahrens tritt der Vorrang des gemeinsamen Interesses vor dem nationalen Interesse unter verschiedenen Aspekten zutage. Dabei kommt diese Erscheinungsform der Solidarität in der Forderung nach einer einheitlichen Beschlussfassung zum Ausdruck. Des Weiteren wird das gemeinsame Interesse durch die Stellung der Kommission im Entscheidungsverfahren gewährleistet. Schließlich müssen die Mitgliedstaaten auf die Durchsetzung ihrer eigenen Interessen verzichten, wenn Abstimmungen durch Mehrheitsentscheidungen erfolgen.

(1) Einheitliche Mitwirkung aller Mitgliedstaaten

Ist der Gemeinschaft für die Regelung einer Materie die Kompetenz zugewiesen worden, so muss gewährleistet sein, dass die gemeinschaftliche Entscheidung auch im gemeinsamen Interesse getroffen wird. Dazu bedarf es einer entsprechenden Ausgestaltung des Entscheidungsverfahrens. Da von der Verfolgung eines gemeinsamen Interesses nur die Rede sein kann, wenn alle Mitgliedstaaten an der Beschlussfassung beteiligt sind, muss deren Mitwirkung beim Verfahren gesichert sein. Diese gleichberechtigte Teilnahme aller Mitgliedstaaten an der Entscheidungsfindung wurde vom Gerichtshof ausdrücklich als Erscheinungsform der Solidarität bezeichnet. Angemahnt hat er dieses solidarische Handeln in einem Gutachten, in dem er die Frage zu beantworten hatte, ob ein internationales Abkommen, für dessen Abschluss die Gemeinschaft ausschließlich zuständig war, mit dem Gemeinschaftsrecht vereinbar sei.[312] Dabei standen Bestimmungen über das leitende Organ der internationalen öffentlichrechtlichen Anstalt, die zur Durchführung des Abkommens geschaffen wurde, zur Diskussion. Nach Ansicht des Gerichtshofes entsprachen die Besetzung des Organs und das Beschlussfassungsverfahren innerhalb dieses Organs nicht der Forderung nach Einheitlichkeit und Solidarität. Als Grund wurde angeführt, einige Mitgliedstaaten seien - mehr oder weniger weitgehend - von der Mitwirkung ausgeschlossen. Andere Staaten demgegenüber könnten beim Beschlussfassungsverfahren von Vorrechten Gebrauch machen, die es bei der Beschlussfassung auf Gemeinschaftsebene in dem betroffenen Politikbereich nicht gäbe. Der EuGH betont, dass diese Regelungen des Abkommens nicht vereinbar seien mit der gemeinschaftsrechtlichen Forderung nach einem gemeinsamen Handeln.[313] Damit widersprechen Sonderrechte auf der einen Seite sowie der Ausschluss einzelner Mitgliedstaaten auf der anderen Seite dem Gedanken der Solidarität.

---

[312] EuGH Gutachten 1/76, Stillegungsfonds, Slg. 1977, S. 741 ff.

[313] EuGH aaO, 758 f. Rn. 11 f.

Der Vorrang des gemeinsamen Interesses vor dem nationalen Interesse als Erscheinungsform der Solidarität erlangt also auch im institutionellen Bereich Geltung. Die Forderung nach einer einheitlichen institutionellen Struktur steht in engem Zusammenhang mit der Kompetenzübertragung auf die Gemeinschaft. Nur wenn die Entscheidungen in der Gemeinschaft einheitlich getroffen werden, kann eine einheitliche europäische Rechtsordnung geschaffen werden.[314]

(2) Rolle der Kommission

Des Weiteren bringt die der Kommission im Beschlussverfahren eingeräumte Stellung den Vorrang des gemeinsamen Interesses vor dem nationalen Interesse zum Ausdruck. Die Mitglieder der Kommission müssen ihre Tätigkeit gemäß Art. 213 Abs. 2 EGV zum allgemeinen Wohl der Gemeinschaft ausüben. Demnach obliegt ihnen die Wahrung des gemeinsamen Interesses.[315] Soweit der Kommission Aufgaben übertragen worden sind, haben die Mitgliedstaaten ihre Sonderinteressen zurückzustellen. Die Kommission stellt somit eine Ausprägung des Solidaritätsprinzips dar.[316]

Im Beschlussfassungsverfahren erlangt die Kommission insbesondere aufgrund ihres Vorschlagsmonopols eine wichtige Rolle.[317] Indem die Mitgliedstaaten dieses Vorschlagsrecht anerkannt haben, zeigen sie ihre Bereitschaft zur Solidarität.[318]

Auch der EuGH weist auf den solidarischen Charakter der Kommission hin. In dem soeben dargestellten Gutachten, in dem er die Besetzung des leitenden Organs der internationalen öffentlich-rechtlichen Anstalt als unvereinbar mit dem Gemeinschaftsrecht angesehen hat, bezeichnet er nicht nur die ungleiche Beteiligung der Mitgliedstaaten bei der Besetzung dieses Organs, sondern auch die Nichtbeachtung der Rolle, die den Gemeinschaftsorganen, namentlich der Kommission, durch den EGV zugesprochen wird, als einen Verstoß gegen die Solidarität.[319] Auch im Urteil AETR zeigt sich diese Sichtweise des Gerichtshofes. Er leitet in dieser Entscheidung aus Vorschriften, die eine Teilnahme der Kommission am Verfahren vorsehen, die Pflicht, solidarisch vorzugehen, ab.[320]

---

[314] *Martenczuk*, Die differenzierte Integration und die föderale Struktur der Europäischen Union, EuR 2000, S. 351, 360.

[315] *Constantinesco*, Das Recht der Europäischen Gemeinschaften, Bd. 1, 1977, S. 335; *Arndt*, Europarecht, 5. Aufl., 2001, S. 42.

[316] *Constantinesco*, ebenda.

[317] *Ruffert*, in: Calliess/Ruffert, EUV/EGV, Art. 211 Rn. 13; *Emmert*, Europarecht, 1996, § 9 Rn. 97; *Streinz*, Europarecht, 5. Aufl., 2001, Rn. 292.

[318] *Tomuschat*, Solidarität in Europa, in: FS Pescatore, 1987, S. 729, 740.

[319] EuGH Gutachen 1/76, Stillegungsfonds, Slg. 1977, 741 Rn. 9 ff.

[320] EuGH Rs. 22/70, Slg. 1971, 263 Rn. 73/76 f.

(3) Mehrheitsentscheidungen

Schließlich tritt das Solidaritätsprinzip im Entscheidungsverfahren zutage, wenn die Beschlussfassung mit Stimmenmehrheit erfolgt.[321] Mehrheitsentscheide sind im gemeinsamen Interesse erforderlich. Ohne dieses Beschlussfassungsverfahren könnte die Gemeinschaft ihre Aufgaben nicht erfüllen. Denn das Erfordernis der Einstimmigkeit blockiert das Fortschreiten des Integrationsprozesses.[322]

Die mit Stimmenmehrheit getroffenen Entscheidungen müssen auch von den Mitgliedstaaten beachtet werden, die überstimmt worden sind und deren nationalem Interesse sie folglich widersprechen. Von ihnen wird also die Zurückstellung eigener Interessen zugunsten des gemeinsamen Interesses verlangt. Ohne die grundsätzliche Solidaritätsbereitschaft der Mitgliedstaaten könnte es deshalb Mehrheitsentscheidungen im Gemeinschaftsrecht überhaupt nicht geben.

Besonders hoch scheinen die Anforderung an die Solidarität zu sein, wenn Abstimmungen mit einfacher Mehrheit getroffen werden. In diesen Fällen reicht die Zustimmung einer absoluten Mehrheit der vertraglich vorgesehenen Ratsmitglieder aus, weshalb das Zurückdrängen nationaler Interessen besonders leicht möglich ist. Ein solches Verfahren stellt im Gemeinschaftsrecht aber eine Ausnahme dar und betrifft zudem keine wichtigen Angelegenheiten.[323] Damit werden die Anforderungen an die Solidaritätsbereitschaft wieder abgeschwächt.

Die meisten Kompetenzvorschriften des EGV sehen ein Abstimmungsverfahren mit qualifizierter Mehrheit vor, bei dem die Stimmen der Mitgliedstaaten gewogen werden. Die Gewichtung der Stimmen erfolgt insbesondere, um demographischen und wirtschaftlichen Erwägungen sowie dem Streben nach einem politischen Gleichgewicht gerecht zu werden.[324]Auf diese Weise wird gewährleistet, dass Mitgliedstaaten, die die gleichen Interessen haben,[325] sich bei der Beschlussfassung zusammenschließen können, um die Wahrung ihrer Rechte zu

---

321 *Tomuschat*, aaO (Fn. 318), S. 729, 740.

322 *Götz*, Mehrheitsbeschlüsse des Rates der Europäischen Union, in: FS Everling, 1995, S. 339; vgl. auch *Seidel*, Die Einstimmigkeit im EU-Rat - eine leidige, aber nicht dispensable Regel, EuZW 2000, S. 65.

323 Folgene Entscheidungen werden mit einfacher Mehrheit getroffen: Verabschiedung der Geschäftsordnung des Rates (Art. 207 Abs. 3 EGV); im Rahmen von Art. 208 EGV an Kommission gerichtete Aufforderung, geeignete Untersuchungen vorzunehmen oder entsprechende Vorschläge zu unterbreiten; in Anwendung des Art. 284 EGV ergehende Beschlüsse. Vgl. zum Ganzen *Schweitzer*, in: Grabitz/Hilf, Kommentar zur EU, Art. 148 EGV Rn. 3; *Wichard*, in: Calliess/Ruffert, EUV/EGV Art. 205 EGV Rn. 2.

324 *Jacqué*, in: GTE, EGV/EUV, Art. 148 EGV Rn. 5.

325 Beispielsweise werden die unterschiedlichen Interessen von kleinen und großen Mitgliedstaaten berücksichtigt, näher dazu *Jacqué*, ebenda.

sichern. Auch Entscheidungen, die mit qualifizierter Mehrheit getroffen werden, verlangen die Solidarität der Mitgliedstaaten. Sie können in diesen Fällen ebenfalls überstimmt werden und müssen folglich auf die Verwirklichung ihrer nationalen Interessen verzichten. Zwar ist die Möglichkeit zu unterliegen geringer als bei Abstimmungen mit einfacher Mehrheit. Doch die grundsätzliche Bereitschaft zur Zurückstellung der eigenen Interessen muss auch in dieser Konstellation bestehen. Da die qualifizierte Mehrheit in den meisten Beschlussfällen des EGV Anwendung findet und damit auch für Fragen gilt, die für die Nationalstaaten von großer Bedeutung sind, tritt die Solidarität insoweit sogar besonders deutlich hervor. Entsprechend dem Anwachsen der Solidarität seit Gründung der Gemeinschaft wurden auch die Mehrheitsentscheidungen immer weiter ausgedehnt.[326]

c) Befolgung der gemeinsamen Rechtsordnung

Schließlich bedarf es der Solidarität der Mitgliedstaaten, um die Befolgung des Gemeinschaftsrechts zu gewährleisten. Diese Erscheinungsform der Solidarität ist von besonderer Bedeutung für die Europäische Gemeinschaft, deren Fundamente schnell wanken, wenn ihr Recht nicht befolgt wird. Aufgrund des Fehlens ernsthafter Sanktionsmöglichkeiten ist der Bestand des Gemeinschaftsrechts von seiner Beachtung durch die Mitgliedstaaten abhängig. Das gilt nicht nur für die Staaten selber, vertreten durch ihre Regierungen, sondern für alle Ausprägungen der staatlichen Gewalten, also Legislative, Exekutive und Judikative.[327]

Die Gemeinschaftsrechtsnormen sind im gemeinsamen Interessen erlassen worden und entsprechen nicht unbedingt dem nationalen Interesse eines jeden Mitgliedstaates. Folglich kann das Gemeinschaftsrecht im Einzelfall dem nationalen Interesse widersprechen. In solchen Konstellationen gewinnt das Solidaritätsprinzip Bedeutung. Die solidarische Pflicht, dem gemeinsamen Interesse den Vorrang vor dem nationalen Interesse einzuräumen, verlangt von den Mitgliedstaaten, das Gemeinschaftsrecht auch dann zu befolgen, wenn es für sie nachteilig ist.

Damit konkretisiert sich das Solidaritätsprinzip in einer rechtlichen Pflicht. Zwar setzt bereits die Schaffung der Gemeinschaftsrechtsordnung die Zurück-

---

326 Vgl. *Götz*, Mehrheitsbeschlüsse des Rates der Europäischen Union, in: FS Everling, 1995, S. 339 f. Auch auf dem Gipfel von Nizza stand die Ausweitung der Mehrheitsentscheidungen im Mittelpunkt der Verhandlungen; siehe dazu *Hatje*, Die institutionelle Reform der Europäischen Union - der Vertrag von Nizza auf dem Prüfstand - , EuR 2001, S. 143, 154 ff.

327 *Calliess*, Subsidiaritäts- und Solidaritätsprinzip in der Europäischen Union, 2. Auf., 1999, S. 194; *Bieber*, Solidarität und Loyalität durch Recht, in: Friedrich-Ebert-Stiftung (Hrsg.), Gesprächskreis Politik und Wissenschaft, 1997, S. 22.

stellung der nationalen Interessen voraus. Unter Beweis stellen müssen die Mitgliedstaaten ihre in der Kompetenzübertragung auf die Gemeinschaft zum Ausdruck kommende Solidarität aber erst, wenn von ihnen die Befolgung der im gemeinsamen Interesse erlassenen Vorschriften gefordert wird. So ergänzt diese Pflicht die in der Schaffung der Gemeinschaftsrechtsordnung zutage tretende Solidarität.

(1) Pflicht zur einheitlichen Anwendung des Gemeinschaftsrechts

Insbesondere gewinnt die Solidarität für die einheitliche Anwendung des Gemeinschaftsrechts Bedeutung. Funktionsfähig ist die Gemeinschaft nur, wenn ihr Recht in allen Mitgliedstaaten einheitlich gilt und angewendet wird.[328] Andernfalls könnte das Gemeinschaftsrecht seiner Aufgabe als Mittel der Integration nicht gerecht werden.[329] Seine einheitliche Geltung und Anwendung ist zudem erforderlich, um einen einheitlichen Rechtsraum in Europa zu schaffen.[330] Außerdem wäre ansonsten die Gleichheit der Unionsbürger vor dem Gesetz nicht gewährleistet.[331] Deshalb ist dieser Grundsatz von grundlegender Bedeutung; er kann als „Herzstück" der gemeinschaftlichen Rechtsordnung bezeichnet werden.[332] Eine einheitliche Regelung für alle Mitgliedstaaten berücksichtigt aber nicht die Interessen eines jeden Mitgliedstaates in gleicher Weise. Es ist also möglich, dass eine gemeinschaftsrechtliche Regelung dem Interesse eines oder mehrerer Mitgliedstaaten widerspricht. Das kann insbesondere dann der Fall sein, wenn eine Vorschrift des Gemeinschaftsrechts mit einem Mehrheitsbeschluss zustande gekommen ist.[333] Zur Gewährleistung der Einheitlichkeit aber ist erforderlich, dass die Vorschrift auch von den in der Abstimmung unterlegenen Staaten angewendet wird. Folglich ist die Bereitschaft der Mitgliedstaaten zur Zurückstellung ihrer eigenen Interessen Voraussetzung der einheitlichen Geltung und Anwendung des Gemeinschaftsrechts.

---

[328] *Von Bogdandy*, in: Grabitz/Hilf, Kommentar zur EU, Art. 5 EGV Rn. 7; *Hatje*, in: Schwarze, EU-Kommentar, Art. 10 EGV Rn. 8; *Nettesheim*, Der Grundsatz der einheitlichen Wirksamkeit des Gemeinschaftsrechts, in: GS Grabitz, 1995, S. 447, 451.

[329] So schon EuGH Rs. 6/64, Costa/E.N.E.L., Slg. 1964, 1251, 1270.

[330] *Hatje*, Europäische Rechtseinheit durch einheitliche Rechtsdurchsetzung, EuR Beiheft 1/1998, S. 7.

[331] EuGH Rs. 94/71, Schlüter/HZA Hamburg, Slg. 1972, 307 Rn. 11; EuGH Rs. 11/76, Niederlande/Kommission, Slg. 1979, 245 Rn. 9; EuGH Rs. 265/78, Ferwerda/Produktschap voor Vee en Vlees, Slg. 1980, 618 Rn. 7 f.

[332] So *Oppermann*, Die dritte Gewalt in der Europäischen Union, DVBl. 1994, S. 901, 906.

[333] Dazu siehe oben I 1 b) (3) sowie *Calliess*, Subsidiaritäts- und Solidaritätsprinzip in der Europäischen Union, 2. Aufl., 1999, S. 195.

Diese Ausprägung der Solidaritätspflicht wird vom EuGH ausdrücklich in den Urteilen in den Rsen. 39/72 und 128/78[334] betont. In beiden Fällen weigerte sich ein Mitgliedstaat unter Berufung auf sein nationales Interesse, die erforderlichen Durchführungsmaßnahmen zu einer Verordnung zu treffen. Durch sein Verhalten verhinderte er die einheitliche Anwendung der Verordnung. Die Verletzung der Pflicht zur Solidarität bestand darin, dass der Mitgliedstaat die Befolgung des Gemeinschaftsrechts aus Gründen seines nationalen Interesses verweigerte. Demnach verlangt die Solidarität nach Ansicht des Gerichtshofes, die einheitliche Anwendung des Gemeinschaftsrechts zu gewährleisten, auch wenn es dem eigenen Interesse widerspricht.

Weiter heißt es in den Urteilen, der Verstoß gegen die Pflicht zur Solidarität bestehe in der Störung des Gleichgewichts zwischen Vorteilen und Lasten, die für jeden Mitgliedstaat mit der Zugehörigkeit zur Gemeinschaft verbunden seien. In diesem Zusammenhang betont der EuGH, dass der EGV den Mitgliedstaaten nicht nur Vorteile verschaffe, sondern auch die Beachtung des Gemeinschaftsrechts gebiete.[335] Mithin kommt die von der Pflicht zur Solidarität geforderte Lastentragung in der Anwendung des Gemeinschaftsrechts zum Ausdruck. Die Bedeutung der Solidarität beschränkt sich dabei nicht auf die Fälle, in denen das Gemeinschaftsrecht dem nationalen Interesse tatsächlich zuwiderläuft. Sie besteht vielmehr in der grundsätzlichen Bereitschaft zu dessen Anwendung. Denn nur wenn die Mitgliedstaaten bereit sind, das Gemeinschaftsrecht unter allen Umständen, also auch dann, wenn es ihrem eigenen Interesse widerspricht, im nationalen Bereich anzuwenden, ist dessen einheitliche Wirksamkeit gesichert.

Ferner wird in diesen Entscheidungen dargelegt, dass die Störung des mit der Zugehörigkeit zur Gemeinschaft verbundenen Gleichgewichts zwischen Vorteilen und Lasten die Gleichheit der Mitgliedstaaten vor dem Gemeinschaftsrecht in Frage stelle. In der Rs. 128/78 hat der Gerichtshof zudem betont, ein Verstoß gegen die Gemeinschaftssolidarität sei insbesondere deshalb anzunehmen, weil die anderen Mitgliedstaaten die Versäumnisse des Mitgliedstaates, der das Gemeinschaftsrecht verletze, ausgleichen müssten bzw. dadurch zusätzliche Nachteile erhielten, während dieser besondere Vorteile verzeichnen könne.[336] Die einheitliche Anwendung ist demnach notwendig, um die gleichmäßige Verteilung der Vorteile und Lasten zu erreichen. Schon aus dem Grund gebietet die Solidarität die Wahrung der Einheitlichkeit. Denn die Verfolgung eines gemeinsamen Interesses setzt voraus, dass alle Mitgliedstaaten davon in gleicher Weise betroffen sind. Die Verzichtsbereitschaft zugunsten des gemein-

---

[334] EuGH Rs. 39/72, Kommission/Italien, Slg. 1973, S. 101 ff.; EuGH Rs. 128/78, Kommission/Großbritannien, Slg. 1979, S. 419 ff.

[335] EuGH Rs. 39/72, aaO, Rn. 24; EuGH Rs. 128/78, aaO, Rn. 12

[336] EuGH Rs. 128/78, aaO, Rn. 9.

samen Interesses besteht auf Dauer nur, wenn die Pflicht zur Befolgung des Gemeinschaftsrechts für alle Mitgliedstaaten in gleicher Weise gilt. Können Einzelne aus Gründen des nationalen Interesses die Anwendung verweigern, so werden auch die anderen Mitgliedstaaten nicht länger zur Zurückstellung ihrer eigenen Interessen bereit sein.

Die Ausführungen des Gerichtshofes machen zudem deutlich, wem gegenüber die Pflicht zur Solidarität besteht: Da mit deren Erfüllung die anderen Mitgliedstaaten geschützt werden sollen, besteht die Solidaritätspflicht diesen gegenüber. Die Pflicht zur einheitlichen Anwendung obliegt den Mitgliedstaaten aber gegenüber der Gemeinschaft. Das stellt jedoch keinen Widerspruch dar. Die Solidarität zwischen den Mitgliedstaaten wird konkretisiert in einer Pflicht gegenüber der Gemeinschaft, die die Interessen der Mitgliedstaaten in ihrer Gesamtheit vertritt und so das gemeinsame Ganze verkörpert.

In den dargestellten Rsen. 39/72 und 128/78 verlangte die mit der Pflicht zur Solidarität geforderte einheitliche Anwendung des Gemeinschaftsrechts den Erlass nationaler Vorschriften zur Durchführung einer Verordnung. Die Sicherstellung der Einheitlichkeit obliegt aber nicht nur der Gesetzgebung, sondern auch der Verwaltung und der Gerichtsbarkeit.[337] Deshalb muss von ihnen ebenfalls verlangt werden, das Gemeinschaftsrecht auch bei entgegenstehendem nationalen Interesse zu beachten. Der verwaltungsmäßige Vollzug von Gemeinschaftsrecht fällt - abgesehen von wenigen Ausnahmen - in die Zuständigkeit der Mitgliedstaaten.[338] Die Pflicht zur Solidarität gebietet den nationalen Behörden, das Gemeinschaftsrecht auch bei entgegenstehendem eigenen Interesse zu vollziehen. Die Gerichte müssen den Rechtsschutz gewährleisten, der sich aus der unmittelbaren Wirkung des Gemeinschaftsrechts ergibt.[339] Das gilt aufgrund des Solidaritätserfordernisses auch, wenn dies nicht dem nationalen Interesse entspricht. Demnach wird die Solidarität der Mitgliedstaaten in allen Fällen gefordert, in denen sie zur einheitlichen Anwendung des Gemeinschaftsrechts verpflichtet sind.

(2) Pflichten zur Koordinierung der nationalen Politiken

Die soeben dargestellten Pflichten obliegen den Mitgliedstaaten, wenn die Gemeinschaftsrechtsnormen unmittelbare und einheitliche Wirkung entfalten. Kennzeichnend für diese Fallgruppe ist, dass die Gemeinschaft von der ihr

337 *Von Bogdandy*, in: Grabitz/Hilf, Kommentar zur EU, Art. 5 EGV Rn. 38 ff.; *Hatje*, in: Schwarze, EU-Kommentar, Art. 10 EGV Rn. 32 ff.

338 Vgl. EuGH Rs. 39/71, Schlüter/HZA Hamburg, Slg. 1971, 49 Rn. 4; verb. Rsen. 205-215/82, Milchkontor, Slg. 1983, 2633 Rn. 17; Rs. 210/87, Padovani, Slg. 1988, 6177 Rn. 16.

339 EuGH Rs. 45/76, Comet, Slg. 1976, 2043 Rn. 11/18; EuGH Rs. 213/89, Factortame I, Slg. 1990, I-2433 Rn. 19; vgl. auch EuGH Rs. 222/84, Johnston, Slg. 1986, 1651 Rn. 53.

übertragenen Kompetenz Gebrauch gemacht hat und den Mitgliedstaaten ein Handeln in eigener Zuständigkeit versperrt ist. Solidarität wird von den Mitgliedstaaten aber auch dann verlangt, wenn sie weiter zu einem Handeln in eigener Zuständigkeit berechtigt sind.

Dann verpflichtet die Solidarität die Mitgliedstaaten, ihre Politiken einander anzunähern. Sie können ihre nationalen Kompetenzen also weiter ausüben, haben aber ihr Handeln zu koordinieren und auf ein gemeinsames Ziel hin zu orientieren. Die Annäherung fordert jedoch ein geringeres Maß an Solidarität als die Vereinheitlichung. Soweit eine Gemeinschaftsrechtsnorm einheitliche und unmittelbare Wirkung entfaltet, findet das Interesse der Mitgliedstaaten keine Beachtung. Verbleiben den Mitgliedstaaten dagegen ihre Kompetenzen und obliegen ihnen nur Koordinierungspflichten, so werden die nationalen Besonderheiten in gewissem Umfang berücksichtigt. Zudem werden die Mitgliedstaaten - anders als bei der Vereinheitlichung - nicht zu einem ganz bestimmten Verhalten verpflichtet, sondern haben lediglich bei der Durchführung ihrer nationalen Politik auf die anderen Mitgliedstaaten Rücksicht zu nehmen.

Dass der Übernahme von Koordinierungspflichten das Solidaritätsprinzip zugrunde liegt, hat auch der Gerichtshof hervorgehoben. In den bereits mehrfach erwähnten Rsen. 6 und 11/69 standen mit der Wirtschaftspolitik und der Politik auf dem Gebiet der Wechselkurse zwei Bereiche in Streit, in denen die Mitgliedstaaten ihre Zuständigkeit behalten hatten. In den einschlägigen Vorschriften (Art. 105 und 107 EWGV) wurden die Mitgliedstaaten verpflichtet, ihre Wirtschaftspolitik zu koordinieren und ihre Politik auf dem Gebiet der Wechselkurse als Angelegenheit von gemeinsamem Interesse zu behandeln. Der Gerichtshof betonte ausdrücklich, die Solidarität der Mitgliedstaaten zeige sich in der Übernahme dieser Verpflichtungen.[340] Dabei macht insbesondere die Bezugnahme auf die Behandlung dieser Politiken als Angelegenheiten von gemeinsamem Interesse deutlich, dass hier das Solidaritätsprinzip in seiner Erscheinungsform des Vorrangs des gemeinsamen Interesses vor dem eigenen Interesse angesprochen ist.

Während dieses Urteil das gemeinschaftsinterne Handeln der Mitgliedstaaten zum Gegenstand hatte, ging es in dem Urteil AETR um das Tätigwerden der Mitgliedstaaten nach Außen.[341] In der Entscheidung hat der EuGH die Pflicht zu abgestimmtem Vorgehen bei völkerrechtlichem Handeln als Ausdruck der Solidarität bezeichnet. Dabei ist zu beachten, dass in diesem Fall eine ganz spezielle Konstellation vorlag. Es ging um die Frage, ob die Mitgliedstaaten in einem Bereich, in dem die Gemeinschaft zum Abschluss völkerrechtlicher Verträge ausschließlich zuständig ist, berechtigt sind, außerhalb des Rahmens der Gemein-

[340] EuGH verb. Rsen. 6 und 11/69, Kommission/Frankreich, Slg. 1969, 523 Rn. 14/17.
[341] EuGH Rs. 22/70, Kommission/Rat, Slg. 1971, S. 263 ff.

schaftsorgane einen völkerrechtlichen Vertrag abzuschließen. Die Besonderheit in dem Fall lag darin, dass die Verhandlungen bereits begonnen hatten, als die Zuständigkeit noch bei den Mitgliedstaaten lag. Aus diesem Grund wurde ihnen ausnahmsweise erlaubt, auch den Abschluss des Vertrages in eigener Zuständigkeit vorzunehmen. Als weitere Voraussetzung für die Rechtmäßigkeit des Vertragsschlusses verlangte der Gerichtshof von den Mitgliedstaaten aber, dass sie dabei zur Wahrnehmung der Gemeinschaftsinteressen hätten solidarisch vorgehen müssen. Er leitete diese Pflicht aus den Vertragsvorschriften ab, die durch das Abkommen betroffen wurden. Diese Regelungen sahen ein gemeinsames Vorgehen der Mitgliedstaaten und eine Einbeziehung verschiedener Gemeinschaftsorgane in den Entscheidungsprozess vor. Der Gerichtshof betonte, dass die Solidarität in dem in Frage stehenden Beschluss gewahrt würde.[342] Die Mitgliedstaaten gingen während der gesamten Verhandlungen und beim Abschluss des Übereinkommens gemeinsam vor und koordinierten ihre Standpunkte ständig in engem Kontakt mit den Gemeinschaftsorganen. Das geforderte solidarische Verhalten stellt sich somit als Koordinierungspflicht dar, die sowohl zwischen den Mitgliedstaaten als auch mit den Gemeinschaftsorganen besteht.[343]

Der Gerichtshof hat in diesen Urteilen deutlich gemacht, dass von den Mitgliedstaaten die Zurückstellung eigener Interessen zugunsten des gemeinsamen Interesses auch verlangt wird, wenn sie in Ausübung ihrer eigenen Zuständigkeiten handeln. Die ihnen in dem Zusammenhang obliegenden Pflichten weisen zumindest dann einen solidarischen Charakter auf, wenn sie ihnen aufgeben, ihre Politiken inhaltlich auf ein gemeinsames Ziel hin auszurichten. Eine solche Koordinierung dient der Annäherung des nationalen Handelns und erlaubt den Mitgliedstaaten ihre Politiken nur noch unter Berücksichtigung des gemeinsamen Interesses auszuüben. Damit verbunden ist eine Zurückstellung der eigenen Interessen dahingehend, dass sie in der Gestaltung der nationalen Politik nicht mehr völlig frei sind, sondern ihre Kompetenzen nur noch mit Rücksicht auf das gemeinsame Interesse wahrnehmen dürfen. Koordinierungspflichten verlangen demnach die Solidarität der Mitgliedstaaten.

Anders als die Koordinierungspflichten weisen bloße Informations- und Konsultationspflichten hingegen keinen solidarischen Gehalt auf. Sie bedeuten für die Mitgliedstaaten keine Beschränkung ihrer nationalen Interessen, sondern stellen lediglich eine zusätzliche Pflicht dar. Würde man den solidarischen Cha-

---

342 EuGH, aaO, Rn. 77/78.

343 *Söllner*, Art. 5 EWG-Vertrag in der Rechtsprechung des Europäischen Gerichtshofes, 1985, S. 60; *Dauses*, Rechtliche Probleme der Abgrenzung der Vertragsabschlussbefugnis der EG und der Mitgliedstaaten und die Auswirkung der verschiedenen Abgrenzungsmodelle, in: Ress (Hrsg.), Souveränitätsverständnis in den Europäischen Gemeinschaften, 1980, S. 171, 180.

rakter schon darin erblicken, dass den Mitgliedstaaten überhaupt eine Pflicht obliegt, dann wäre jede Pflicht als Ausdruck des Solidaritätsprinzips anzusehen. Ein solche Auslegung ist aber vom Begriff der Solidarität nicht mehr umfasst.

d) Ergebnis

Die Zurückstellung der nationalen Interessen zugunsten des gemeinsamen Interesses ist Voraussetzung für die Errichtung und das Funktionieren einer supranationalen Rechtsordnung. Deswegen kommt dieser Erscheinungsform des Solidaritätsprinzips im Gemeinschaftsrecht grundlegende Bedeutung zu. Die verschiedenen Ebenen, auf denen der Vorrang des gemeinsamen Interesses zum Ausdruck kommt, stellen sich dabei als aufeinanderfolgende Schritte der Konkretisierung der Solidarität dar. Die Schaffung der Gemeinschaftsrechtsordnung, die für sich betrachtet schon die Zurückstellung der nationalen Interessen erfordert, eröffnet die Möglichkeit, gemeinsame Entscheidungen zu treffen, in deren Verfahren auch der Verzicht auf die eigenen Interessen zum Tragen kommt, und bei deren Befolgung schließlich ebenfalls die Solidarität verlangt wird.

Dabei gibt es auf jeder dieser drei Ebenen verschiedene Ausgestaltungen, die unterschiedlich hohe Anforderungen an die Solidarität der Mitgliedstaaten stellen. Auf der ersten Ebene hängt das Maß der geforderten Solidarität davon ab, in welchem Umfang die Kompetenzübertragung auf die Gemeinschaft erfolgt. Auch die Ausgestaltung des Entscheidungsverfahrens kann von den Mitgliedstaaten in verschieden starkem Maß den Verzicht eigener Interessen verlangen. Schließlich bestehen Unterschiede dahingehend, in welchem Umfang die Pflichten zur Befolgung des Gemeinschaftsrechts den Mitgliedstaaten noch die Verwirklichung eigener Interessen erlauben.

2. Unionsrecht

Während im Gemeinschaftsrecht der Vorrang des gemeinsamen Interesses vor dem eigenen Interesse insbesondere darin zum Ausdruck kommt, dass die Gemeinschaft in den Mitgliedstaaten verbindliches Recht setzen kann, tritt die Solidarität im Unionsrecht in dieser Form nicht in Erscheinung. Die Mitgliedstaaten haben in den Unionspolitiken ihre Kompetenzen nicht an einen übergeordneten Hoheitsträger abgetreten, sondern nur eine intergouvernementale Zusammenarbeit vereinbart. Aus diesem Grund erfährt die solidarische Pflicht zur Zurückstellung des eigenen Interesses hinter dem gemeinsamen Interesse im Unionsrecht ein andere Ausgestaltung.

a) Vereinbarung einer intergouvernementalen Zusammenarbeit

Im Rahmen der Ausführungen zum Gemeinschaftsrecht wurde festgestellt, dass die Solidarität in der Übertragung von Kompetenzen auf die Gemeinschaft zutage tritt. Die intergouvernementale Zusammenarbeit sieht eine solche Abtretung an einen übergeordneten Hoheitsträger aber gerade nicht vor, weshalb an deren solidarischem Charakter gezweifelt werden kann. Diese Überlegung wird dadurch bekräftigt, dass die Vergemeinschaftung der Unionspolitiken an der mangelnden Bereitschaft der Mitgliedstaaten scheiterte, in der Außen- und Sicherheitspolitik und in bestimmten Bereichen der Innen- und Justizpolitik einen so starken Eingriff in ihre nationale Souveränität und damit einen Verzicht auf ihre nationalen Interessen hinzunehmen. Andererseits wird aber auch in den intergouvernemental gehandhabten Unionspolitiken ein gemeinsames Interesse verfolgt. Folglich kann in Bezug auf das Unionsrecht ebenfalls von Solidarität die Rede sein, wenn dies eine Beschränkung der nationalen Kompetenzen mit sich bringt. Der Vorrang des gemeinsamen Interesses kann im intergouvernemental geregelten Unionsrecht demnach darin zum Ausdruck kommen, dass die Mitgliedstaaten bei verbleibenden eigenen Kompetenzen ihr Handeln auf ein gemeinsames Ziel hin auszurichten haben. Diese Erscheinungsform der Solidarität konkretisiert sich in der Abstimmung der nationalen Politiken, für die eine Zurückstellung der nationalen Interessen erforderlich ist. Die unterschiedliche Ausgestaltung von Gemeinschafts- und Unionsrecht erlangt aber insoweit Bedeutung, als die Zusammenarbeit im Rahmen der Unionspolitiken im Vergleich zur Übertragung von Zuständigkeiten auf die Gemeinschaft ein geringeres Maß an Solidarität fordert. Grund für die weniger hohen Anforderungen an die Solidaritätsbereitschaft der Mitgliedstaaten im Unionsrecht ist zudem, dass die solidarischen Pflichten wegen fehlender Zuständigkeit des EuGH nicht gerichtlich durchsetzbar sind.

Im Folgenden soll betrachtet werden, wie dieser Vorrang des gemeinsamen Interesses in der GASP und der PJZS im Einzelnen Gestalt annimmt.

b) Ausgestaltung der Solidaritätsanforderungen in der GASP

(1) Beschränkung der nationalen Kompetenzen

In der Präambel des EUV und in dessen Art. 2 EUV wird die Stärkung der Identität der Europäischen Union auf internationaler Ebene als Ziel der GASP genannt. Eine eigene Identität kann sie nur erhalten, wenn die Mitgliedstaaten gegenüber Drittstaaten einheitlich auftreten und ein gemeinsames Interesse verfolgen. Dies setzt ihre Bereitschaft voraus, dem gemeinsamen Interesse den Vorrang vor dem nationalen Interesse einzuräumen. Da ein gemeinsames Handeln nach Außen für die GASP von grundlegender Bedeutung ist, erweist sich die Solidarität als entscheidende Voraussetzung für deren Funktionsfähigkeit.[344] Das zeigt sich auch in der Ausgestaltung der GASP. Die Zusammenarbeit ist nicht auf die gegenseitige Information und Konsultation beschränkt, die den Mitgliedstaaten in der Ausübung ihrer nationalen Kompetenzen keine inhaltlichen Beschränkungen auferlegen und damit nicht die Zurückstellung des eigenen Interesses erfordern würden. Vielmehr richten die Mitgliedstaaten in der GASP ihr nationales Handeln auf gemeinsame Ziele hin aus. Dies erfolgt durch die Bestimmung von Grundsätzen und allgemeinen Leitlinien für die gemeinsame Außen- und Sicherheitspolitik, Beschlüsse über gemeinsame Strategien, die Annahme gemeinsamer Aktionen und Standpunkte sowie die gegenseitige Abstimmung zwischen den Mitgliedstaaten im Rat. Außerdem koordinieren die Mitgliedstaaten ihr Handeln in internationalen Organisationen und stimmen ihr Verhalten auf diplomatischer Ebene ab. Damit haben sie sich im Bereich der GASP verpflichtet, auf das gemeinsame Interesse Rücksicht zu nehmen. Auch wenn sie ihre Zuständigkeit behalten, werden die nationalen Kompetenzen eingeschränkt. Das Solidaritätsprinzip tritt also darin zutage, dass die Vereinbarung einer gemeinsamen Außen- und Sicherheitspolitik die Bereitschaft der Mitgliedstaaten zu einer Begrenzung ihrer Zuständigkeiten voraussetzt.

(2) Allgemeine Verhaltenspflichten

Auf einer weiteren Ebene fordern Verhaltenspflichten, die den Mitgliedstaaten bei Durchführung der GASP auferlegt werden, deren Solidarität. Diese Erscheinungsform kommt insbesondere in der Pflicht des Art. 11 Abs. 2 Uabs. 1 EUV zum Ausdruck. Danach haben die Mitgliedstaaten die gemeinsame Außen- und Sicherheitspolitik im Geiste der gegenseitigen Solidarität zu unterstützen. Der solidarische Charakter der Unterstützungspflicht besteht darin, dass sie auch dann zu erfüllen ist, wenn es dem nationalen Interesse entgegensteht. Diese Bedeutung lässt sich damit begründen, dass die Zusammenarbeit im Rahmen der GASP der Verfolgung eines gemeinsamen Interesses dient, die eine Zurückstellung der nationalen Interessen erfordert.

Die Ausgestaltung dieser Solidaritätspflicht bestimmt sich nach dem Charakter der GASP als Forum intergouvernementaler Zusammenarbeit. Die Pflicht zur Unterstützung hat demnach die Koordinierung der Politiken zum Gegenstand. Sie bezieht sich gemäß Art. 11 Abs. 2 Uabs. 1 EUV auf die Gemeinsame Außen- und Sicherheitspolitik. Damit kann sie sich zum einen auf konkrete Politiken der Union im Einzelfall, zum anderen aber auch auf die GASP als Mecha-

---

[344] Vgl. *Kugelmann*, Die Gemeinsame Außen- und Sicherheitspolitik, EuR Beiheft 2/1998, S. 99, 102, der betont, dass der Unionsvertrag von einem einheitlichen Auftreten der Union ausgeht und die Solidarität einem Ausscheren einzelner Mitgliedstaaten jenseits der vertraglichen Mechanismen entgegensteht.

nismus der Zusammenarbeit erstrecken.[345] Im ersten Fall haben die Mitgliedstaaten dafür zu sorgen, dass ihre nationalen Politiken dem auf den Beschlüssen beruhenden Vorgehen der Union entsprechen. Diese Ausgestaltung wird für gemeinsame Aktionen dahingehend gesondert festgelegt, dass sie für die Mitgliedstaaten bei ihren Stellungnahmen und ihrem Vorgehen bindend sind (Art. 14 Abs. 3 EUV). In Bezug auf die gemeinsamen Standpunkte tragen die Mitgliedstaaten dafür Sorge, dass ihre einzelstaatliche Politik mit diesen in Einklang steht (Art. 15 EUV). Im Hinblick auf die GASP als Mechanismus verlangt die Unterstützungspflicht von den Mitgliedstaaten, eine gemeinsame Politik auf diesem Gebiet überhaupt zu ermöglichen. Dabei geht es darum, dass die Mitgliedstaaten ihr nationales Vorgehen grundsätzlich abstimmen, um im Bereich der Außen- und Sicherheitspolitik einheitlich handeln zu können. So sind sie verpflichtet, sich bei jeder außen- und sicherheitspolitischen Frage von allgemeiner Bedeutung im Rat abzustimmen, damit gewährleistet ist, dass der Einfluss der Union durch konzertiertes und konvergierendes Handeln möglichst wirksam zum Tragen kommt (Art. 16 EUV). Außerdem haben sie sich in internationalen Organisationen zu koordinieren (Art. 19 EUV) und ihr Verhalten auf diplomatischer Ebene abzustimmen (Art. 20 EUV).

Der solidarische Charakter dieser Pflichten besteht darin, dass sie von den Mitgliedstaaten die Verfolgung eines gemeinsamen Interesses fordern, hinter dem die nationalen Interessen zurückstehen müssen. Die Pflichten, die sich auf die konkreten Politiken im Einzelfall beziehen, unterscheiden sich dabei von denen, die die GASP als Mechanismus der Zusammenarbeit betreffen, hinsichtlich ihrer Intensität. Hat sich die GASP bereits durch bestimmte Maßnahmen konkretisiert, so muss das nationale Handeln mit diesen in Einklang stehen. Dann besteht die Unterstützung darin, dass die Mitgliedstaaten ihre Politik so gestalten, dass sie mit dem gemeinsamen Vorgehen übereinstimmt. Hat sich das Handeln der Union im Bereich der Außen- und Sicherheitspolitik dagegen noch nicht zu einer bestimmten Maßnahme konkretisiert, beschränkt sich die Unterstützungspflicht darauf, ein gemeinsames Vorgehen zu fördern. Die Mitgliedstaaten haben sich um eine einheitliche Haltung zu bemühen, was aber nicht unbedingt zum Erfolg führen muss. Die Anforderungen an die Solidarität der Mitgliedstaaten sind in diesem Fall geringer als beim Vorliegen konkreter Maßnahmen. Dies lässt sich damit begründen, dass die Mitgliedstaaten letzteren zugestimmt haben und sich so zu deren Verfolgung bereit erklärt haben. Dann können sie dazu auch dann verpflichtet werden, wenn es ihrem nationalen Interesse widerspricht. Fehlt es an einer solchen Entscheidung, kann von den Mitgliedstaaten nicht ein bestimmtes außenpolitisches Handeln gefordert werden, sondern nur ein Bemühen um ein einheitliches Vorgehen in diesem Bereich.

---

[345] Vgl. *Burghardt/Tebbe*, in: GTE, EGV/EUV, Art. J.1 EUV Rn. 13; *Münch*, Die gemeinsame Aktion als Mittel der Gemeinsamen Außen- und Sicherheitspolitik, 1997, S. 136 f.

Neben den Unterstützungspflichten bestehen im Bereich der GASP auch Unterlassungspflichten, die von den Mitgliedstaaten verlangen, dem gemeinsamen Interesse den Vorrang vor dem eigenen Interesse einzuräumen. Diesen Aspekt der Solidarität macht Art. 11 Abs. 2 Uabs. 2 S. 2 EUV deutlich. Danach haben sich die Mitgliedstaaten jeder Handlung zu enthalten, die den Interessen der Union zuwiderläuft oder ihrer Wirksamkeit als kohärente Kraft in den internationalen Beziehungen schaden könnte. Diese Unterlassungspflicht weist eine enge Verbindung zu den Regelungen in den vorhergehenden Sätzen der Vorschrift auf, die eine ausdrückliche Forderung nach Solidarität enthalten. Aus diesem Grund ist anzunehmen, dass sich die Solidarität der Mitgliedstaaten auch auf sie erstreckt. Außerdem obliegt es den Mitgliedstaaten mit dieser Pflicht, dem gemeinsamen Interesse den Vorrang vor dem eigenen Interesse einzuräumen. Verlangt das gemeinsame Interesse ein Unterlassen, so hat der Mitgliedstaat dies auch dann zu befolgen, wenn sein eigenes Interesse ein Handeln gebieten würde.

Das Interesse der Union, das es zu wahren gilt, ist in erster Linie das mit der GASP verfolgte Ziel der Behauptung der Identität auf internationaler Ebene.[346] Um das dafür erforderlich einheitliche Auftreten zu gewährleisten, bedarf es nicht nur eines aktiven Handelns der Mitgliedstaaten, sondern auch der Unterlassung von Maßnahmen, die mit dem gemeinsamen Handeln nicht in Einklang stehen. Auch die Wirksamkeit als kohärente Kraft in den internationalen Beziehungen, die durch die Untersagung geschützt werden soll, bringt diesen Aspekt zum Ausdruck. Die im Rahmen der GASP geforderte Kohärenz mahnt das gemeinsame Auftreten gegenüber Drittstaaten an.[347] Da der Vorrang des gemeinsamen Interesses vor dem eigenen Interesse die Voraussetzung für ein einheitliches Handeln nach Außen ist, erweist sich somit die Solidarität als Bedingung für die Kohärenz.

Bei der Ausgestaltung der Unterlassungspflicht ist wie im Rahmen der Unterstützungspflicht danach zu unterscheiden, ob die Union bereits konkrete Maßnahmen getroffen hat. Ist das der Fall, so haben die Mitgliedstaaten alles zu unterlassen, was diesen nicht entspricht. Bezieht sich die Unterlassungspflicht dagegen auf die GASP im Allgemeinen, so verlangt sie von den Mitgliedstaaten lediglich, keine eigenen Maßnahmen zu ergreifen, ohne sich zuvor mit den anderen Mitgliedstaaten abgestimmt zu haben.

---

346 *Burghardt/Tebbe*, aaO, Rn. 14; Krück, in: Schwarze, EUV/EGV, Art. 11-28 EUV Rn. 6.

347 *Siems*, Das Kohärenzgebot in der Europäischen Union und seine Justitabiltät, 1999, S. 23; *Krenzler/Schneider*, Die Gemeinsame Außen- und Sicherheitspolitik der Europäischen Union, EuR 1994, S. 144, 146.

Schließlich ist noch festzustellen, wem gegenüber diese allgemeinen Verhaltenspflichten zu erfüllen sind. Die Europäische Union kann mangels eigener Rechtspersönlichkeit nicht Träger von Rechten und Pflichten sein. Folglich können die Mitgliedstaaten nicht gegenüber der Union, sondern nur gegenüber den anderen Mitgliedstaaten verpflichtet sein.[348] Damit tritt ein weiterer Unterschied zum Gemeinschaftsrecht zutage, wo sich die Solidaritätspflichten der Mitgliedstaaten untereinander in Pflichten gegenüber der Gemeinschaft konkretisieren.

(3) Unterlassungspflicht bei Stimmenthaltung

Eine spezielle Variante der Unterlassungspflicht besteht, wenn sich ein Mitgliedstaat bei einem im Rahmen der GASP getroffenen Beschluss der Stimme enthält. Grundsätzlich bindet ein mit Stimmenthaltung zustande gekommener Beschluss auch den sich enthaltenden Staat.[349] Er kann aber gemäß Art. 23 Abs. 1 Uabs. 2 EUV eine Erklärung abgeben, die bewirkt, dass er nicht verpflichtet ist, den Beschluss durchzuführen. Jedoch nimmt er hin, dass dieser für die Union bindend ist. In Art. 23 Abs. 1 Uabs. 2 S. 3 EUV wird ausdrücklich betont, dass der betreffende Mitgliedstaat in diesem Fall im Geiste gegenseitiger Solidarität verpflichtet ist, alles zu unterlassen, was dem auf diesem Beschluss der Union beruhenden Vorgehen der Union zuwiderlaufen oder es behindern könnte. Die Unterlassungspflicht dient - ebenso wie die anderen solidarischen Verhaltenspflichten im Rahmen der GASP - dazu, das einheitliche Auftreten der Mitgliedstaaten nach Außen zu sichern. Anders als in den zuvor genannten Pflichten hat der Mitgliedstaat dann seine Interessen aber nicht so weit zurückzustellen, dass seine nationale Politik mit dem gemeinsamen Vorgehen in Einklang steht. Er muss auf die Verwirklichung seiner Interessen nur so weit verzichten, als er alles zu unterlassen hat, was diesem Handeln der Union zuwiderlaufen oder es behindern könnte. Es wird von ihm also nicht verlangt, sich am einheitlichen Vorgehen zu beteiligen, ihm ist lediglich untersagt, etwas zu unternehmen, was diesem entgegensteht. Mithin verlangt die Unterlassungspflicht bei Stimmenthaltung ein geringeres Maß an Solidarität als die allgemeine Unterlassungspflicht in Art. 11 Abs. 2 EUV.

Diese Ausgestaltung der Solidarität lässt sich noch mit einer anderen Erscheinungsform des Vorrangs des gemeinsamen Interesses vor dem eigenen Interesse in Verbindung bringen. Die „konstruktive Stimmenthaltung" des Art. 23 EUV wurde eingeführt, um die Beschlussfassung in der GASP, die grundsätzlich einstimmig erfolgt, zu erleichtern.[350] In den Ausführungen zum Gemeinschafts-

---

[348] *Pechstein/Koenig*, Europarecht, 3. Aufl., 2000, Rn. 135.

[349] *Dies.*, aaO, Rn. 289.

[350] *Regelsberger*, Gemeinsame Außen- und Sicherheitspolitik, Jahrbuch der Europäischen Integration 1996/97, S. 215, 222; *dies./Jopp*, Und sie bewegt sich doch! Die Gemeinsame

recht wurde in Bezug auf das Entscheidungsverfahren dargelegt, dass die Bereitschaft zur Zurückstellung eigener Interessen Voraussetzung für die Beschlussfassung mit Stimmenmehrheit ist. Da sich die solidarische Unterlassungspflicht bei Stimmenthaltung auf einstimmige Entscheidungen bezieht, wird von den Mitgliedstaaten eine so weitgehende Zurückstellung eigener Interessen wie bei Mehrheitsentscheidungen nicht verlangt. Bei der „konstruktiven Stimmenthaltung“ beschränkt sich die Zurückstellung eigener Interessen darauf, dass der Mitgliedstaat, der sich seiner Stimme enthalten hat, verpflichtet ist, alles zu unterlassen, was dem Vorgehen der Union zuwiderläuft oder es behindern könnte. Er kann aber nicht - wie bei Mehrheitsentscheidungen - gegen seinen Willen durch eine Entscheidung der anderen Mitgliedstaaten verpflichtet werden.

c) Ausgestaltung der Solidaritätsanforderungen in der PJZS

Während mit der GASP das einheitliche Auftreten der Union nach Außen erreicht werden soll, ist Gegenstand der PJZS das Zusammenwirken der Mitgliedstaaten innerhalb der Europäischen Union. Aufgrund dieser Verschiedenheit erfährt auch die Pflicht, dem gemeinsamen Interesse den Vorrang vor dem nationalen Interesse einzuräumen, eine unterschiedliche Ausgestaltung.

Ziel der PJZS ist es, den Bürgern ein hohes Maß an Sicherheit zu bieten. Dies soll durch die Verhütung und Bekämpfung von Kriminalität im Wege einer engeren Zusammenarbeit der Polizei-, Zoll- und anderer zuständiger Behörden, einer engeren Zusammenarbeit der Justizbehörden und - soweit erforderlich - einer Annäherung der Strafvorschriften (Art. 29 EUV) erreicht werden. Im Mittelpunkt dieser intergouvernementalen Kooperation steht also die Zusammenarbeit der nationalen Behörden.[351]

Die Mitgliedstaaten sind verpflichtet, im Bereich der PJZS ihr Vorgehen zu koordinieren (Art. 34 Abs. 1 EUV). Das macht deutlich, dass eine Annäherung des nationalen Handelns angestrebt und damit ein gemeinsames Interesse verfolgt wird. Zudem können die Mitgliedstaaten gemeinsame Standpunkte einnehmen, durch die das Vorgehen der Union in einer gegebenen Frage bestimmt wird (Art. 34 Abs. 2 a) EUV). Außerdem besteht die Möglichkeit, Rahmenbeschlüsse zur Angleichung der Rechts- und Verwaltungsvorschriften auf dem Gebiet der PJZS anzunehmen (Art. 34 Abs. 2 b) EUV). Diese Maßnahmen sind auf ein

---

Außen- und Sicherheitspolitik nach den Bestimmungen des Amsterdamer Vertrages, Integration 1997, S. 255, 260; *Majer*, Integration versus Kooperation?, EuR 1999, S. 555, 561.

351 Siehe dazu *Pechstein/Koenig*, aaO (Fn. 348), Rn. 352 ff.; *Soria*, Die polizeiliche Zusammenarbeit in Europa zwischen traditionellem völkerrechtlichen Vertragsrecht und Vergemeinschaftung, in: Baldus/Soiné (Hrsg.), Rechtsprobleme der internationalen polizeilichen Zusammenarbeit, 1999, S. 50, 64 ff.

einheitliches Handeln gerichtet und erfordern deshalb von den Mitgliedstaaten die Bereitschaft zur Zurückstellung des eigenen Interesses zugunsten des gemeinsamen Interesses. Wird die Zusammenarbeit auf diese Weise bestimmt, so kommt darin das Solidaritätsprinzip zum Ausdruck. Es ist für die PJZS aber nicht von so großer Bedeutung wie für die GASP. Das gemeinsame Vorgehen im Bereich der PJZS ist nicht dadurch gekennzeichnet, dass die Mitgliedstaaten in ihrer Autonomie beschnitten werden. Die Zusammenarbeit erfolgt, um eine effektivere Tätigkeit in Strafsachen leisten zu können. Dies gebietet den Mitgliedstaaten ein bestimmtes Handeln, in der Ausübung ihrer nationalen Zuständigkeiten werden sie jedoch nur wenig beschränkt.

3. Ergebnis

Das Solidaritätsprinzip in Form des Vorrangs des gemeinsamen Interesses vor dem eigenen Interesse ist sowohl im Gemeinschafts- als auch im Unionsrecht von grundlegender Bedeutung. In der supranationalen Gemeinschaft erfährt es jedoch eine andere Ausgestaltung als in den intergouvernemental gehandhabten Unionspolitiken. Im Gemeinschaftsrecht wird die Solidarität insbesondere bei den mit der Kompetenzübertragung auf die Gemeinschaft verbundenen Pflichten der Mitgliedstaaten gefordert. Im intergouvernemental geregelten Bereich dagegen wirkt sich die Zurückstellung eigener Interessen dahingehend aus, dass die Mitgliedstaaten bei Ausübung ihrer nationalen Kompetenzen beschränkt sind. Die Ausgestaltung des Solidaritätsprinzips verlangt dabei im Rahmen des Gemeinschaftsrechts ein höheres Maß an Solidarität als in der Unionspolitik. Denn die Übertragung von Kompetenzen lässt den Mitgliedstaaten weniger Spielraum bei der Gestaltung der nationalen Politik und schränkt damit die Verfolgung der eigenen Interessen in größerem Umfang ein als die Vereinbarung einer intergouvernementalen Zusammenarbeit.

Unabhängig von diesen Differenzen dienen alle Erscheinungsformen des Vorrangs des gemeinsamen Interesses vor dem eigenen Interesse im europäischen Recht dem Zweck, die Unterschiede zwischen den nationalen Rechtsordnungen zu verringern oder zu beseitigen. Dies geschieht entweder dadurch, dass sich die Mitgliedstaaten bei der Ausübung ihrer Politiken abstimmen oder - als weitergehender Schritt - eine Vereinheitlichung stattfindet.

II. Finanzielle Umverteilung

Während der Vorrang des gemeinsamen Interesses die Solidarität des Einzelnen gegenüber dem Ganzen zum Ausdruck bringt, kommt die Solidarität aller bzw. des Ganzen gegenüber Einzelnen insbesondere in Hilfeleistungen gegenüber Schwächeren zum Tragen. Diese Erscheinungsform erlangt in erster Linie im Bereich der Finanzen Bedeutung und ist auf eine Umverteilung gerichtet. Die

Analyse des Gemeinschaftsvertrages hat gezeigt, dass das Solidaritätsprinzip mit dem gegenseitigen bzw. finanziellen Beistand sowie der Kohäsionspolitik auch im finanziellen Bereich Geltung entfaltet.

Im folgenden Kapitel wird zum einen erörtert, wie die reicheren die ärmeren Mitgliedstaaten im Einzelnen unterstützen. Zum anderen ist zu fragen, ob das Solidaritätsprinzip eine darüber hinausgehende Umverteilung gebietet. Den Maßstab für einen solchen Ausgleich hat dabei die Finanzkraft der Mitgliedstaaten zu bilden, die sich nach dem Bruttosozialprodukt pro Kopf der Bevölkerung bestimmt.[352]

In einem ersten Schritt muss geklärt werden, ob das Solidaritätsprinzip, so wie es im europäischen Recht verankert ist, eine Umverteilung hin zu den ärmeren Mitgliedstaaten grundsätzlich einschließt. Hiernach sind die Einnahmenseite und die Ausgabenseite auf die Durchführung eines solchen Ausgleichs hin zu untersuchen. Des Weiteren ist darauf einzugehen, welche Bedeutung der gegenseitige bzw. finanzielle Beistand in diesem Zusammenhang entfaltet. Abschließend soll die Notwendigkeit eines Finanzausgleiches nach bundesstaatlichem Vorbild erörtert werden. Der deutsche Finanzausgleich wird auf die im Bundesstaat herrschende Solidarität zwischen dem Bund und den Ländern zurückgeführt.[353] Auch die Europäische Union stellt ein föderales System dar, weshalb das Solidaritätsprinzip eine Umverteilung in entsprechendem Umfang gebieten könnte.

1. Umverteilung oder juste retour?

Zunächst muss gefragt werden, ob sich ein Gebot der finanziellen Umverteilung überhaupt aus dem Solidaritätsprinzip im europäischen Recht ableiten lässt. Im Gegensatz zu einer auf Umverteilung angelegten Finanzverfassung stände ein System, bei dem die Einnahmen, die die Gemeinschaft aus einem Mitgliedstaat erhält, durch Rückflüsse aus dem Gemeinschaftshaushalt in entsprechender Höhe ausgeglichen werden (Prinzip des juste retour, Äquivalenzprinzip).[354] Obwohl ein solches Prinzip als Finanzierungssystem niemals tatsächlich in Erwägung gezogen wurde, beriefen sich dennoch einige Mitgliedstaaten, insbesondere Großbritannien („I want my money back"), aber auch Deutschland - beides

---

[352] *Häde*, Finanzausgleich, 1996, S. 482; *Tomuschat*, Solidarität in Europa, in: FS Pescatore, 1987, S. 729, 743.

[353] BVerfGE 72, 330, 386; 86, 148, 264 ff.; *Isensee*, Idee und Gestalt des Föderalismus im Grundgesetz, in: ders./Kirchhoff (Hrsg.), Handbuch des Staatsrechts, Bd. 4, 2. Aufl., 1999, § 98 Rn. 148.

[354] *Bieber*, in: GTE, EGV/EUV, Art. 201 EGV Rn. 10; *Magiera*, Zur Finanzverfassung der Europäischen Union, in: GS Grabitz, 1995, S. 409, 419 f.; *Tonelli*, Le juste retour: loi communautaire?, RMC 1981, S. 220 ff.

Staaten, die wesentlich mehr in den Gemeinschaftshaushalt einzahlen, als sie zurückerhalten („Nettozahler") -, auf diesen Gedanken.[355]

Gegen ein solches Konzept sprechen bereits praktische Erwägungen. Die Schaffung eines exakten Ausgleichs zwischen Einzahlungen und Rückflüssen bereitet nämlich große Schwierigkeiten. Denn die Union bietet für einen Mitgliedstaat auch Vorteile, deren Wert kaum quantifizierbar ist. Dazu zählen insbesondere die politische Integration, die Teilnahme am Binnenmarkt und die Erfüllung öffentlicher Aufgaben, die von der Gemeinschaft anstelle des Mitgliedstaates übernommen werden.[356]

Die Verpflichtung, auch Maßnahmen zu unterstützen, die stärker anderen Mitgliedstaaten zugute kommen, ergibt sich dagegen schon daraus, dass die Aufgaben, die von der Europäischen Union wahrzunehmen sind, weitreichender sind als nationale Aufgaben und Handlungsmöglichkeiten. Die Forderung nach einem genauen Ausgleich würde deshalb zu Handlungsunfähigkeit und politischer Stagnation der Europäischen Union führen.[357]

Schließlich würde ein exakter Rückfluss dem Gedanken der Solidarität widersprechen.[358] Da die Solidarität in den Verträgen in unterschiedlichen Formen verankert ist, kann der finanzielle Bereich von der Wirkung des Solidaritätsprinzips nicht ausgeschlossen werden. Dass auch der finanzielle Bereich erfasst wird, zeigen insbesondere die vertraglichen Vorschriften über den gegenseitigen bzw. finanziellen Beistand sowie den wirtschaftlichen und sozialen Zusammenhalt. Diese machen deutlich, dass eine gewisse Umverteilung gewollt ist.[359]

Deshalb schließt das Solidaritätsprinzip den finanziellen Ausgleich zwischen den Mitgliedstaaten grundsätzlich ein, wobei allerdings noch nicht bestimmt ist,

---

355 *Peffekoven*, Die Finanzen der Europäischen Union, 1994, S. 111f.; *Oppermann*, Europarecht, 2. Aufl., 1999, Rn. 869; *Ott*, Zur Diskussion um „Zahlmeister" und „Nutznießer" der Europäischen Gemeinschaften, in: FS Kolms, 1984, S. 333, 339.

356 *Waldhoff*, in: Calliess/Ruffert, EUV/EGV, Art. 269 EGV Rn. 19; *Häde*, Finanzausgleich, 1996, S. 483; *Eckhoff*, Lastenverteilung in der Europäischen Gemeinschaft, in: Birk (Hrsg.), Handbuch des Europäischen Steuer- und Abgabenrechts, 1995, § 7 Rn. 62 ff.

357 *Ohler*, Die fiskalische Integration in der Europäischen Gemeinschaft, 1997, S. 378.

358 *Ott*, aaO (Fn. 355), S. 333, 339 f.; *Lammers*, Braucht die EG einen Finanzausgleich?, in: Probleme des Finanzausgleichs in nationaler und internationaler Sicht, Beihefte zur Konjunkturpolitik, Heft 41, 1993, S. 189, 195.

359 *Waldhoff*, in: Calliess/Ruffert, EUV/EGV, Art. 269 EGV Rn. 19; *Magiera*, Zur Finanzverfassung der Europäischen Union, in: GS Grabitz, 1995, S. 409, 419 f.; vgl. auch *Ress*, Die Europäische Union und die neue juristische Qualität der Beziehungen zu den Europäischen Gemeinschaften, JuS 1992, S. 985, 987, der betont, dass die von der Solidarität umfassten Beistands- und Treuepflichten für die Finanzverfassung bedeutsam werden können.

in welcher Art und Weise und in welchem Umfang ein Ausgleich durchzuführen ist.

2. *Umverteilung auf der Einnahmenseite?*

Bereits auf der Einnahmenseite des Gemeinschaftshaushalts könnte das Solidaritätsprinzip zum Tragen kommen.[360] Dann müssten Art und Höhe der Einnahmen so gestaltet sein, dass durch ihre Erhebung die Finanzkraft der ärmeren gegenüber der der reicheren Mitgliedstaaten gestärkt wird.

Der Haushalt der Gemeinschaft wird gemäß Art. 269 EGV unbeschadet der sonstigen Einnahmen[361] aus Eigenmitteln finanziert. Charakteristisch für Eigenmittel ist, dass sie nach gemeinschaftsrechtlicher Festlegung durch Eigenmittelbeschlüsse gemäß Art. 269 Abs. 2 EGV unabhängig vom weiteren Willen der Mitgliedstaaten erhoben werden können.[362] Mit diesem Finanzierungssystem unterscheidet sich die Europäische Gemeinschaft von den internationalen Organisationen, die ihren Finanzbedarf durch Beiträge der Mitgliedstaaten dekken. Diese Finanzierung durch Eigenmittel soll der Stärkung der Finanzautonomie der Gemeinschaft dienen.[363]

Im Folgenden sind zunächst die vier verschiedenen Arten von Eigenmitteln - Zölle, Agrarabschöpfungen, Mehrwertsteuer- und Bruttosozialprodukteigenmittel - daraufhin zu untersuchen, ob durch ihre Erhebung eine finanzielle Umverteilung von den reicheren zu den ärmeren Staaten stattfindet. Außerdem soll die Sonderregelung für Großbritannien betrachtet werden. Schließlich könnte die Pflicht zur Solidarität eine Umverteilung durch Einführung eines progressiven Einnahmesystems gebieten.

---

360 *Bieber*, in: GTE, EGV/EUV, Art. 201 EGV Rn. 10, hebt hervor, dass eine Umverteilung unter dem Gesichtspunkt der Solidarität geboten ist und über die Haushaltseinnahmen erfolgen kann, dies jedoch nicht zwingend ist.

361 Dazu zählen insbesondere Verwaltungseinnahmen der Gemeinschaft, Zuwendungen Dritter, Steuern auf die Bezüge der Beamten und sonstigen Bediensteten der Gemeinschaft, Anleihen; vgl. *Bieber*, in: GTE, EGV/EUV, Art. 201 EGV Rn. 40 ff. Da diese sonstigen Einnahmen jedoch nur einen geringen Anteil der Finanzierung des EG-Haushalts ausmachen (*Bieber*, aaO, Rn. 30), werden sie hier nicht gesondert untersucht.

362 *Waldhoff*, in: Calliess/Ruffert, EUV/EGV, Art. 269 EGV Rn. 4; *Ohler*, Die fiskalische Integration in der Europäischen Gemeinschaft, 1997, S. 366; *Griese*, Die Finanzierung der Europäischen Union, EuR 1998, S. 462, 463.

363 *Häde*, Finanzausgleich, 1996, S. 419; *Magiera*, Zur Finanzverfassung der Europäischen Union, in: GS Grabitz, 1995, S. 409, 417 f.; *Ehlermann*, The financing of the Community: The distinction between financial contribution and own resources, CMLRev. 1982, S. 571, 585.

a) „Originäre" Eigenmittel

Als „originäre" (oder „traditionelle") Eigenmittel werden Einnahmen bezeichnet, die erst durch Politiken der Gemeinschaft entstehen.[364] Dazu zählen insbesondere Zölle und Agrarabschöpfungen. Eine finanzielle Umverteilung von reicheren zu ärmeren Mitgliedstaaten kann bei Erhebung dieser Einnahmen nur erfolgen, wenn sie einem bestimmten Mitgliedstaat als Leistung zugeordnet werden können. Die „originären" Eigenmittel fallen in einem Mitgliedstaat an, weil die Produkte, auf die die Abgaben erhoben werden, gerade dort die Außengrenze der Union überschreiten. Dieser Einfuhrstaat ist nicht unbedingt identisch mit dem Mitgliedstaat, in dem die Produkte verbraucht werden. Die Kosten für die Eigenmittel aber hat der Endverbraucher zu tragen, der einen entsprechend höheren Preis für das Produkt zu zahlen hat. Wegen der fehlenden Identität von Einfuhr- und Bestimmungsstaat entziehen sich diese Einnahmen der Zuordnung zu einem bestimmten Mitgliedstaat.[365] Die „originären" Eigenmittel stellen also nicht Leistungen eines bestimmten Mitgliedstaates dar. Folglich können sie auch keine Umverteilung unter den Mitgliedstaaten bewirken und kommen als Ausdruck einer finanziellen Solidarität nicht in Betracht.[366]

b) Mehrwertsteuer-Eigenmittel

Den Großteil des Gemeinschaftshaushalts bilden die Mehrwertsteuer-Eigenmittel. Das sind „Einnahmen, die sich aus der Anwendung eines für alle Mitgliedstaaten einheitlichen Satzes auf die nach Gemeinschaftsvorschriften bestimmte einheitliche Mehrwertsteuer-Bemessungsgrundlage eines jeden Mitgliedstaates ergeben"[367]. Anders als die „originären" Eigenmittel lassen sie sich ohne Probleme einem bestimmten Mitgliedstaat zuordnen. Bei ihrer Einführung ging man davon aus, dass diese Berechnungsmethode die Leistungsfähigkeit der Mitgliedstaaten bestmöglich widerspiegeln würde.[368] Diese Einnahmequelle ist demnach grundsätzlich nicht darauf gerichtet, Verschiebungen in der Reihen-

---

364 *Waldhoff*, in: Callies/Ruffert, EUV/EGV, Art. 269 EGV Rn. 4; *Mallossek*, Zur Finanzverfassung der EU - Lehren aus dem fiskalischen Föderalismus, in: Fiskalischer Föderalismus in Europa, Beihefte zur Konjunkturpolitik, Heft 49, 1999, S. 221 f.

365 *Bieber*, in: GTE, EGV/EUV, Art. 201 EGV Rn. 34; *Eckhoff*, Lastenverteilung in der Europäischen Gemeinschaft, in: Birk (Hrsg.), Handbuch des Europäischen Steuer- und Abgabenrechts, 1995, § 7 Rn. 10.

366 Ebenso *Häde*, Finanzausgleich, 1996, S. 484; vgl. auch *Tomuschat*, Solidarität in Europa, in: FS Pescatore, 1987, S. 719, 745.

367 Art. 2 Abs. 1 Buchstabe c Eigenmittelbeschluss von 2000, Beschluss des Rates vom 29.9.2000 (2000/597/EG/Euratom), ABl. Nr. L 253 S. 42 vom 7.10.2000.

368 So etwa die Kommission in ihrer Mitteilung an den Rat und das Europäische Parlament „Die künftige Finanzierung der Gemeinschaft", KOM (83) 10 endg. vom 4.2.1983, S. 9; *Magiera*, Die Finanzierungsgrenzen der Europäischen Gemeinschaften und ihre Erweiterung, in: FS Carstens, Bd. 1, 1984, S. 185, 205.

folge der Finanzkraft zu erzielen. Es hat sich aber herausgestellt, dass die Staaten benachteiligt werden, in denen der Verbrauch einen hohen Anteil des Bruttosozialprodukts darstellt. Das ist typischerweise bei ärmeren Ländern der Fall.[369] Die Erhebung der Mehrwertsteuer-Eigenmittel führt somit zu einer gewissen Umverteilung. Weil diese in erster Linie zum Nachteil der ärmeren Länder erfolgt, widerspricht sie jedoch dem Gedanken der Solidarität. Andererseits ist aber zu bemerken, dass die besondere Belastung auch einige reiche Mitgliedstaaten trifft,[370] weshalb von einer systematischen Umverteilung zu Lasten der ärmeren Mitgliedstaaten nicht die Rede sein kann. Dennoch könnte vorgebracht werden, dass es die Pflicht zur Solidarität gebietet, die durch dieses Eigenmittel hervorgerufenen Benachteiligungen der ärmeren Staaten abzuschaffen oder zumindest zu reduzieren. Diesen durch die Besonderheiten des Eigenmittels entstehenden Verzerrungen wurde bereits versucht entgegenzuwirken, zum einen durch die Einführung des Bruttosozialprodukt-Eigenmittels, zum anderen durch Modifizierungen in der Berechnung des Mehrwertsteuer-Eigenmittelanteils.[371] Eine darüber hinausgehende Forderung nach einer Gestaltung der Einnahmen, die der tatsächlichen Leistungskraft in vollem Umfang entspricht, kann aus dem Solidaritätsprinzip aber nicht abgeleitet werden. Solange die in der Besonderheit des Eigenmittels liegende Benachteiligung auf andere Art und Weise ausgeglichen werden kann, verlangt die Solidarität nicht eine bestimmte Ausgestaltung der einzelnen Eigenmittel.

c) Bruttosozialprodukt-Eigenmittel

Um eine gerechtere Verteilung der Einnahmen zu gewährleisten, wurde ein Eigenmittel eingeführt, das sich an der Höhe des jeweiligen Bruttosozialproduktes orientiert.[372] Damit entsprechen diese Finanzierungsanteile der Mitgliedstaaten am ehesten ihrer Leistungsfähigkeit.[373] Weil die Mitgliedstaaten gemäß der Hö-

[369] *Messal*, Das Eigenmittelsystem der Europäischen Gemeinschaft, 1991, S. 73; *Häde*, Finanzausgleich, 1996, S. 484; *Peffekoven*, Eigene Einnahmen internationaler Organisationen, in: FS Kolms, 1984, S. 315, 330; *Griese*, Die Finanzierung der Europäischen Union, EuR 1998, S. 462, 472.

[370] *Eckhoff*, Lastenverteilung in der Europäischen Gemeinschaft, in: Birk (Hrsg.), Handbuch des Europäischen Steuer- und Abgabenrechts, 1995, § 7 Rn. 13.

[371] 9. Erwägungsgrund des Eigenmittelbeschlusses von 2000, Beschluss des Rates vom 29.9.2000 (2000/597/EG/Euratom), ABl. Nr. L 253 S. 42 vom 7.10.2000. Siehe auch *Magiera*, Zur Finanzverfassung der Europäischen Union, in: GS Grabitz, 1995, S. 409, 420 f.; *Messal/Klein*, Finanzlasten und Eigenmittelstruktur der Europäischen Gemeinschaft, Wirtschaftsdienst 1993, S. 375, 383.

[372] Eingeführt durch den Eigenmittelbeschluss von 1988, Beschluss des Rates vom 24.06.1988 (88/376/EWG, Euratom), ABl. Nr. L 185 S. 2 vom 15.7.88. Vgl. insbesondere den zehnten Erwägungsgrund.

[373] *Ohler*, Die fiskalische Integration in der Europäischen Gemeinschaft, S. 392; *Messal*, EG-Finanzierung und Lastenverteilung, 1989, S. 93 ff.

he ihres Bruttosozialproduktes unterschiedlich hohe Zahlungen an die Gemeinschaft zu tätigen haben, könnte eine Umverteilung zugunsten der ärmeren Staaten erfolgen. Die von den Mitgliedstaaten zu leistenden Beiträge korrespondieren mit ihrer unterschiedlichen Finanzkraft und steigen proportional mit größerer Leistungsfähigkeit. Zu einer Umverteilung der reicheren an die ärmeren Staaten führt dies nicht, es wird lediglich verhindert, dass die Unterschiede in der Wirtschaftskraft noch größer werden.[374] Die Solidarität der Mitgliedstaaten aber wird nicht schon dann gefordert, wenn jeder einen Anteil entsprechend seiner Leistungsfähigkeit zu tragen hat.

d) Sonderregelung für Großbritannien

Eine Besonderheit im Finanzierungssystem der Europäischen Union bildet der Korrekturmechanismus zugunsten von Großbritannien. Durch diese Sonderregelung wird dessen Mehrwertsteueranteil zu Lasten der anderen Mitgliedstaaten verringert.[375]

Großbritannien wird durch das Finanzierungssystem der Gemeinschaft überdurchschnittlich belastet. Grund dafür ist, dass Großbritannien aus den Drittstaaten des Commonwealth-Gebietes viele Agrarprodukte importiert und folglich hohe Eigenmittel in Form von Zöllen und Abschöpfungen zahlen muss.[376] Außerdem verfügt es nur über wenig eigene Landwirtschaft und partizipiert deshalb nur in geringem Umfang an den Agrarausgaben des EG-Haushalts.[377] Die Besserstellung könnte folglich als Ausdruck des Solidaritätsprinzips angesehen werden. Es ist aber zu beachten, dass - neben den reicheren Staaten - insbesondere auch die ärmsten Staaten die Ausgleichszahlungen zu tätigen haben.[378] Außerdem führt die Regelung nicht zu einer Umverteilung, es wird lediglich gewährleistet, dass Großbritannien aufgrund der Besonderheiten seiner Wirtschaftsstruktur nicht übermäßig belastet wird. Eine Erschei-

---

[374] *Häde*, Finanzausgleich, 1996, S. 482 f.

[375] Eigenmittelbeschluss von 1985, Beschluss des Rates vom 7.5.1985 (85/257/EWG, Euratom), ABl. Nr. L 128 S. 15 vom 14.5.1985. Diese Regelung wurde in den folgenden Eigenmittelbeschlüssen ihrem Grundsatz nach beibehalten; siehe Art. 4 und 5 Eigenmittelbeschluss von 2000, Beschluss des Rates vom 29.9.2000 (2000/597/EG/Euratom), ABl. Nr. L 253 S. 42 vom 7.10.2000

[376] Diese Einnahmen lassen sich Großbritannien entgegen dem oben über die originären Eigenmittel gesagten zurechnen, da Import- und Verbrauchstaat identisch sind.

[377] *Hahn*, Wertsicherung im Recht der Europäischen Gemeischaften, in: GS Sasse, 1981, S. 441, 467; *Peffekoven*, Eigene Einnahmen internationaler Organisationen, in: FS Kolms, 1984, S. 315, 330; *Messal*, Das neue Finanzierungssystem der Europäischen Gemeinschaft, Wirtschaftsdienst 1988, S. 210, 215.

[378] *Eckhoff*, Lastenverteilung in der Europäischen Gemeinschaft, in: Birk (Hrsg.), Handbuch des Europäischen Steuer- und Abgabenrechts, 1995, § 7 Rn. 31.

nungsform der Solidarität der anderen Mitgliedstaaten gegenüber Großbritannien ist der Korrekturmechanismus also nicht.

Vielmehr könnte die Sonderregelung dem Solidaritätsprinzip sogar entgegenstehen. Die solidarischen Pflichten könnten verlangen, dass Großbritannien sich dem System der Gemeinschaftsfinanzierung anpassen und die mit der Zugehörigkeit zur Gemeinschaft verbundenen Kosten - ohne Sonderregelungen - tragen muss. Dies ließe sich damit begründen, dass die Mitgliedschaft in der Gemeinschaft Vorteile bringt, sie aber auch verpflichtet, die Nachteile zu tragen. Da ein Großteil der Ausgaben der Gemeinschaft in den Agrarbereich fließt, bringt die Zugehörigkeit zur Gemeinschaft für einen Mitgliedstaat, dessen Agrarsektor einen geringen Umfang hat, grundsätzlich wenig finanzielle Vorteile mit sich. Das Ungleichgewicht von Vorteilen und Nachteilen ist also strukturell bedingt. Ohne den Korrekturmechanismus werden die Belastungen Großbritanniens nicht durch entsprechende Zuwendungen aufgewogen.

In diesem Fall können die Zahlungspflichten eines Mitgliedstaates nicht völlig losgelöst von seinen Rückflüssen beurteilt werden. Sind diese systembedingt gering, so müssen auch seine Zahlungen niedriger sein. Hätte Großbritannien dieselben hohen Einzahlungen zu tätigen wie die anderen Mitgliedstaaten, so müsste es deren Agrarwirtschaft mitfinanzieren. Die Pflicht zur Solidarität gebietet einem Mitgliedstaat aber nicht, die Landwirtschaft der anderen Staaten zu fördern. Deshalb kann von Großbritannien unter Berufung auf das Solidaritätsprinzip nicht verlangt werden, dass es die hohen Agrarausgaben der anderen Staaten mitträgt. Der Korrekturmechanismus zugunsten von Großbritannien steht dem Solidaritätsprinzip demnach nicht entgegen.

e) Progressive Gestaltung der Einnahmen

Die vorangehenden Ausführungen haben gezeigt, dass über die Einnahmen keine Verschiebungen in der Reihenfolge der Finanzkraft stattfinden. Es stellt sich deshalb die Frage, ob das Solidaritätsprinzip gebietet, einen Ausgleich zwischen den reicheren und den ärmeren Mitgliedstaaten auf der Einnahmenseite zu schaffen. Geeignetes Mittel wäre ein progressives Einnahmensystem, das eine relativ höhere Belastung der reicheren Mitgliedstaaten mit sich bringt.[379] Dagegen wird vorgebracht, die Verteilung der Eigenmittel auf die Mitgliedstaaten führe nicht zu einer Art Besteuerung der Gemeinschaftsbürger. Die für die Einkommensteuerlast vom Sozialstaatsprinzip gebotene progressive Verteilung könne deshalb nicht für die Beiträge der Mitgliedstaaten gelten.[380]

---

379 *Peffekoven*, Die Finanzen der Europäischen Union, 1994, S. 112; *Häde*, Finanzausgleich, 1996, S. 483; *Waniek*, EG-Regionalpolitik für die Jahre 1994-1999, Wirtschaftdienst 1994, S. 43, 49, schlägt Beitragsrabatte für die ärmeren Länder vor.

380 *Eckhoff*, aaO (Fn. 378), § 7 Rn. 19.

Die Pflicht zur Solidarität verlangt ein solches progressives Einnahmensystem nicht. Zwar wird aus dem Solidaritätsprinzip das Erfordernis einer finanziellen Umverteilung zwischen den mehr und den weniger wohlhabenden Mitgliedstaaten abgeleitet. Diese muss jedoch nicht unbedingt auf der Einnahmenseite durchgeführt werden. Eine Umverteilung kann auch auf der Ausgabenseite oder durch einen Finanzausgleich erfolgen. Mit der Festlegung des Solidaritätsprinzips wird nur bestimmt, dass eine Umverteilung zu erfolgen hat. Wie dies zu geschehen hat, ist damit nicht angeordnet. Ein Ausgleich der Finanzkraft bei den Einnahmen ist also nicht zwingend.

f) Ergebnis

Ein Ausgleich zwischen den reicheren und den ärmeren Staaten findet auf der Einnahmenseite nicht statt. Die Pflicht zur Solidarität erfordert dies aber auch nicht. Denn das Solidaritätsprinzip legt nur fest, dass ein Ausgleich stattfinden muss, die Art und Weise wird damit nicht bestimmt.

3. Umverteilung auf der Ausgabenseite

Durch die Zuteilung der Ausgaben erfolgt eine Umverteilung, wenn reichere Mitgliedstaaten aus dem Gemeinschaftshaushalt geringere Zahlungen erhalten, als sie geleistet haben, während in ärmere Mitgliedstaaten im Vergleich zu ihren Einzahlungen größere Summen zurückfließen. Um das Vorliegen einer solchen finanziellen Umverteilung feststellen zu können, sind die verschiedenen Ausgabenbereiche des Gemeinschaftshaushalts daraufhin zu untersuchen, ob eine Förderung der weniger wohlhabenden Mitgliedstaaten erfolgt. Da die Ausgaben im Agrarbereich und in der Strukturpolitik mit fast 90% den Großteil des Gemeinschaftshaushalts ausmachen, soll die folgende Betrachtung auf diese Bereiche beschränkt werden.[381]

a) Agrarausgaben

Der Agrarbereich bildet mit knapp der Hälfte der Ausgaben immer noch den bedeutendsten Anteil des Gemeinschaftshaushaltes.[382] Den größten Posten nehmen davon die Zahlungen im Bereich der Abteilung Garantie des Europäischen Ausrichtungs- und Garantiefonds für die Landwirtschaft (EAGFL) ein,

381 In den übrigen Bereichen kann eine Umverteilung aufgrund der geringen Masse und der Art der Ausgaben (Kosten für externe Maßnahmen (8%), Kosten für interne Politikbereiche (6 %), Verwaltungskosten (5%); vgl. Gesamthaushaltsplan der Europäischen Union für das Haushaltsjahr 2002, Zahlenübersicht im Internet abrufbar unter: http://www.europa.eu.int/comm/budget/pubfin/data/grp7_de.gif) nicht erreicht werden.

382 Gesamthaushaltsplan der EU für das Haushaltsjahr 2002, aaO.

mit denen die Ausgaben im Rahmen der Agrarmarktordnungen finanziert werden.

Regionen mit einer hohen landwirtschaftlichen Erzeugung gehören häufig zu den wirtschaftsschwächeren. Mithin führen diese Zuweisungen in gewissem Umfang zu einer Umverteilung zugunsten der weniger wohlhabenden Staaten.[383] So erhalten insbesondere die ärmsten Länder (Griechenland, Spanien, Irland und - in geringerem Maße - Portugal) überproportional hohe Leistungen in diesem Bereich.[384] Nutznießer der Regelung sind aber alle Staaten, deren landwirtschaftliche Erzeugung die Nachfrage im eigenen Land übersteigt. Folglich kommen auch wohlhabendere Staaten - wie Frankreich, die Niederlande, Belgien und Dänemark - in den Genuss dieser Umverteilung.[385] Die Agrarausgaben bewirken also nur teilweise eine Unterstützung der ärmeren Mitgliedstaaten. Dabei ist es eher zufällig bedingt, dass die Zahlungen insbesondere ihnen zufließen. Da auch die wohlhabenderen Mitgliedstaaten in weitem Umfang Nutznießer der Zahlungen sind, ist diese Umverteilung mit Blick auf einen Ausgleich der unterschiedlichen Finanzkraft sogar eher kontraproduktiv. Die als ungerecht empfundene Agrarpolitik der Gemeinschaft ist deshalb auch seit dem Beginn starker Kritik ausgesetzt.[386] Durch die Ausgaben im Agrarbereich erfolgt eine Umverteilung unter Solidaritätsgesichtspunkten somit nicht.[387]

b) Ausgaben im Rahmen der Kohäsionspolitik

Den zweitgrößten Anteil der Ausgaben bilden die Aufwendungen im Rahmen der Kohäsionspolitik. Die Zahlungen in dem Bereich bieten sich für eine finanzielle Umverteilung von den reicheren zu den ärmeren Mitgliedstaaten besonders an. Denn das Ziel dieser Politik, die Verringerung der Unterschiede im Entwicklungsstand der verschiedenen Regionen und des Rückstandes der am

383 *Häde*, Finanzausgleich, 1996, S. 500; *Jochimsen*, Europäische Perspektiven und Implikationen für den Finanzausgleich in der Bundesrepublik Deutschland, SuS 1993, S. 118, 128.

384 *Eckhoff*, Lastenverteilung in der Europäischen Gemeinschaft, in: Birk (Hrsg.), Handbuch des Europäischen Steuer- und Abgabenrechts, 1995, § 7 Rn. 49.

385 *Häde*, Finanzausgleich, 1996, S. 500, *Tomuschat*, Solidarität in Europa, in: FS Pescatore, 1987, S. 729, 747; *Ardy*, The National Incidence of the European Community Budget, JCMSt. 26 (1988), S. 401, 414.

386 *Oppermann*, Europarecht, 2. Aufl., 1999, Rn. 840, *Eckhoff*, in: Birk (Hrsg.), aaO (Fn. 384), § 7 Rn. 50.

387 *Tomuschat*, aaO (Fn.385), S. 729, 748 betont, dass der Gedanke der Solidarität durch die Zahlungen an die wohlhabenden Länder in sein Gegenteil verkehrt würde. Vgl. auch *Thomas*, Finanzausgleich und Kohäsion in der Europäischen Union, Weltwirtschaft 1994, S. 472, 480, der darauf hinweist, dass die Gemeinsame Agrarpolitik vor allem Regionen mit mittlerem Pro-Kopf-Einkommen zugute kommt, weshalb die benachteiligten Mitgliedstaaten zusätzliche Födermittel im Rahmen der Strukturpolitik verlangen.

stärksten benachteiligten Gebiete, kann nur durch eine solidarische Umverteilung erreicht werden. Dass in den Regelungen über die Politik zur Stärkung des wirtschaftlichen und sozialen Zusammenhalts die Forderung nach Solidarität zutage tritt, wurde dementsprechend auch schon in der Untersuchung der vertraglichen Vorschriften festgestellt.[388] Deshalb erscheinen die Ausgaben aus den Fonds geeignet, das Solidaritätsprinzip in seiner Erscheinungsform der finanziellen Umverteilung zur Geltung zu bringen.

Ob die Aufwendungen im Rahmen der Kohäsionspolitik tatsächlich eine Umverteilung von den reicheren zu den ärmeren Mitgliedstaaten bewirken, bedarf jedoch im Folgenden der weiteren Untersuchung. In einem nächsten Schritt ist dann zu klären, ob die Mitgliedstaaten mit dieser Ausgestaltung der Kohäsionspolitik ihre Pflicht zur Solidarität erfüllt haben oder ob eine verstärkte Umverteilung durch die Fonds zu fordern ist. Abschließend soll noch nach der Notwendigkeit von Änderungen angesichts der Erweiterung der Union um die mittel- und osteuropäischen Staaten gefragt werden.

(1) Umverteilungswirkung

Eine Umverteilungswirkung der Kohäsionspolitik lässt sich unter verschiedenen Gesichtspunkten anzweifeln. Zunächst stellt sich die Frage, ob der Umfang der Ausgaben zur Erreichung dieses Zieles genügt. Außerdem ist in die Bewertung einzubeziehen, dass die Zuwendungen einer großen Anzahl von Unionsbürgern zugute kommen. Schließlich muss berücksichtigt werden, dass deren Nutznießer nicht nur die armen, sondern auch die reichen Staaten sind.

(a) Umfang der Ausgaben

Die Zahlungen aus den Fonds machen etwa 35 % des Gemeinschaftshaushalts aus; das sind aber nur 0,46 % des gemeinschaftsweiten BSP.[389] Folglich nimmt die Kohäsionspolitik gemessen am Gesamtfinanzvolumen der Mitgliedstaaten nur einen minimalen Anteil ein. Es wird deshalb vorgebracht, die Bedeutung dieser Zuwendungen bleibe begrenzt und die Finanzstruktur insbesondere der größeren Mitgliedstaaten könne durch die Zahlungen nicht verändert werden.[390] Dem ist aber entgegenzuhalten, dass auch diese ihrem absoluten Umfang nach geringen Zahlungen in den begünstigten Regionen Auswirkungen zeigen können. Das manifestiert sich in einer Verringerung der wirtschaftlichen und so-

---

388 Siehe oben C I 8 c).

389 Gesamthaushaltsplan der Europäischen Union für das Haushaltsjahr 2002, Zahlenübersicht im Internet abrufbar unter: http://www.europa.eu.int/comm/budget/pubfin/data/grp7_de.gif; Agenda 2000, KOM (97) 2000 endg., Bd. 1, S. 16; *Mallossek*, Zur Finanzverfassung der EU - Lehren aus dem fiskalischen Föderalismus, in: Fiskalischer Föderalismus in Europa, Beihefte zur Konjunkturpolitik, Heft 49, 1999, S. 221, 223.

390 *Ohler*, Die fiskalische Integration in der Europäischen Gemeinschaft, 1997, S. 410.

zialen Unterschiede nach Einführung der Kohäsionspolitik. Seitdem ist in den ärmsten Staaten eine deutliche Verbesserung der wirtschaftlichen Lage erreicht worden. In Irland ist das BIP 1988-97 von 59 auf 89 % des EU-Durchschnitts gestiegen, in Spanien von 72 auf 77 %, in Portugal von 56 auf 69 % und in Griechenland von 60 auf 68 %.[391] Auch wenn die Verringerung der Entwicklungsunterschiede nicht allein auf die Zahlungen aus den Strukturfonds zurückgeführt werden kann, so haben diese doch wesentlich dazu beigetragen.[392] Die finanziellen Zuwendungen leisten zur Verbesserung der wirtschaftlichen Lage zumindest einen Anstoß.[393] Mit den Ausgaben im Rahmen der Kohäsionspolitik kann folglich trotz ihres relativ geringen Umfangs ein Umverteilungseffekt erreicht werden.

(b) Streuung der Ausgaben

Empfänger von Zahlungen sind nicht allein die ärmsten Regionen, vielmehr werden die Ausgaben weiträumig getätigt. So waren bislang insgesamt 51 % der Unionsbürger Nutznießer der Zahlungen aus diesen Fonds.[394] Deshalb wird bemängelt, die Verteilung im Rahmen der Kohäsionspolitik erfolge nach dem „Gießkannenprinzip".[395] Profitieren nicht nur die wirklichen Problemregionen von der Strukturförderung, sondern auch Gebiete, die zwar wirtschaftlich oder strukturell schwach sind, aber nicht zu den am wenigsten entwickelten Regio-

---

391 *Wulf-Mathies*, Europäische Regionalpolitik - Herausforderung für die Zukunft, in: FS Jochimsen, 1998, S. 57, 59 f.

392 *Stahl*, Die EU-Strukturpolitik: Zielorientierungen, Wirkungen und Effizienz, in: Caesar (Hrsg.), Zur Reform der Finanzverfassung und Strukturpolitik der EU, 1997, S. 193, 199 ff., 206; *Wulf-Mathies*, aaO, S. 57, 59; *Feldsieper/Prokop*, Dimensionen eines europäischen Finanzausgleichs, SuS 1996, S. 43, 45.

393 *Oppermann*, Europarecht, 2. Aufl., 1999, Rn. 980 spricht von „Anreizfunktion".

394 Agenda 2000, KOM (97) 2000 endg., Bd. 1, S. 18 sieht vor, dass der Prozentsatz der förderfähigen Bevölkerung von 51 % auf 35-40 % zurückgeführt wird. Vgl. zum Ganzen: *Funkschmidt*, Die EU-Strukturpolitik: Zielorientierungen, Wirkungen, Effizienz, in: Caesar (Hrsg.), Zur Reform der Finanzverfassung und Strukturpolitik der EU, 1997, S. 209, 215; *Stark*, Die künftige Finanzierung des EU-Haushaltes und der Beitrag der Bundesrepublik Deutschland, Integration 1996, S. 159, 161; *Weise*, Der Beitritt ostmitteleuropäischer Staaten: Ökonomische Chancen und Reformbedarf für die EU, Integration 1997, S. 175, 178.

395 *Axt*, Solidarität und Wettbewerb - die Reform der EU-Strukturpolitik, 2000, S. 41 f.; *Oppermann*, Europarecht, 2. Aufl., 1999, Rn. 973; *Franzmeyer*, Die Europäische Wirtschafts- und Währungsunion: Ausbau der gemeinschaftlichen Kohäsionspolitik, Integration 1993, S. 95; Kritisch auch *Lammers*, Braucht die EG einen Finanzausgleich?, in: Probleme des Finanzausgleichs in nationaler und internationaler Sicht, Beihefte zur Konjunkturpolitik, Heft 41, 1993, S. 189, 197: „Finanzausgleichswirkungen entsprechen nachvollziehbaren Gerechtigkeitsvorstellungen allenfalls zufällig."

nen zählen, dann könnte dies eine Umverteilung von den reicheren zu den ärmeren Regionen verhindern.

Insbesondere in den ersten Jahren nach Einführung der Kohäsionspolitik erfolgte eine sehr weit gestreute Ausschüttung der Fördermittel und an einer tatsächlichen Umverteilungswirkung durch die Zahlungen aus den Fonds bestanden durchaus berechtigte Zweifel. Seit Ende der 80er Jahre konzentrieren sich die Leistungen jedoch zunehmend auf die ärmsten Regionen.[396] Diesem Ziel diente auch die Schaffung des Kohäsionsfonds, von dem ausschließlich die vier ärmsten Staaten profitieren. Mit der Agenda 2000 hat sich diese Entwicklung erneut verstärkt, indem festgelegt wurde, dass die Regionen mit weniger als 75% des durchschnittlichen EU-Wohlstandes knapp 70 % der Ausgaben aus den Strukturfonds erhalten.[397] Damit sind inzwischen die primären Nutznießer die ärmsten Regionen. Die Konzentration auf die wirklich bedürftigen Regionen bringt die Solidarität der übrigen Mitgliedstaaten zum Ausdruck.[398]

Eine finanzielle Umverteilung könnte jedoch darüber hinaus erfordern, dass ausschließlich die ärmsten Regionen Empfänger der Zahlungen sind. Die Beschränkung auf die wirklichen Problemregionen ließe sich damit begründen, dass einer Umverteilung zu deren Gunsten entgegengewirkt wird, wenn auch andere Regionen Zuwendungen erhalten. Andererseits führen Zahlungen an Regionen, die wirtschaftlich oder strukturell weniger entwickelt sind, aber nicht zu den ärmsten Gebieten gehören, ebenfalls zu einer Umverteilung von den reicheren zu den ärmeren Regionen. Es dürfen nur nicht die Regionen Zuwendungen erhalten, deren Wirtschaftskraft durchschnittlich oder sogar überdurchschnittlich ist. Deshalb steht der Umverteilung nicht entgegen, dass auch andere als die ärmsten Regionen Unterstützungen erhalten, solange eine Konzentration auf die am wenigsten entwickelten Gebiete gewährleistet ist.

(c) Regionen als Empfänger der Zahlungen

Das Solidaritätsprinzip bezieht sich auf das Verhältnis der Mitgliedstaaten untereinander. Empfänger der Zahlungen sind jedoch nicht die Mitgliedstaaten, sondern die Regionen. Aber auch die Förderung der Regionen kommt den Staaten zugute. Diese werden mit den Zahlungen speziell dort unterstützt, wo sie wirtschaftlich schwach sind. Nutznießer der Zuwendungen sind also letztlich die Mitgliedstaaten.

---

[396] *Häde*, Finanzausgleich, 1996, S. 490 ff.; *Thomas*, Finanzausgleich und Kohäsion in der Europäischen Union, Weltwirtschaft 1994, S. 472, 473.

[397] Agenda 2000, KOM (97) 2000 endg., Bd. 1, S. 18, 83.

[398] So *Jessen*, Agenda 2000: Das Reformpaket von Berlin, ein Erfolg für Gesamteuropa, Integration 1999, S. 167, 173; vgl. auch *Stark*, Die künftige Finanzierung des EU-Haushaltes und der Beitrag der Bundesrepublik Deutschland, Integration 1996, S. 159, 161.

Die Zahlungen aus den Fonds gehen auch zu Lasten der anderen Mitgliedstaaten und nicht zu Lasten der anderen Regionen. Denn die Zuwendungen werden aus dem Gemeinschaftshaushalt geleistet. Dessen Einnahmen stammen von den Mitgliedstaaten, folglich gilt dies ebenfalls für die Zuwendungen im Rahmen der Kohäsionspolitik. Grundsätzlich kann somit die Regionalpolitik die Solidarität der Mitgliedstaaten untereinander zum Ausdruck bringen.

Am Vorliegen einer Umverteilung von den reicheren zu den ärmeren Mitgliedstaaten könnte man aber zweifeln. Da die Beurteilung der Bedürftigkeit von der Finanzkraft der Regionen abhängt, werden auch ärmere Regionen in reichen Mitgliedstaaten gefördert. So profitieren wirtschaftlich starke Staaten ebenfalls von der Regionalpolitik. Deutschland als eines der reichsten Länder erhält beispielsweise hohe Zahlungen für die neuen Länder.[399]

Andererseits ist aber zu beachten, dass sich der Großteil der Regionen, die Nutznießer der Kohäsionspolitik sind, in den weniger wohlhabenden Mitgliedstaaten befindet. So sind große Teile der ärmsten Staaten, Griechenland, Irland, Portugal und Spanien, Fördergebiete.[400] Diese Verknüpfung von wirtschaftsschwachen Regionen und Staaten wurde durch die Einführung des Kohäsionsfonds, dessen Zuwendungen ausschließlich den ärmsten Ländern zugute kommen, noch betont. Die Kohäsionspolitik richtet sich folglich weniger auf eine Förderung bestimmter Regionen als vielmehr der Staaten selbst.[401]

Damit bewirken diese Zahlungen eine Umverteilung hin zu den ärmeren Staaten. Der Umverteilungseffekt wird durch die Zuwendungen an Regionen in reichen Mitgliedstaaten jedoch in gewissem Umfang wieder aufgehoben. Aus dem Solidaritätsprinzip könnte deshalb die rechtliche Pflicht abzuleiten sein, nur Regionen in ärmeren Mitgliedstaaten zu unterstützen.[402] Das Solidaritätsprinzip gebietet aber lediglich, dass überhaupt eine Umverteilung erfolgt. Solange dies gewährleistet ist, kann ein konkretes Gebot, den armen Regionen in den reichen Mitgliedstaaten keine Zahlungen aus den Fonds zukommen zu lassen, aus dem Solidaritätsprinzip nicht hergeleitet werden.

---

[399] Entscheidung der Kommission vom 1.7.1999 mit dem Verzeichnis der unter Ziel 1 der Strukturfonds fallenden Regionen für den Zeitraum 2000-2006 (1999/502/EG) ABl. Nr. L 194 S. 53 vom 27.7.1999.

[400] Ebenda.

[401] *Häde*, Finanzausgleich, 1996, S. 502.

[402] Auch das Subsidiaritätsprinzip spricht dafür, dass jeder Staat für seine Regionalpolitik selbst verantwortlich ist und nur die ärmeren Staaten von der EU gefördert werden, vgl. dazu *Thomas*, Finanzausgleich und Kohäsion in der Europäischen Union, Weltwirtschaft 1994, S. 472, 486; *Weise*, Der EU-Beitritt ostmitteleuropäischer Staaten: Ökonomische Chancen und Reformbedarf für die EU, Integration 1997, S. 175, 178.

(d) Ergebnis

Durch die Ausgaben im Rahmen der Kohäsionspolitik wird eine gewisse Umverteilung von den reichen an die armen Mitgliedstaaten erreicht. Damit stellen diese Zahlungen eine Erscheinungsform des Solidaritätsprinzips dar.

(2) Aufstockung der Fonds?

Das Solidaritätsprinzip könnte aber gebieten, die Umverteilung im Rahmen der Kohäsionspolitik in größerem Umfang durchzuführen. Dies wäre beispielsweise durch eine Aufstockung der Fonds oder eine noch stärkere Konzentration auf die ärmsten Regionen möglich.

Es wurde bereits betont, dass die Pflicht zur Solidarität eine finanzielle Umverteilung fordert und ein Finanzsystem, das auf dem Äquivalenzprinzip beruht, der Solidarität widersprechen würde. Damit ist aber nur festgestellt, dass eine Umverteilung stattzufinden hat. Über deren Umfang sagt dies noch nichts aus. Ob die Pflicht zur Solidarität eine Ausweitung der Leistungen zugunsten der armen Staaten im Rahmen der Kohäsionspolitik gebietet, kann deshalb nur anhand der konkreten Ausgestaltung des Solidaritätsprinzips im EUV und EGV geklärt werden. Dessen Bedeutung im vorliegenden Zusammenhang kommt in den Vorschriften über den wirtschaftlichen und sozialen Zusammenhalt zum Ausdruck. Diese bestimmen als Ziel der Kohäsionspolitik, die Unterschiede im Entwicklungsstand der verschiedenen Regionen und den Rückstand der am stärksten benachteiligten Gebiete zu verringern.

Geboten ist demnach die Umverteilung von den reicheren zu den ärmeren Regionen. Folglich läge eine Verletzung der Solidaritätspflicht vor, wenn eine solche Umverteilung durch die Ausgaben in diesem Bereich überhaupt nicht erfolgen würde. In den vorangehenden Ausführungen konnte aber festgestellt werden, dass durch die Zuwendungen aus den Fonds tatsächlich eine Umverteilung herbeigeführt wird. Die in den Vorschriften über den wirtschaftlichen und sozialen Zusammenhalt zum Ausdruck kommende Solidaritätspflicht wurde zudem schon deshalb erfüllt, weil deren Ziel, die Annäherung der Wirtschaftskraft, erreicht werden konnte. Denn das Bruttoinlandsprodukt der ärmsten Staaten der Union ist seit deren Einführung deutlich gestiegen.

Deshalb lassen sich aus dem Solidaritätsprinzip Forderungen, die Fonds aufzustocken oder deren Zahlungen noch stärker auf die ärmsten Regionen zu konzentrieren, nicht ableiten. Die Mitgliedstaaten sind ihrer aus dem Solidaritätsprinzip fließenden Pflicht zur finanziellen Umverteilung im Rahmen der Kohäsionspolitik nachgekommen.

(3) Anforderungen angesichts der Osterweiterung

Die bevorstehende Erweiterung der Europäischen Union um die mittel- und osteuropäischen Staaten wird massive Änderungen in der Kohäsionspolitik mit sich bringen. Denn die wirtschaftliche Leistungsfähigkeit der Beitrittskandidaten liegt noch weit hinter der Finanzkraft der Mitgliedstaaten, die in der Union der Fünfzehn die ärmsten und damit Hauptnutznießer der Zuwendungen aus den Fonds sind. So beträgt das Pro-Kopf-BIP der Beitrittskandidaten ungefähr 32 % des Gemeinschaftsdurchschnitts.[403] Wenn man bedenkt, dass das Pro-Kopf-BIP der vier ärmsten Staaten der Union bei 74 % des Gemeinschaftsdurchschnitts liegt,[404] wird deutlich, dass eine Erweiterung der Europäischen Union nicht ohne eine Änderung der Kohäsionspoltik möglich ist. Das Festhalten an der jetzigen Verteilungsstruktur hätte massive Ausgabensteigerungen zur Folge. Denn nach dem derzeitigen Fondssystem würden sämtliche Beitrittskandidaten die Voraussetzungen für eine großzügige europäische Förderung erfüllen.[405] Deshalb erfordert die Osterweiterung auch eine Reform der Strukturpolitik.[406]

Im Rahmen der vorliegenden Arbeit wirft dies die Frage auf, welche Anforderungen sich aus dem Solidaritätsprinzip für die künftige Gestaltung der Kohäsionspolitik ergeben. Konkrete finanzielle Pflichten können daraus nicht abgeleitet werden. Es ist lediglich zu gewährleisten, dass auch nach der Erweiterung eine finanzielle Umverteilung von den reichen zu den armen Staaten erfolgt.

Mit dem Beitritt der wirtschaftlich schwachen Staaten aus Ost- und Mitteleuropa wird der Gemeinschaftsdurchschnitt des Bruttoinlandsproduktes gesenkt. Dies hat zur Folge, dass Staaten, die derzeit zu den ärmeren zählen, dann nicht mehr zu den wirtschaftlich schwächeren gehören.[407] Die aus dem Solidaritätsprinzip fließende Pflicht zur finanziellen Umverteilung verbietet es, diesen Staaten nach der Erweiterung Zuwendungen aus den Fonds zu gewähren. Darüber hinaus wird auch die Solidarität der Mitgliedstaaten gefordert, die nach der

---

403 Agenda 2000, KOM (97) 2000 endg., Bd. 2, S. 27.

404 Ebenda.

405 *Peffekoven*, Die Finanzen der Europäischen Union, 1994, S. 101; *Axt* - Solidarität und Wettbewerb - die Reform der EU-Strukturpolitik, 2000, S. 61; *Bergmann*, Die Osterweiterung der Europäischen Union, ZRP 2001, S. 18, 21.

406 *Franzmeyer*, EU-Strukturpolitik vor neuen Herausforderungen - Währungsunion und Osterweiterung - , in: Caesar (Hrsg.), Zur Reform der Finanzverfassung und Strukturpolitik der EU, 1997, S. 249, 264; *Samland*, Perspektiven der EU-Finanzverfassung und EU-Strukturpolitik, in: Caesar (Hrsg.), aaO, S. 223, 229; *Becker*, Der Nutzen der Osterweiterung für die Europäische Union, Integration 1998, S. 225, 234.

407 *Peffekoven*, Die Finanzen der Europäsichen Union, S. 101 f.; *Lippert*, Neue Zuversicht und alte Zweifel: die Europäische Union nach „Nizza" und vor der Erweiterung, Integration 2001, S. 179, 183.

Erweiterung weiter zu den ärmeren Staaten zählen. Sie bleiben zwar Empfänger von Zahlungen, haben jedoch Kürzungen hinzunehmen.[408]

Solidarität zeigen die fünfzehn Mitgliedstaaten gegenüber den mittel- und osteuropäischen Staaten schon vor deren Beitritt. So gewährt die Europäische Union den Bewerberländern eine Heranführungshilfe, um sie auf die Mitgliedschaft vorzubereiten.[409]

4. Umverteilung durch gegenseitigen bzw. finanziellen Beistand

Bei der Untersuchung der Verträge wurde festgestellt, dass die Vorschriften über den gegenseitigen bzw. finanziellen Beistand den Mitgliedstaaten die Pflicht zur Solidarität auferlegen.[410] Im Folgenden ist zu fragen, ob und in welcher Weise die in diesem Zusammenhang gewährten Leistungen das Solidaritätsprinzip in Form der finanziellen Umverteilung zum Ausdruck bringen.

a) Gegenseitiger Beistand

Der gegenseitige Beistand gemäß Art. 119 Abs. 2 EGV erfolgt insbesondere in Form von Gemeinschaftsanleihen, die von der Kommission bei Drittstaaten bzw. Kreditinstituten oder direkt am Kapitalmarkt aufgenommen und dann den Mitgliedstaaten, die sich in Zahlungsbilanzschwierigkeiten befinden, als Darlehen weitergegeben werden.[411] Die Mitgliedstaten müssen diese Darlehen zurückzahlen. Hinsichtlich des zur Verfügung gestellten Geldbetrages erfolgt also keine dauerhafte Umverteilung. Der Vorteil besteht für den betroffenen Mitgliedstaat aber darin, dass er ansonsten Kredite mit hohen Zinsen hätte aufnehmen müssen. Den anderen Mitgliedstaaten, die sich nicht in besonderen finanziellen Schwierigkeiten befinden, wird eine solche Vorzugsbehandlung nicht zuteil. Damit erfolgt durch den gegenseitigen Beistand eine gewisse Umverteilung. Der von Zahlungsbilanzschwierigkeiten betroffene Mitgliedstaat bedarf der Hilfe, die er auf diese Weise von der Gemeinschaft erhält. Der gegenseitige Beistand lässt sich somit als Solidarität in Form der finanziellen Umverteilung einordnen.

---

408 Siehe auch *Lippert/Bode*, Die Erweiterung und das EU-Budget - Reformoptionen und ihre politische Durchsetzbarkeit, Integration 2001, S. 369, 370, die darauf hinweisen, dass zwischen den gegenläufigen Interessen der Beitrittsländer und der Altmitglieder ein Kompromiss stattfinden muss.

409 Agenda 2000, KOM (97) 2000 endg., Bd. 2, S. A - 5 ff.

410 Siehe oben C I 7.

411 *Zuleeg/Amphoux/Smulders*, in: GTE, EGV/EUV, Art. 109 h und 109 i EGV Rn. 40; *Potacs*, in: Schwarze, EU-Kommentar, Art. 119 EGV Rn. 4.

b) Finanzieller Beistand

Der finanzielle Beistand gemäß Art. 100 Abs. 2 EGV kann durch finanzielle Hilfeleistungen aller Art erfolgen. Es können Gemeinschaftsanleihen getätigt werden; außerdem kommen Kredite und Bürgschaften in Betracht.[412] Bei diesen Unterstützungen, die von dem betroffenen Mitgliedstaat zurückgezahlt werden müssen, erfolgt die Umverteilung - wie beim gegenseitigen Beistand - nur insoweit, als dem Empfänger im Gegensatz zu den anderen Mitgliedstaaten ein Vorteil gewährt wird, indem er die vorübergehenden Zahlungen unter besonders günstigen Bedingungen erhält. Wenn der finanzielle Beistand in Form von nicht rückzahlbaren Zuschüssen oder Beihilfen und anderen finanziellen Transfers erfolgt,[413] findet sogar eine dauerhafte Umverteilung in vollem Umfang der Unterstützungsleistung statt. Da sich die betroffenen Mitgliedstaaten in finanziellen Schwierigkeiten befinden, erfolgt auf diese Weise eine Umverteilung hin zu den finanzschwächeren Mitgliedstaaten, die die Solidarität zum Ausdruck bringt.

Die genaue Ausgestaltung dieser solidarischen Umverteilung ist noch ungeklärt. Insbesondere stellt sich die Frage, unter welchen Voraussetzungen die Hilfeleistungen zu gewähren sind. Art. 100 Abs. 2 EGV nennt als Bedingung für den finanziellen Beistand, dass ein Mitgliedstaat aufgrund außergewöhnlicher Ereignisse, die sich seiner Kontrolle entziehen, von Schwierigkeiten betroffen oder von gravierenden Schwierigkeiten bedroht ist. Umstritten ist, ob die Unterstützung nur dann gewährt wird, wenn der Staat die Schwierigkeiten nicht durch eine verfehlte Politik selbst verursacht hat.[414] Darüber hinaus ist anzunehmen, dass die Hilfeleistungen nur in Ausnahmesituationen zu gewähren sind. So werden als außergewöhnliche Ereignisse externe Schocks genannt.[415] Damit ist der auslösende Tatbestand nicht die strukturelle Wirtschaftsschwäche eines Mitgliedstaates, sondern seine finanziellen Probleme aufgrund einer besonderen

---

412 *Hattenberg*, in: Schwarze, EU-Kommentar, Art. 100 EGV Rn. 7; ebenso, aber gegen die Zulässigkeit von Gemeinschaftsanleihen: *Häde*, in: Calliess/Ruffert, EUV/EGV, Art. 100 EGV Rn. 5.

413 *Bandilla*, in: Grabitz/Hilf, Kommentar zur EU, Art. 103 a EGV Rn. 9.

414 Für eine Verschuldensunabhängigkeit: *Hattenberg*, in: Schwarze, EU-Kommentar, Art. 100 EGV Rn. 6; *Ohler*, Die fiskalische Integration in der Europäischen Gemeinschaft, 1997, S. 289; *Heinemann*, Bailout- und Bonitätseffekte in der Wirtschafts- und Währungsunion, ZWS 115 (1995), S. 603, 609. Verschulden fordern: *Molzahn*, Die normativen Verknüpfungen von Kapitalverkehrsfreiheit und Währungsunion im EG-Vertrag, 1999, S. 255 f.; *Issing*, Disziplinierung der Finanzpolitik in der Europäischen Währungsunion, in: Duwendag/Siebke (Hrsg.), Europa vor dem Eintritt in die Wirtschafts- und Währungsunion, 1993, S. 181, 190.

415 *Häde*, in: Calliess/Ruffert, EUV/EGV, Art. 100 EGV Rn. 4.

Situation.[416] Aus diesem Grund kann der finanzielle Beistand auch nicht die Form eines Finanzausgleichs annehmen, der Umverteilungsmaßnahmen zur Verringerung der vorhandenen Ungleichgewichte gebietet.[417]

5. Erweiterte Umverteilung durch Finanzausgleich?

Das Solidaritätsprinzip könnte - über die dargestellten Maßnahmen hinaus - eine Unterstützung der ärmeren Mitgliedstaaten in Form eines Finanzausgleichs gebieten. Dafür ließe sich anführen, dass in der Bundesrepublik Deutschland als Bundesstaat die Solidarität des Bundes und der Länder im Finanzausgleich zutage tritt. Folgt aus dem Bundesstaatsprinzip die Pflicht zu dessen Durchführung, so könnte dies auch für die Europäische Union gelten, die ebenfalls ein föderales System darstellt. Entsprechende Forderungen werden auch seit längerem immer wieder erhoben.[418] Mit Errichtung der Währungsunion hat die Frage der Notwendigkeit eines Finanzausgleichs besondere Aktualität erhalten.[419]

Bevor Überlegungen zur Einführung eines Finanzausgleichs angestellt werden können, ist zunächst sein Bedeutungsgehalt zu bestimmen. Denn die Terminologie hinsichtlich dieses Begriffs ist sehr uneinheitlich.[420] In Bezug auf die Europäische Union zeigt sich dessen unterschiedliche Verwendung daran, dass

---

416 So wohl auch *Ohler*, Die fiskalische Integration in der Europäischen Gemeinschaft, 1997, S. 289 f.; *Molzahn*, aaO (Fn. 414), S. 255, spricht vom „Notfallcharakter der Regelung".

417 *Häde*, Finanzausgleich, 1996, S. 546; *Seidel*, Probleme der Währungsordnung in der Europäischen Union, in: FS Vieregge, 1995, S. 793, 797; einen Finanzausgleich nach bundesstaatlichem Vorbild gestützt auf Art. 100 Abs. 2 EGV hält aber *Hahn*, Geld und Währung - Elemente europäischer und universeller Ordnung, in: Bitburger Gespräche, Jahrbuch 1992, 1993, S. 13, 26, für möglich.

418 So etwa vom Europäischen Parlament in der Entschließung zu der Mitteilung der Kommission „Von der Einheitlichen Europäischen Akte zu der Zeit nach Maastricht: Ausreichende Mittel für unsere ehrgeizigen Ziele" vom 10.6.1992, ABl. Nr. C 176 S. 74, 78; außerdem heißt es in Art. 73 des Entwurfs des Europäischen Parlaments für einen Vertrag zur Gründung der Europäischen Union, Entschließung vom 14.2.1984, ABl. Nr. C 77 S. 30, 50: „Zur Verringerung der Ungleichgewichte in der Wirtschaftskraft der Regionen wird ein Finanzausgleich eingeführt. Das Nähere regelt ein Organgesetz."

419 *Zeitel*, Europäische Währungsunion und zwischenstaatlicher Finanzausgleich, in: FS Pohmer, 1990, S. 343, 349; *Tietmeyer*, Währungsstabilität - auch in Europa gefordert, in: FS Klein, 1994, S. 33, 41; *Jochimsen*, Europäische Perspektiven und Implikationen für den Finanzausgleich in der Bundesrepublik Deutschland, SuS 1993, S. 118, 124; *Steindorff*, Währungsunion, Beitritt, Finanzausgleich und Maastricht II, EuZW 1996, S. 6, 7 f.

420 *Häde*, Finanzausgleich, 1996, S. 4 ff.; *Friauf*, Der bundesstaatliche Finanzausgleich, JA 1984 S. 618.

teilweise auch die Verteilung der Ausgaben der Fonds als Finanzausgleich bezeichnet wird.[421]

In der vorliegenden Untersuchung soll eine dem deutschen föderativen System entlehnte Terminologie Verwendung finden. Als Finanzausgleich in einem weiteren Sinne wird die Verteilung der Einnahmen auf die verschiedenen Ebenen eines Staates bezeichnet. Ein Gefälle, das danach zwischen den ärmeren und reicheren Staaten besteht, kann durch einen Finanzausgleich im engeren Sinne vermindert oder behoben werden. Dies ist durch direkte Transferzahlungen zwischen den Staaten oder durch vertikale, ungebundene Finanzzuweisungen der übergeordneten föderalen Ebene an bedürftige Staaten möglich.[422]

Ein solcher Finanzausgleich im engeren Sinne bewirkt eine Umverteilung. Die Verteilung der Einnahmen führt dagegen grundsätzlich noch nicht zu einem Ausgleich.[423] Aber auch auf dieser Ebene sind Umverteilungseffekte möglich. Dies zeigen in der Europäischen Union die Ausgaben im Rahmen der Kohäsionspolitik. Werden die Zahlungen im Rahmen der Kohäsionspolitik als Finanzausgleich bezeichnet, so liegt dem ein weiteres Verständnis dieses Begriffs zugrunde. Im Folgenden wird der Terminus Finanzausgleich auf ungebundene Zuweisungen an die wirtschaftlich schwächeren Staaten beschränkt.

a) Finanzausgleich nach bundesstaatlichem Vorbild

Ein Finanzausgleich im engeren Sinne erfolgt in Deutschland gemäß Art. 107 Abs. 2 GG. Er umfasst horizontale Transfers von den finanzkräftigen zu den finanzschwachen Bundesländern, die darauf gerichtet sind, die Finanzkraft dieser Länder angemessen auszugleichen. Ergänzt wird er durch vertikale Zuweisungen des Bundes. Ein angemessener Ausgleich bedeutet in diesem Sinne die Schaffung einheitlicher Lebensverhältnisse.[424]

Der Vergleich mit der Bundesrepublik Deutschland scheitert jedoch schon an der mangelnden Staatlichkeit der Europäischen Union. Verpflichtet die Solidarität im Bundesstaat zu einem so weitgehenden Finanzausgleich, lassen sich daraus noch keine Folgerungen für die europäische Ebene ziehen. Denn der deutsche Finanzausgleich wird auf das bundesstaatliche Prinzip zurückgeführt,

---

421 *Thomas*, Ein Finanzausgleich für die Europäische Union?, 1997, S. 53; *Feldsieper/Prokop*, Dimensionen eines europäischen Finanzausgleichs, SuS 1996 S. 43, 45; dies kritisiert *Walthes*, Europäischer Finanzausgleich, 1996, S. 90, als „etwas unpräzise"; *Oppermann*, Europarecht, 2. Aufl., 1999, Rn. 979, spricht von einer „Art vorbundesstaatlichem Finanzausgleich".

422 *Korioth*, Finanzausgleich zwischen Bund und Ländern, 1997, S. 126 ff.; *Friauf*, Der bundesstaatliche Finanzausgleich, JA 1984 S. 618 ff.; *Schneider*, Die bundesstaatliche Ordnung im vereinigten Deutschland, NJW 1991, S. 2448, 2451.

423 *Häde*, Finanzausgleich, 1996, S. 5 f.

424 Dazu siehe oben B II 2 a) (1) (b).

das dem Grundgesetz zugrunde liegt. Daraus lässt sich nicht die Pflicht ableiten, diesen auch in der Europäischen Union einzuführen.[425]

Gegen eine Übertragbarkeit spricht zudem, dass es sich bei dem bundesstaatlichen Finanzausgleich um einen Steuerkraftausgleich handelt. Dieser erfordert, dass in allen Ländern identische Steuern erhoben werden, und kann folglich in der Europäischen Union, wo große Unterschiede in den nationalen steuerlichen Regelungen bestehen, keine Anwendung finden.[426]

Außerdem setzt ein Finanzausgleich diesen Umfangs eine besondere Verbundenheit voraus.[427] Deshalb kommt eine Orientierung am deutschem Vorbild nur dann in Betracht, wenn der Zusammenhalt auf europäischer Ebene ähnlich intensiv ist wie in Deutschland.[428] Von einem vergleichbaren Zusammengehörigkeitsgefühl ist die Europäische Union in ihrem jetzigen Stadium jedoch noch weit entfernt. Anders als in Deutschland gibt es in Europa keine gemeinsame Sprache, die Bürger sind nicht so mobil und es gibt keine starke gemeinsame Geschichte. Die für einen so weitgehenden Finanzausgleich erforderliche Solidaritätsbereitschaft ist bislang nur in den Nationalstaaten zu finden. In der Europäischen Union dagegen ist sie allenfalls in Ansätzen vorhanden.[429]

Zudem stellt die vom bundesstaatlichen Finanzausgleich angestrebte Schaffung einheitlicher Lebensverhältnisse aufgrund der großen Unterschiede in der finanziellen Leistungsfähigkeit der Mitgliedstaaten ein nicht zu erreichendes Ziel dar. Eine Umverteilung in diesem Umfang ist nur sinnvoll, wenn die beteiligten Länder ein in etwa gleiches Entwicklungsniveau haben.[430] Die Differenzen zwischen den Mitgliedstaaten im Pro-Kopf-Einkommen, im Stand der wirtschaftlichen Entwicklung und hinsichtlich der sozialen Sicherungssysteme sind in der Europäischen Union aber so extrem, dass sich ein solcher Finanzausgleich als nichtfinanzierbar erweist. Die Zahlungen nähmen in diesem Fall ein Ausmaß

---

[425] *Häde*, Finanzausgleich, 1996, S. 562 ff.; *Seidel*, Probleme der Währungsordnung in der Europäischen Union, in: FS Vieregge, 1995, S. 793, 797; *Starck*, Implikationen für Europa, SuS 1993, S. 114 f.

[426] *Peffekoven*, Die Finanzen der Europäischen Union, 1994, S. 108; dieses Problem sehen auch Feldsieper/Prokop, Dimension eines europäischen Finanzausgleichs, SuS 1996, S. 43, 46 ff.

[427] *Tomuschat*, Solidarität in Europa, in: FS Pescatore, 1987, S. 729, 755.

[428] *Häde*, Finanzausgleich, 1996, S. 503; *Franzmeyer*, Die Europäische Wirtschafts- und Währungsunion, Ausbau der gemeinschaftlichen Kohäsionspolitik, Integration 1993, S. 95, 101.

[429] *Starck*, Implikationen für Europa, SuS 1993, S. 114; *Hesse*, Finanzausgleich im Bundesstaat: Implikationen für Europa, SuS 1993, S. 43, 44; *Waniek*, EG-Regionalpolitik für die Jahre 1994-1999, Wirtschaftsdienst 1994, S. 43, 49.

[430] *Peffekoven*, Die Finanzen der Europäischen Union, 1994, S. 108 f.; *Mallossek*, Zur Finanzverfassung der EU - Lehren aus dem fiskalischen Föderalismus, in: Fiskalischer Föderalismus in Europa, Beihefte zur Konjunkturpolitik, Heft 49, 1999, S. 221, 231.

an, das von den reichen Staaten nicht akzeptiert und sie in ihrer Solidaritätsbereitschaft überfordern würde.[431]

Dieser Vergleich zwischen Deutschland und der Europäischen Union lässt die Schlussfolgerung zu, dass beim derzeitigen Stand des Einigungsprozesses - und auch in absehbarer Zukunft - die Solidarität auf europäischer Ebene nicht annähernd so stark ausgeprägt ist wie auf nationaler Ebene. Es ist davon auszugehen, dass der Zusammenhalt nach der Erweiterung um die ost- und mitteleuropäischen Staaten sogar noch schwächer sein wird. Aus diesem Grunde ist es nicht geboten, aus dem im deutschen Recht verankerten Solidaritätsprinzip die gleichen Pflichten abzuleiten wie aus dem im europäischen Recht geltenden Solidaritätsprinzip. Eine Pflicht zur Einführung eines umfassenden Finanzausgleiches mit dem Ziel der Schaffung einheitlicher Lebensverhältnisse besteht deshalb nicht.

b) Spezifisch europäischer Finanzausgleich

Das Solidaritätsprinzip könnte aber die Durchführung eines spezifisch europäischen Finanzausgleiches erfordern. Dessen Ausgestaltung würde nicht durch das bundesstaatliche Vorbild, sondern durch die föderale Struktur der Europäischen Union bestimmt. Der Unterschied zum deutschen Modell bestände insbesondere darin, dass er einen geringeren Umfang aufweisen würde. Eine Pflicht zur Einführung eines solchen Finanzausgleichs ist aber nur dann anzunehmen, wenn die durch das Solidaritätsprinzip gebotene Umverteilung anders nicht erreicht werden kann.

Bislang obliegt diese Aufgabe primär der Kohäsionspolitik. Sie ist durch einen Finanzausgleich zu ersetzen oder ergänzen, wenn die vom Solidaritätsprinzip geforderte Umverteilung mit den Zahlungen aus den Fonds nicht erzielt werden kann. Darüber hinaus könnten ungebundene Zuweisungen an die wirtschaftlich schwachen Mitgliedstaaten aufgrund des Eintritts in die dritte Stufe der Währungsunion notwendig geworden sein.

(1) Kohäsionspolitik und Finanzausgleich

Ein Finanzausgleich würde einige Schwächen nicht aufweisen, die der derzeitigen Kohäsionspolitik entgegengehalten werden. Kritisiert werden die Ausgaben aus den Fonds insbesondere wegen ihrer mangelnden Effektivität und Transpa-

---

[431] *Hesse*, Finanzausgleich im Bundesstaat: Implikationen für Europa, SuS 1993, S. 43, 48 f.; *Jochimsen*, Europäische Perspektiven und Implikationen für den Finanzausgleich in der Bundesrepublik Deutschland, SuS 1993, S. 118, 125 f.; *Feldsieper/Prokop*, Dimensionen eines europäischen Finanzausgleichs, SuS 1996, S. 43, 58.

renz.[432] Bei einem Finanzausgleich entfiele der Verwaltungsaufwand, dessen die Überwachung und Koordinierung der mit den Fonds geförderten Maßnahmen bedarf. Außerdem würden die Staaten nicht mehr Projekte nur deshalb durchführen, weil sie dafür Fördermittel erhalten.[433] Ungebundene Finanzzuweisungen bringen auch nicht das Problem der fehlenden Abstimmung mit sich, wie dies bei den verschiedenen Maßnahmen der zahlreichen Fonds der Fall ist.[434] Ein Finanzausgleich wäre auch transparenter als die undurchsichtige Kohäsionspolitik. Damit würde seine Einführung der Solidarität, die Transparenz in den Finanzbeziehungen verlangt, Rechnung tragen.[435]

Zudem ist zu beachten, dass bei einem solchen Ausgleich nicht die Finanzkraft der Regionen, sondern die der Mitgliedstaaten Anknüpfungspunkt für die Beurteilung der Bedürftigkeit ist. Folglich würde sich das Problem nicht stellen, dass von den Ausgaben im Rahmen der Kohäsionspolitik auch wirtschaftlich starke Staaten profitieren. Aber selbst wenn diese Zahlungen auf die ärmeren Staaten beschränkt würden, käme ein Finanzausgleich der Forderung nach Solidarität stärker nach. Denn durch die primäre Orientierung an der Finanzkraft der Regionen wird eine optimale Umverteilung von den reichen hin zu den armen Staaten nicht erreicht und damit die Solidarität zwischen den Mitgliedstaaten nicht bestmöglich berücksichtigt. Im Gegensatz dazu entscheidet bei einem Finanzausgleich ausschließlich die wirtschaftliche Leistungsfähigkeit des Staates darüber, ob er Empfänger von Zuwendungen ist. Deshalb würde die Forderung nach einer Umverteilung von den reichen zu den armen Staaten damit am besten erfüllt.

Außerdem erhielten die ärmeren Mitgliedstaaten durch einen Finanzausgleich Zuweisungen, über deren Verwendung ihnen die alleinige Entscheidungsgewalt zustünde. Die Mittel aus den Fonds dagegen werden zur Durchführung bestimmter Maßnahmen gewährt, um ihre ordnungsgemäße Nutzung zu sichern.[436] Ungebundene Transfers aber eröffnen die Gefahr des Missbrauchs und der unwirtschaftlichen Verwendung.[437] Die Durchführung eines Finanzausgleichs

---

432 *Häde*, Finanzausgleich, 1996, S. 502; *Eckhoff*, Lastenverteilung in der Europäischen Gemeinschaft, in: Birk (Hrsg.), Handbuch des Europäischen Steuer- und Abgabenrechts, 1995, § 7 Rn. 54, *Lammers*, Braucht die EG einen Finanzausgleich?, in: Probleme des Finanzausgleichs in nationaler und internationaler Sicht, Beihefte zur Konjunkturpolitik, Heft 41, 1993, S. 189, 198 f.

433 *Feldsieper/Prokop*, aaO (Fn. 431), S. 43, 58.

434 Dies kritisiert *Thomas*, Finanzausgleich und Kohäsion in der Europäischen Union, Weltwirtschaft 1994, S. 472, 488.

435 *Feldsieper/Prokop*, aaO (Fn. 431), S. 43, 45 f.

436 *Ohler*, Die fiskalische Integration in der Europäischen Gemeinschaft, 1997, S. 412.

437 *Peffekoven*, Die Finanzen der Europäischen Union, 1994, S. 109; *Waniek*, EG-Regionalpolitik für die Jahre 1994 bis 1999, Wirtschaftsdienst 1994, S. 43, 49.

verlangt folglich von den Mitgliedstaaten eine größere Solidaritätsbereitschaft als die zweckgebundenen Zuweisungen.[438]

Darüber hinaus hat er eine andere Zielsetzung als die Kohäsionspolitik. Während die Zahlungen aus den Fonds die strukturellen Ursachen der Wirtschaftsschwäche beheben sollen, so dass eine Unterstützung auf Dauer überflüssig wird,[439] dient der Finanzausgleich der Stärkung der Finanzkraft der ärmeren Mitgliedstaaten, ohne die Behebung der Ursachen dieser Finanzschwäche anzustreben.[440]

Schließlich lässt sich die Notwendigkeit eines Finanzausgleichs damit begründen, dass der Umfang der derzeitigen Fondsmittel nicht genüge, um eine hinreichende Umverteilung herbeizuführen. In dem Fall würde die Einführung eines Finanzausgleichs der Erhöhung des Umverteilungsvolumens dienen. Dieses muss nicht den für einen Ausgleich nach bundesstaatlichem Vorbild erforderlichen Umfang erreichen. Vielmehr geht es um eine gewisse Aufstockung der Zahlungen, die aber deutlich unter dem für eine Schaffung einheitlicher Lebensverhältnisse Notwendigen liegen kann.

Diese Überlegungen zeigen, dass ein Finanzausgleich den Gedanken der Umverteilung von den reichen zu den armen Staaten und damit die Solidarität besser zum Ausdruck bringen würde, als dies durch die bisherige Umverteilung über die Fonds der Fall ist.

Fraglich ist aber, ob sich aus dem Solidaritätsprinzip auch eine Pflicht zur Einführung eines Finanzausgleichs ableiten lässt. Unzweifelhaft verlangt die Pflicht zur Solidarität, dass es überhaupt eine Umverteilung von den reichen zu den armen Mitgliedstaaten gibt. Ein Finanzausgleich kann aber nur dann gefordert werden, wenn die im europäischen Recht verankerte Solidarität darüber hinaus auch gebietet, dass diese Umverteilung in ganz bestimmter Form zu erfolgen hat. Das Solidaritätsprinzip sagt jedoch nichts darüber aus, wie und in welchem Umfang eine Umverteilung zu vollziehen ist. Der Begriff der Solidarität selbst ist zu unbestimmt, als dass sich eine so spezielle Handlung daraus ableiten ließe. Durch das europäische Recht wird er nur dahingehend konkreti-

---

438 *Thomas*, Finanzausgleich und Kohäsion in der Europäischen Union, Weltwirtschaft 1994, S. 472, 486.

439 *Funkschmidt*, Die EU-Strukturpolitik: Zielorientierungen, Wirkungen, Effizienz, in: Caesar (Hrsg.), Zur Reform der Finanzverfassung und Strukturpolitik der EU, 1997, S. 209, 213; *Lammers*, Braucht die EG einen Finanzausgleich?, in: Probleme des Finanzausgleichs in nationaler und internationaler Sicht, Beihefte zur Konjunkturpolitik, Heft 41, 1993, S. 189, 197; *Jochimsen*, Revisionskonferenz 1996: Wirtschafts- und währungspolitische Anforderungen an ein Maastricht II, SuS 1995, S. 533, 552 f.; *Walter*, EU-Finanzierung auf dem Prüfstand - Reform statt Fundamentalattacke, Integration 1996, S. 164, 166.

440 *Peffekoven*, Die Finanzen der Europäischen Union, 1994, S. 109.

siert, dass ihm eine finanzielle Dimension zukommt. Über deren genauere Ausgestaltung sagen die europäischen Verträge - über die Vorschriften über den wirtschaftlichen und sozialen Zusammenhalt sowie den gegenseitigen bzw. finanziellen Beistand hinaus - nichts aus. Deshalb können aus der grundsätzlichen Pflicht zur Solidarität über diese konkreten Regelungen hinaus keine Zahlungen einer bestimmten Art und Höhe verlangt werden.[441] Auch wenn ein Finanzausgleich effektiver wäre, gebietet das Solidaritätsprinzip nicht, die Kohäsionspolitik durch diesen zu ersetzen oder zu ergänzen. Denn Ausdruck solidarischen Verhaltens ist im finanziellen Bereich die Umverteilung; nicht festgelegt ist damit, dass diese möglichst effektiv sein muss.

Etwas anderes könnte nur dann gelten, wenn die Umverteilung im Rahmen der Kohäsionspolitik nur minimal wäre und tatsächlich nicht stattfinden würde. Obwohl deren Wirkungen begrenzt sind, profitieren die ärmeren Mitgliedstaaten überdurchschnittlich von diesen Maßnahmen und erfolgt damit eine gewisse Umverteilung. Durch die Kohäsionspolitik ist die solidarische Umverteilungswirkung also hinreichend gesichert.

(2) Finanzausgleich als Konsequenz der Währungsunion?

Die Notwendigkeit einer erweiterten Umverteilung durch ungebundene Transferzahlungen könnte jedoch durch die Verwirklichung der Endstufe der Wirtschafts- und Währungsunion entstanden sein. Die Beantwortung der Frage, ob die ökonomischen Folgen der Vergemeinschaftung des Bereiches Währung einen Finanzausgleich erforderlich machen, obliegt in erster Linie den Wirtschaftswissenschaften. Eine rechtliche Pflicht zu dessen Einführung lässt sich aus dem Solidaritätsprinzip nur ableiten, wenn er danach zwingende Voraussetzung für das Funktionieren der Währungsunion ist.

Teilweise wird in der wirtschaftswissenschaftlichen Diskussion vorgebracht, die für die Währungsunion notwendige ökonomische Konvergenz könne ohne einen Finanzausgleich dauerhaft nicht gewährleistet werden.[442] Dies wird zum einen damit begründet, dass mit der Einführung der gemeinsamen Währung die Möglichkeit entfalle, divergierende Wirtschaftsentwicklungen durch Wechselkursänderungen aufzufangen. Zur Kompensation dieses fehlenden Instruments könnte ein Finanzausgleich geboten sein.[443] Als weiteres Argument wird ge-

---

441 Vgl. *Kirchhof*, Die Mitwirkung Deutschlands an der Wirtschafts- und Währungsunion, in FS Klein, 1994, S. 61, 77: Solidarität ist nur ein Ziel der Gemeinschaft, über das Volumen von Transferleistungen entscheiden Mitgliedstaaten selbst.

442 *Zeitel*, Europäische Währungsunion und zwischenstaatlicher Finanzausgleich, in FS Pohmer, 1990, S. 343, 355; *Steindorff*, Währungsunion, Beitritt, Finanzausgleich und Maastricht II, EuZW 1996, S. 6, 7 f.

443 *Tietmeyer*, Währungsstabilität - auch in Europa gefordert - , in: FS Klein, 1994, S. 33, 41; *Jochimsen*, Europäische Perspektiven und Implikationen für den Finanzausgleich in der

nannt, dass durch die gemeinsame Währung die Tendenz entstehen könnte, die bisher divergierenden Lohnkosten in den verschiedenen Mitgliedsländern anzugleichen, was eine Verringerung der Wettbewerbsfähigkeit und somit höhere Arbeitslosigkeit in den ärmeren Staaten zur Folge hätte. Ein Finanzausgleich könnte dann gefordert werden, um diese Unterschiede zu minimieren.[444]

Gegen einen Finanzausgleich wird eingewendet, dieser führe dazu, dass die ärmeren Mitgliedstaaten sich nicht mehr anstrengen würden, ihre finanzielle Lage zu verbessern.[445] Außerdem verfügten die Empfängerländer nicht über geeignete Gebietskörperschaften, die in der Lage wären, die Zuwendungen für die eigene wirtschaftliche Entwicklung zu verwalten.[446]

Diese wenigen Skizzen der unterschiedlichen Ansichten machen deutlich, dass es im wirtschaftswissenschaftlichen Schrifttum keine einhellige Forderung nach einem Finanzausgleich gibt. Dessen Einführung stellt sich folglich nicht als zwingende ökonomische Schlussfolgerung dar.[447] Somit besteht auch keine rechtliche Solidarpflicht zur erweiterten Umverteilung durch ungebundene Zuweisungen.

6. Ergebnis

Das im europäischen Recht geltende Prinzip der Solidarität weist auch eine finanzielle Dimension auf. In dieser Ausgestaltung gebietet es eine Umverteilung von den reichen zu den armen Mitgliedstaaten. Im derzeitigen Finanzsystem wird die Umverteilung auf der Ausgabenseite über die Fonds vorgenommen. Denn von den Zuwendungen im Rahmen der Kohäsionspolitik profitieren in erster Linie die ärmeren Mitgliedstaaten. Darüber hinausgehende Pflichten lassen sich aus dem Solidaritätsprinzip nicht ableiten. Insbesondere gebietet es nicht die Einführung eines Finanzausgleichs.

Bundesrepublik Deutschland, SuS 1993, S. 118, 124; *Rudzio*, EU-Finanzen und Strukturfonds vor der Reform, Integration 1997, S. 180, 184.

444 *Häde*, Finanzausgleich, 1996, S. 547 f.; *Kirchhof*, Die Mitwirkung Deutschlands an der Wirtschafts- und Währungsunion, in: FS Klein, 1994, S. 61, 77.

445 *Lammers*, Braucht die EG einen Finanzausgleich?, in: Probleme des Finanzausgleichs in nationaler und internationaler Sicht, Beihefte zur Konjunkturpolitik, Heft 41, 1993, S. 189, 190 f.; *Hesse*, Finanzausgleich im Bundesstaat: Implikationen für Europa, SuS 1993, S. 43, 49; *Rudzio*, EU-Finanzen und Strukturfonds vor der Reform, Integration 1997, S. 180, 184.

446 *Waniek*, EG-Regionalpolitik für die Jahre 1994 bis 1999, Wirtschaftsdienst 1994, S. 43, 49.

447 *Häde*, Finanzausgleich, 1996, S. 552; *Griese*, Die Finanzierung der Europäischen Union, EuR 1998, S. 462, 472.

III. Ergebnis

Konkrete Pflichten lassen sich aus dem Solidaritätsprinzip nur dann ableiten, wenn es bereits in Rechtsnormen seinen Ausdruck gefunden hat. Für sich genommen ist es zu abstrakt, um den Mitgliedstaaten ein bestimmtes Verhalten zu gebieten. Als Rechtsprinzip stellt es nur einen interpretationsbedürftigen Leitgedanken dar. Gefordert wird nur, dass im europäischen Recht die Solidarität zwischen den Mitgliedstaaten zum Tragen kommt. Deren Umfang und Ausgestaltung sind nicht vorgegeben. Die Mitgliedstaaten haben insoweit einen weit reichenden Gestaltungsspielraum. Damit lässt sich das Solidaritätsprinzip im Recht der Europäischen Union als Optimierungsgebot einordnen. Optimierungsgebote sind nach *Alexy* Normen, die „gebieten, dass etwas in einem relativ auf die rechtlichen und tatsächlichen Möglichkeiten möglichst hohen Maße realisiert wird".[448] Das Solidaritätsprinzip verpflichtet die Mitgliedstaaten, die Solidarität zwischen ihnen zu verwirklichen, soweit es die Besonderheiten der Europäischen Union zulassen.

[448] *Alexy*, Theorie der Grundrechte, 2. Aufl., 1994, S. 75 f. Siehe dazu auch Sommermann, Staatsziele und Staatszielbestimmungen, 1997, S. 360 f.

E. GRENZEN DER SOLIDARITÄT

Nachdem die Erscheinungsformen des Solidaritätsprinzips aufgezeigt worden sind, bedarf es einer Betrachtung seiner Grenzen. Die vorgehenden Darlegungen haben deutlich gemacht, dass die Solidarität Voraussetzung verschiedener Grundsätze des Gemeinschafts- und Unionsrechts ist. Das europäische Recht enthält aber auch Prinzipien und Verfahrensweisen, die diesen Grundsätzen entgegenstehen. Es bildet sich folglich ein Spannungsverhältnis.

Die bisherigen Ausführungen haben gezeigt, dass das Solidaritätsprinzip ein Optimierungsgebot darstellt und als solches in unterschiedlicher Weise erfüllt werden kann. Das Maß der zu fordernden Solidarität ist insbesondere von dem Zusammenhalt, der zwischen den Solidaritätsberechtigten und -verpflichteten besteht, abhängig. Je stärker dieser Zusammenhalt ist, desto größer ist auch die Bereitschaft zur Solidarität und damit der Umfang der daraus abzuleitenden Pflichten. Adressaten der solidarischen Pflichten sind in der Europäischen Union die Mitgliedstaaten. Also kommt es grundsätzlich auf deren Verbundenheit an. Letztlich sind es aber die Bürger selbst, die durch die Pflichten ihrer Staaten belastet werden, so dass die Mitgliedstaaten nur als Vertreter ihrer Bürger handeln. Deren Solidaritätsbereitschaft muss deshalb bei der Bestimmung des Umfangs der Solidaritätspflichten ebenfalls berücksichtigt werden. Nur solange die Bürger zur Solidarität mit den Bürgern der anderen Mitgliedstaaten bereit sind, können die Regierungen die solidarischen Verpflichtungen in ihren Staaten dauerhaft durchsetzen. Es wurde bereits betont, dass der Zusammenhalt der Bürger in der Europäischen Union noch wenig ausgeprägt und in jedem Fall nicht mit dem Zusammenhalt in einem Staat vergleichbar ist.

Soweit das Solidaritätsprinzip mit anderen Prinzipien in Konflikt gerät, wird das gebotene Maß seiner Erfüllung außerdem von dem Verhältnis zu jenen bestimmt.[449] Zur Lösung von Kollisionsfällen ist eine Abwägung nach den Grundsätzen der praktischen Konkordanz vorzunehmen.[450] Es ist nach Möglichkeit eine Lösung zu finden, die beide Anliegen angemessen zur Geltung bringt.[451]

Im Folgenden werden Prinzipien und Verfahrensweisen des Gemeinschafts- und Unionsrechts aufgezeigt, die einen Gegenpol zum Solidaritätsprinzip bilden. Sie lassen sich danach unterteilen, mit welcher der im vorhergehenden Abschnitt dargestellten Erscheinungsformen des Solidaritätsprinzips sie in Widerstreit stehen. Zunächst sind die Grenzen zu betrachten, die der Forderung nach dem Vorrang des gemeinsamen Interesses vor dem eigenen Interesse gesetzt sind. Diese befindet sich zum einen in einem Spannungsverhältnis mit dem Subsidia-

---

449 Vgl. *Alexy*, ebenda.

450 *Sommermann*, Staatsziele und Staatszielbestimmungen, 1997, S. 412.

451 *Hesse*, Grundzüge des Verfassungsrechts in der Bundesrepublik Deutschland, 20. Aufl., 1995, Rn. 317 ff.

ritätsprinzip. Zudem können Konflikte mit den verschiedenen Formen der Differenzierung des Integrationsprozesses auftreten. Außerdem setzt der Sanktionsmechanismus gemäß Art. 7 EUV dem Solidaritätsprinzip eine Grenze. In Bezug auf die zweite wichtige Erscheinungsform der Solidarität, die Pflicht zur finanziellen Umverteilung, muss deren Einschränkung durch das Verbot der Solidarhaftung untersucht werden.

I. Subsidiaritätsprinzip

Soweit das Solidaritätsprinzip im europäischen Recht in seiner Ausgestaltung als Vorrang des gemeinsamen Interesses vor dem eigenen Interesse in Erscheinung tritt, gerät es in Konflikt mit dem Subsidiaritätsprinzip.[452] Es muss deshalb geprüft werden, wie sich die der Solidarität durch dieses Gegengewicht gesetzten Grenzen mit deren Bedeutung für die Europäische Union in Einklang bringen lassen. Zur Beantwortung dieser Frage sind zunächst die grundsätzliche Bedeutung der Subsidiarität und ihr Spannungsverhältnis zur Solidarität im Allgemeinen darzustellen. Anschließend wird der Gehalt des Subsidiaritätsprinzips in der Europäischen Union erörtert, um darauf aufbauend das Spannungsverhältnis zur Solidarität in diesem speziellen Kontext einer Lösung zuführen zu können.

1. Subsidiarität und ihr Spannungsverhältnis zur Solidarität im Allgemeinen

Die Entwicklung des Begriffs der Subsidiarität erfolgte - wie bei der Solidarität[453] - insbesondere durch die katholische Soziallehre. Diese sieht in der Subsidiarität ein Prinzip, nach dem die Gesellschaft aufgebaut sein soll. Es besagt, dass die Gesellschaft nur das erfüllen darf, was das Individuum aus seiner eigenen Initiative und seinen eigenen Kräften heraus nicht erfüllen kann.[454] Zwischen dem Subsidiaritäts- und dem Solidaritätsprinzip erkennt die katholische Soziallehre einen engen Zusammenhang.[455] Während das Solidaritätsprinzip

---

[452] *Calliess*, Subsidiaritäts- und Solidaritätsprinzip in der Europäischen Union, 2. Aufl., 1999, S. 196 ff.; *Ukrow*, Richterliche Rechtsfortbildung durch den EuGH, 1995, S. 46; *Lasok*, Subsidiarity and the occupied field, New Law Journal 1992, S. 1228, 1229; *Möschel*, Zum Subsidiaritätsprinzip im Vertrag von Maastricht, NJW 1993, S. 3025, 3027.

[453] Siehe oben B I 2.

[454] *Pieper*, Subsidiarität, 1994, S. 33, 36 f.

[455] *Nell-Breuning*, Baugesetze der Gesellschaft, 1990, S. 114 ff.

dem Einzelnen aufgibt, sein Handeln auf das Gemeinwohl auszurichten, schützt ihn das Subsidiaritätsprinzip bei dessen Verwirklichung.[456]

Allgemein wird die Subsidiarität heute dahingehend definiert, dass der kleineren Einheit der Vorrang im Handeln gegenüber der größeren Einheit nach Maßgabe ihrer Leistungsfähigkeit zukommt. Dabei wirkt das Subsidiaritätsprinzip in zwei verschiedene Richtungen. Einerseits schützt es die kleinere Einheit vor sachlich nicht notwendigen Eingriffen der größeren Einheit. Andererseits kann die Subsidiarität auch als Hilfeleistungspflicht der größeren Einheit gegenüber den kleineren Einheiten verstanden werden, die in ihrer Eigenständigkeit zu fördern sind. Die Anwendbarkeit des Subsidiaritätsprinzips setzt voraus, dass verschiedene Einheiten in einem gestuften und hierarchischen Über- / Unterordnungsverhältnis zueinander stehen, diese einen gemeinsamen Aufgabenkreis (konkurrierende Kompetenz) haben und auf ein gemeinsames Ziel bezogen sind.[457] Die gemeinsame Zielbezogenheit erfordert die Solidarität der kleineren Einheiten im Hinblick auf das Ganze. Folglich stellt sich die Solidarität als Voraussetzung der Subsidiarität dar, bildet gleichzeitig aber auch deren Gegengewicht. Solidarität verlangt von den kleineren Einheiten, dem gemeinsamen Interesse den Vorrang vor ihrem eigenen Interesse zu geben. Die Subsidiarität dagegen sichert ihnen gerade ihr Eigendasein im Ganzen. Dieses Spannungsverhältnis kann nur gelöst werden, wenn sowohl bei Auslegung der Solidarität als auch der Subsidiarität das jeweils andere Prinzip berücksichtigt wird. Subsidiarität kann also auf der einen Seite nicht bedeuten, dass die kleineren Einheiten ihre Einzelinteressen ohne Rücksicht auf das gemeinsame Interesse wahrnehmen dürfen. Solidarität darf andererseits nicht so verstanden werden, dass das gemeinsame Interesse ohne Beachtung des Eigendaseins der kleineren Einheiten zu verfolgen ist.[458]

2. *Bedeutung der Subsidiarität in der Europäischen Union*

Aktualität hat die Subsidiarität auf europäischer Ebene zunächst in der Diskussion um die weitere Integration erhalten, indem unter diesem Schlagwort die fortschreitende Zentralisierung aufgedeckt worden ist und dezentrale Entwicklungen vorgeschlagen wurden.[459] Infolge dieser Überlegungen wurde das Subsidiaritätsprinzip mit dem Vertrag von Maastricht im europäischen Recht verankert. Gemäß Art. 5 Abs. 2 EGV wird die Gemeinschaft in den Bereichen, die nicht in ihre ausschließliche Zuständigkeit fallen, nach dem Subsidiaritätsprinzip nur tätig, sofern und soweit die Ziele der in Betracht gezogenen Maßnahmen

---

456 *Calliess*, Subsidiaritäts- und Solidaritätsprinzip in der Europäischen Union, 2. Aufl., 1999, S. 186; *Millgramm*, Föderalismus und Individuum, DVBl. 1990, S. 740, 744 f.

457 *Isensee*, Subsidiaritätsprinzip und Verfassungsrecht, 1968, S. 71

458 *Calliess*, aaO (Fn. 456), S. 186.

459 *Pieper*, Subsidiarität, 1994, S. 230.

auf Ebene der Mitgliedstaaten nicht ausreichend erreicht werden können und daher wegen ihres Umfanges oder ihrer Wirkungen besser auf Gemeinschaftsebene erreicht werden können. Mit dieser Vorschrift wird keine Kompetenzverteilungsregel aufgestellt, sondern es geht um die Kompetenzausübung im Hinblick auf durch die Gemeinschaftsverträge bereits verteilte und damit vorgegebene Kompetenzen.[460] Angesprochen ist in dem Zusammenhang das Verhältnis der Gemeinschaft zu den Mitgliedstaaten.

Bedeutung erhält die Subsidiarität in der Europäischen Union noch unter einem weiteren Gesichtspunkt. So wird unter diesem Begriff auch die Stärkung der dezentralen Strukturen unterhalb der Ebene der Mitgliedstaaten und damit die Bewahrung der Vielfalt diskutiert. Dezentrale Lösungen sollen die Effizienz des gesamten Entscheidungsprozesses verbessern.[461] Dieser Aspekt kommt in Art. 1 Abs. 2 EUV zum Ausdruck, wonach die Entscheidungen in der Europäischen Union möglichst bürgernah zu treffen sind.

3. Spannungsverhältnis von Subsidiarität und Solidarität in der Europäischen Union

Das bereits dargestellte Spannungsverhältnis zwischen Solidarität und Subsidiarität besteht auch im europäischen Recht. Die Solidarität kommt in der Europäischen Union dadurch zur Geltung, dass das gemeinsame Interesse Vorrang vor dem nationalen Interesse erhält. Zu einer besonders weitgehenden Zurückstellung ihrer eigenen Interessen haben sich die Mitgliedstaaten bereit erklärt, indem sie ihre Kompetenzen auf die Gemeinschaft übertragen und sich zur Anwendung und Durchführung des von der Gemeinschaft in Ausübung dieser Kompetenzen erlassenen Rechts verpflichtet haben. Die Kompetenzausübung durch die Gemeinschaft stellt demnach eine Erscheinungsform des Solidaritätsprinzips dar, das insoweit eine zentralistische Wirkung entfaltet. Die Subsidiarität, wie sie in Art. 5 Abs. 2 EGV zum Ausdruck kommt, bestimmt dagegen, dass der Gemeinschaft die Ausübung der ihr übertragenen Kompetenzen nur erlaubt ist, sofern und soweit die Ziele der in Betracht gezogenen Maßnahmen auf Ebene der Mitgliedstaaten nicht ausreichend erreicht werden können und daher wegen ihres Umfangs und ihrer Wirkung besser auf Gemeinschaftsebene erreicht werden können. Die Subsidiarität schreibt damit einen Vorrang der Kompetenzausübung durch die Mitgliedstaaten vor. Als Synonym für Bürgernähe fordert sie zudem differenzierte und dezentrale Lösungen, um die regionale Vielfalt zu bewahren. Damit wird den besonderen Interessen der unteren Einheiten der Vorrang vor einer im gemeinsamen Interesse getroffenen Ent-

---

460 *Geiger*, Kommentar zum EG-Vertrag, Art. 5 EGV Rn. 6 f.; *Zuleeg*, in: GTE, EGV/EUV, Art. 3 b EGV Rn. 18.

461 *Calliess*, aaO (Fn. 456), S. 31 f.

scheidung eingeräumt. Folglich entsteht ein Konflikt mit der vom Solidaritätsprinzip geforderten Zurückstellung der eigenen Interessen.

Zu lösen ist das Spannungsverhältnis zwischen den widerstreitenden Bestimmungen durch eine Abwägung nach den Grundsätzen der praktischen Konkordanz. Die vom Solidaritätsprinzip gebotene Kompetenzausübung durch die Gemeinschaft und deren Beschränkung durch das Subsidiaritätsprinzip müssen zum Ausgleich gebracht werden. Art. 5 Abs. 2 EGV erlaubt die Kompetenzausübung durch die Gemeinschaft nur dann, wenn die Ziele der in Betracht gezogenen Maßnahmen auf Ebene der Mitgliedstaaten nicht ausreichend erreicht werden können und daher wegen ihres Umfangs oder ihrer Wirkung besser auf Gemeinschaftsebene erreicht werden können. Das Solidaritätsprinzip muss folglich dahingehend ausgelegt werden, dass es eine Kompetenzausübung durch die Gemeinschaft nur dann gebietet, wenn die Voraussetzungen dieser Norm vorliegen.

Die solidarische Forderung, dem gemeinsamen Interesse den Vorrang vor dem eigenen Interesse einzuräumen, besteht nicht unbeschränkt. Vielmehr wird sie durch die besonderen Umstände ihres Anwendungsbereiches bestimmt. Die Verfolgung eines gemeinsamen Interesses kann nur dann verlangt werden, wenn die Gegebenheiten des Einzelfalls dies zur Gewährleistung der wechselseitigen Verbundenheit als erforderlich erscheinen lassen. Der Zusammenschluss in der Europäischen Union ist dadurch gekennzeichnet, dass die Mitgliedstaaten zwar die Vertiefung der Integration anstreben, ihre Staatlichkeit aber behalten wollen. Bei der Auslegung des Solidaritätsprinzips muss demnach berücksichtigt werden, dass das Ziel der Europäischen Union keine umfassende Vereinheitlichung ist, sondern eine Zusammenarbeit, bei der die Eigenständigkeit der Mitgliedstaaten weiterbesteht. Damit ist es auch mit den Vorgaben des Art. 5 Abs. 2 EGV vereinbar. Diese Vorschrift stellt sicher, dass die Gemeinschaft nur dann handeln darf, wenn es zur Verfolgung eines gemeinsamen Zieles notwendig ist. Die Subsidiarität setzt der Solidarität also nur dann Grenzen, wenn ein gemeinsames Interesse an einer Entscheidung auf zentraler Ebene überhaupt nicht besteht. Solange nationale Maßnahmen in gleicher Weise zu einer Lösung der anstehenden Fragen führen können, fehlt es an einem gemeinsamen Interesse, das eine Entscheidung auf zentraler Ebene notwendig macht. Soweit das Subsidiaritätsprinzip darüber hinaus verlangt, dass Entscheidungen auf den Ebenen unterhalb der Mitgliedstaaten getroffen werden, kann nichts anderes gelten. Solange es kein gemeinsames Interesse gibt, das eine Kompetenzausübung durch die Gemeinschaft erfordert, können die dezentralen Einheiten diese Aufgaben übernehmen.

Indem das solidarische Gebot, dem gemeinsamen Interesse den Vorrang einzuräumen, so ausgelegt wird, dass es eine Kompetenzausübung durch die Gemeinschaft nur dann verlangt, wenn deren Handeln erforderlich ist, lassen sich das Solidaritäts- und das Subsidiaritätsprinzip zum Ausgleich bringen.[462]

II. Differenzierung

Das Solidaritätsprinzip steht des Weiteren in einem Spannungsverhältnis von besonderer Tragweite zu einer Differenzierung des Integrationsprozesses.[463] Differenzierung bedeutet, dass die Mitgliedstaaten auch dann weitere Integrationsschritte vornehmen können, wenn nicht alle Mitgliedstaaten daran beteiligt sind.[464] Auf diese Weise werden Rechtsvorschriften geschaffen, die nicht für alle Mitgliedstaaten Anwendung finden. Damit gerät ein solches Vorgehen in Konflikt mit dem Grundsatz der Einheitlichkeit des Gemeinschaftsrechts.[465] Dieser verpflichtet die Mitgliedstaaten auch dann zur Anwendung des Gemeinschaftsrechts, wenn es für sie nachteilig ist, und bringt so den Vorrang des gemeinsamen Interesses vor dem nationalen Interesse zum Ausdruck. Als weitere Ausprägung des Solidaritätsprinzips, die durch die Differenzierung beeinträchtigt sein könnte, ist in diesem Zusammenhang auch die Einheitlichkeit des Entscheidungsverfahrens zu nennen. Nur wenn alle Mitgliedstaaten in gleicher Weise an der Beschlussfassung mitwirken, ist gesichert, dass die Entscheidung im gemeinsamen Interesse getroffen wird. Bei der Differenzierung sind nicht alle Mitgliedstaaten an der Abstimmung beteiligt, weshalb auch in der Hinsicht die Vereinbarkeit mit dem Solidaritätsprinzip geklärt werden muss.[466]

Grundsätzlich widerspricht die Differenzierung der Integration also dem Solidaritätsprinzip. Um die Bedeutung der Differenzierung in ihrem Spannungsverhältnis zur Solidarität beurteilen zu können, sind zunächst Entwicklung und Motive dieser Idee aufzuzeigen. Da sich hinter dem Oberbegriff der Differen-

---

[462] *Calliess*, aaO (Fn. 456), S. 206 ff. löst dieses Spannungsverhältnis durch eine differenzierte Interpretation des Art. 5 Abs. 2 EGV.

[463] *Hilf*, in: Grabitz/Hilf, Kommentar zur EU, Art. A EUV Rn. 24; *Ehlermann*, Engere Zusammenarbeit nach dem Amsterdamer Vertrag: Ein neues Verfassungsprinzip?, EuR 1997, S. 362, 369; *Gil-Robles*, Die Flexibilität, ein Mechanismus für eine verstärkte Integration, EuZW 1997, S. 353; *Martenczuk*, Die differenzierte Integration und die föderale Struktur der Europäischen Union, EuR 2000, S. 351, 362 f.

[464] *Ost*, Flexibilität des Gemeinschaftsrechts - Vom Notantrieb zum Vertragsprinzip, DÖV 1997, S. 495, 496; *Martenczuk*, Die differenzierte Integration nach dem Vertrag von Amsterdam, ZEuS 1998, S. 447, 450.

[465] *Hilf*, in: Grabitz/Hilf, Kommentar zur EU, Art. A EUV Rn. 24; *Hatje*, in: Schwarze, EU-Kommentar, Art. 43 EUV Rn. 2; *Huber*, Differenzierte Integration und Flexibilität als neues Ordnungsmuster der Europäischen Union?, EuR 1996, S. 34, 351.

[466] Vgl. auch *Langeheine*, Europäisches Gemeinschaftsrecht und Abgestufte Integration, 1988, S. 131; *Martenczuk*, Die differenzierte Integration und die föderale Struktur der Europäischen Union, EuR 2000, S. 351, 360 ff.

zierung[467] eine Vielzahl unterschiedlicher Modelle verbirgt, bedarf es des Weiteren einer Darstellung der wesentlichen Konzeptionen. Anschließend sollen die Erscheinungsformen der verschiedenen Ansätze im europäischen Recht aufgezeigt werden. Aufbauend auf diesen Erkenntnissen über die Ausgestaltung der Differenzierung können dann die Einzelheiten des Spannungsverhältnisses betrachtet und einer Lösung zugeführt werden.

1. Entwicklung und Motive

In der Vergangenheit hat sich gezeigt, dass eine Differenzierung immer dann vorgeschlagen wird, wenn der Integrationsprozess stagniert.

Die erste öffentliche Erwähnung fand der Gedanke der Differenzierung in einer Rede von Willy Brandt im Jahre 1974.[468] Vertieft wurde er 1975 zunächst im Tindemans-Bericht[469] und später in wissenschaftlichen Erörterungen. Anlass für diese Überlegungen war die Lähmung der Integration Anfang der siebziger Jahre, die insbesondere auf die Blockadehaltung einiger Mitgliedstaaten zurückzuführen war. Zusätzlich wurde der Fortschritt zu dieser Zeit durch die mit der ersten Erweiterung der Gemeinschaft verbundene Erhöhung der Heterogenität der Gemeinschaft gehemmt.[470]

In den Mittelpunkt der politischen Diskussion trat die Differenzierung aber erst im Vorfeld des Amsterdamer Vertrages, wieder veranlasst durch eine Stagnation des Integrationsprozesses. Zwar wurden in der Zwischenzeit große Fortschritte in der Gemeinschaft erreicht, doch war zunehmend eine politische Blockade einiger Mitgliedstaaten festzustellen. Außerdem steht mit der Osterweiterung erneut eine Vergrößerung der Gemeinschaft und damit auch eine Verstärkung der Heterogenität der Mitgliedstaaten bevor, die größere Auswirkungen haben wird als alle bisherigen Erweiterungen. Grund dafür sind die beträchtlichen Unterschiede in der wirtschaftlichen Leistungsfähigkeit der beitretenden Staaten gegenüber der der aktuellen Mitglieder.[471] Motiv der Differenzierung ist demnach, eine weitere Integration auch dann zu ermöglichen, wenn dies bei einer Teilnahme aller Staaten nicht zu erreichen wäre. Ist eine Vertiefung der Integration mit allen Mitgliedstaaten nicht realisierbar, sollen zunächst

---

467 Daneben werden als Oberbegriffe auch die Termini „Flexibilität" und „engere Zusammenarbeit" benutzt; siehe dazu *Ehlermann*, Engere Zusammenarbeit nach dem Amsterdamer Vertrag: Ein neues Verfassungsprinzip?, EuR 1997, S. 362 f.

468 Europa-Archiv 1975, S. D 33 ff.

469 EG-Bull. Beilage 1/1976, S. 22 ff.

470 *Langeheine*, Europäisches Gemeinschaftsrecht und Abgestufte Integration, 1988, S. 2 ff.

471 *Weidenfeld*, Ernstfall Europa, Internationale Politik 1995, S. 11, 12; *Janning*, Dynamik in der Zwangsjacke - Flexibilität in der Europäischen Union nach Amsterdam, Intgration 1997, S. 285; *Becker*, Differenzierungen der Rechtseinheit durch „abgestufte Integration", EuR Beiheft 1/1998, S. 29, 30, 34.

einige von ihnen voranschreiten und damit die Voraussetzungen dafür schaffen, dass die anderen später folgen können.

2. *Differenzierungskonzepte*

In der Diskussion über die Differenzierung wird eine Fülle verschiedener Termini verwendet, hinter denen sich auch - abgesehen von sprachlichen Variationen - unterschiedliche Konzepte verbergen. Die Unübersichtlichkeit dieser begrifflichen Vielfalt wird verstärkt durch deren unsystematische Verwendung.[472] So werden den Begriffen häufig verschiedene Bedeutungen zugeschrieben oder sie werden als beliebig austauschbar behandelt. Bei einer systematischen Betrachtung lassen sich die Ideen der Differenzierung auf wenige Konzepte begrenzen, in denen die wesentlichen Unterschiede zum Ausdruck kommen.[473]

a) Abgestufte Integration

Unter der Bezeichnung der abgestuften Integration sollen die Konzepte zusammengefasst werden, die eine zeitliche Begrenzung der Differenzierung beinhalten.[474] Kennzeichnend für diese Form der Differenzierung ist, dass einige Mitgliedstaaten die erforderlichen Schritte zur weiteren Integration vornehmen, während die anderen vorübergehend - aber nicht dauerhaft - dahinter zurückbleiben. Auf diese Weise sollen die Hindernisse überwunden werden, die der Vertiefung der Integration in einzelnen Mitgliedstaaten entgegenstehen. Dabei haben sich alle Mitgliedstaaten auf bestimmte Ziele geeinigt, die durch ein zeitlich versetztes Vorgehen letztlich auch von allen verwirklicht werden sollen.[475] Außer Frage steht in diesen Fällen also, dass die zunächst nicht teilnehmenden Mitgliedstaaten aufschließen, sobald sie die Voraussetzungen für die Vertiefung erfüllen. Damit der angestrebte Integrationszustand von allen Mitgliedstaaten erreicht werden kann, sind Maßnahmen zu treffen, um die objektiven Hinder-

---

472 *Ehlermann*, Engere Zusammenarbeit nach dem Amsterdamer Vertrag: Ein neues Verfassungsprinzip?, EuR 1997, S. 362; *Becker*, Differenzierungen der Rechtseinheit durch „abgestufte Integration", EuR Beiheft 1/1998, S. 31 f.

473 in Anlehnung an *Stubb*, JCMSt. 1996, A Categorization of Differentiated Integration, S. 283 ff.; *Ehlermann*, aaO, S. 362, 363 f.; *Martenczuk*, Die differenzierte Integration nach dem Vertrag von Amsterdam, ZEuS 1998, S. 447, 451 f.; *Hofmann*, Wieviel Flexibilität für welches Europa?, EuR 1999, S. 713, 717 f.

474 Das Konzept der abgestuften Integration wurde insbesondere von Grabitz und Kollegen entwickelt. Siehe dazu *Scharrer*, Abgestufte Integration - eine Einführung, in: Grabitz (Hrsg.), Abgestufte Integration, 1984, S. 1, 18 ff.; *Grabitz/Iliopoulos*, Typologie der Differenzierungen und Ausnahmen im Gemeinschaftsrecht, in: Grabitz (Hrsg.), aaO, S. 31, 43; dem entspricht das Leitbild des „Europa der verschiedenen Geschwindigkeiten", siehe *Stubb*, aaO (Fn. 473), S. 283, 285; *Martenczuk*, aaO (Fn. 473), S. 447, 451.

475 *Langeheine*, Europäisches Gemeinschaftsrecht und Abgestufte Integration, 1988, S. 18 ff.; *Scharrer*, Abgestufte Integration - Eine Einführung, in: Grabitz (Hrsg.), aaO, S. 1, 18.

nisse abzubauen. Grund für die Nichtteilnahme kann folglich nur die mangelnde Fähigkeit zur Vertiefung, nicht aber ein fehlender Wille sein.

b) Variable Geometrie

Im Unterschied zum Konzept der abgestuften Integration ist bei den Modellen der variablen Geometrie ein dauerhaftes Zurückbleiben einzelner Mitgliedstaaten nicht ausgeschlossen. Diesen steht die Entscheidung darüber frei, ob sie zu einem späteren Zeitpunkt in vollem Umfang an der Integration teilnehmen. Grund für die Differenzierung kann nicht nur die mangelnde Fähigkeit, sondern auch der fehlende Wille eines Mitgliedstaates zur Vornahme weiterer Integrationsschritte sein.[476] Ein Vorgehen in Form der variablen Geometrie kann zwar ein dauerhaftes Durchbrechen der Einheitlichkeit zur Folge haben. Dem Konzept liegt jedoch die Annahme zugrunde, dass das Voranschreiten einiger Mitgliedstaaten eine Sogwirkung haben wird und auch die zurückbleibenden Staaten früher oder später aufschließen werden.[477] Damit entspricht es dem mit der Differenzierung verfolgten Ziel, eine vollständige Integration auf einer höheren Stufe zu erreichen. Kennzeichnend für die variable Geometrie ist außerdem, dass in bestimmten Bereichen, z.B. dem Binnenmarkt und verwandten Politiken wie der Agrar- und Wettbewerbspolitik, eine Differenzierung ausgeschlossen ist.[478]

c) Europa à la carte

Von der variablen Geometrie sind die Konzepte eines Europa à la carte abzugrenzen.[479] Die Gemeinsamkeit dieser beiden Vorschläge besteht in der fehlenden zeitlichen Begrenzung der Differenzierung. Sie unterscheiden sich aber in ihrem Umfang: während das Konzept der variablen Geometrie bestimmte Politikbereiche von einer Differenzierung ausschließt, soll sie bei einem Europa à la carte in fast allen Bereichen möglich sein.[480] Die Mitgliedstaaten können in jedem Politikbereich frei entscheiden, ob sie an einer weiteren Integration teil-

---

476 *Martenczuk*, aaO (Fn. 473), S. 447, 452.

477 *Ost*, Flexibilität des Gemeinschaftsrechts - Vom Notantrieb zum Vertragsprinzip?, DÖV 1997, S. 495, 496 f.

478 *Ehlermann*, Engere Zusammenarbeit nach dem Amsterdamer Vertrag: Ein neues Verfassungsprinzip?, EuR 1997, S. 362, 364; *Martenczuk*, aaO (Fn. 473), S. 447, 452.

479 Der Gedanke des Europa à la carte wurde insbesondere von *Dahrendorf*, A third Europe?, Third Jean Monnet Lecture, 1979, S. 19 ff. vertreten; hierzu: *Scharrer*, Abgestufte Integration - Eine Einführung, in: Grabitz (Hrsg.), Abgestufte Integration, 1984, S. 1, 13 f. Auch der ehemalige britische Ministerpräsident Major hat ähnliche Vorschläge in die Diskussion eingebracht.

480 *Ehlermann*, Engere Zusammenarbeit nach dem Amsterdamer Vertrag: Ein neues Verfassungsprinzip?, EuR 1997, S. 362, 364; *Hofmann*, Wieviel Flexibilität für welches Europa?, EuR 1999, S. 713, 717 f.

nehmen möchten oder nicht. Es gilt das Prinzip des „pick and choose“. Im Gegensatz zu den anderen Konzepten wird mit dem Europa à la carte nicht angestrebt, auf Dauer eine Vertiefung der Integration für alle Mitgliedstaaten zu erreichen. Es handelt sich vielmehr um eine flexible Form des Intergouvernementalismus.[481] Deshalb wird dieses Modell überwiegend als integrationsfeindlich abgelehnt.[482]

3. *Erscheinungsformen*

Nachfolgend sollen die verschiedenen Erscheinungsformen der Differenzierung dargestellt werden. Diese sind in einem ersten Schritt danach zu unterschieden, ob sie innerhalb oder außerhalb des institutionellen Rahmens der Europäischen Union verwirklicht werden. Bisher finden sich die meisten Fälle der Differenzierung außerhalb der Union.[483] Sie erfolgen durch völkerrechtliche Abkommen, die von einer Gruppe von Mitgliedstaaten geschlossen werden. Eine Differenzierung besteht, wenn die Übereinkommen auch Fragen betreffen, die Gegenstand des Gemeinschaftsrechts sind oder dieses ergänzen; ausreichend ist aber schon, dass gemeinschaftsrechtliche Ziele durch diese Vereinbarungen zum Teil vorab erfüllt werden. Denn durch die Verzahnung der verschiedenen Regelungsinstrumente ist eine einheitliche Anwendung der gemeinschaftsrechtlichen Bestimmungen möglicherweise behindert.[484] Als Beispiele für die Differenzierung außerhalb des Rahmens der Europäischen Union sind die Westeuropäische Union, das Eurokorps, das Europäische Währungssystem und das Schengener Abkommen zu nennen.[485]

Von besonderem Interesse für die vorliegende Untersuchung sind die Differenzierungen, die innerhalb des Rahmens der Europäischen Union getroffen werden. Sie haben auf die Einheitlichkeit des Gemeinschaftsrechts und damit die Solidarität direkten Einfluss. In diesem Zusammenhang sind zunächst die Differenzierungen darzustellen, die auf Einzelfälle begrenzt sind. Darüber hinaus gibt es im europäischen Recht auch Differenzierungen, die sich auf ganze Tä-

---

481 *Giering*, Vertiefung durch Differenzierung - Flexibilisierungskonzepte in der aktuellen Reformdebatte, Integration 1997, S. 72, 76.

482 *Lipsius* (Pseudonym), The 1996 Intergovernmental Conference, ELRev. 1995, S. 235, 244; *Chaltiel*, Pour une clarification du débat sur l'Europe à plusiers vitesses, RMC 1995, S.5, 6 f.; *Janning*, Europa braucht verschiedene Geschwindigkeiten, Europa-Archiv 1994, S. 527, 533 f.

483 *Ehlermann*, Engere Zusammenarbeit nach dem Amsterdamer Vertrag: Ein neues Verfassungsprinzip?, EuR 1997, S. 362, 364.

484 *Becker*, Differenzierungen der Rechtseinheit durch „abgestufte Integration“, EuR Beiheft 1/1998, S. 29, 35.

485 Siehe dazu *Martenczuk*, Die differenzierte Integration nach dem Vertrag von Amsterdam, ZEuS 1998, S. 447, 453 f.; *Hofmann*, Wieviel Flexibilität für welches Europa?, EuR 1999, S. 713, 721 f.

tigkeitsbereiche beziehen. In dieser Ausgestaltung kam sie in der Sozialpolitik und der Wirtschafts- und Währungsunion zur Anwendung. Weitere bereichsspezifische Differenzierungen finden sich bei der Visa-, Asyl- und Einwanderungspolitik sowie in Bezug auf die Einbeziehung des Schengen-Besitzstandes in das Gemeinschaftsrecht. Ebenfalls in diese Kategorie fallen die mit dem Amsterdamer Vertrag eingeführten Vorschriften über die verstärkte Zusammenarbeit.

a) Differenzierung in Einzelfällen

Im Gemeinschaftsrecht besteht die Möglichkeit, eine grundsätzlich für alle Mitgliedstaaten geltende Norm in besonderen Fällen nicht anzuwenden. So kann der Gemeinschaftsgesetzgeber unter bestimmten Voraussetzungen von der einheitlichen Geltung einer gemeinschaftsrechtlichen Vorschrift für einzelne Mitgliedstaaten vorübergehende Ausnahmen zulassen. Häufig wird einem Mitgliedstaat, der aus objektiven Gründen zur Anwendung einer Norm nicht in der Lage ist, eine befristete Ausnahmeregelung zugestanden. Dabei handelt es sich vor allem um Übergangsbestimmungen, etwa bei der Einführung neuer Rechtsakte oder beim Beitritt neuer Mitgliedstaaten.[486] In diese Kategorie lässt sich auch Art. 15 EGV einordnen. Danach kann die Kommission beim Erlass von Vorschriften zur Verwirklichung des Binnenmarktes Ausnahmen zugunsten weniger entwickelter Volkswirtschaften gestatten. Durch diese Möglichkeit zur Differenzierung sollen zum einen eine Angleichung auf niedrigem Niveau und zum anderen besondere Härten für einige Mitgliedstaaten vermieden werden.[487] Diese Ausnahmen müssen vorübergehender Art sein und dürfen das Funktionieren des Gemeinsamen Marktes so wenig wie möglich stören (Art. 15 Abs. 2 EGV). Eine ähnliche Regelung enthält Art. 175 Abs. 5 EGV, der beim Erlass gemeinschaftlicher Umweltschutzmaßnahmen vorübergehende Ausnahmen für einzelne Mitgliedstaaten erlaubt, wenn für diese damit unverhältnismäßig hohe Kosten verbunden sind. Differenzierungen in Einzelfällen ermöglichen auch die Schutzklauseln.[488] Sie erlauben in Harmonisierungsvorschriften vorübergehende Ausnahmen zum Schutz bestimmter Rechtsgüter aus nicht wirtschaftlichen Gründen (Art. 95 Abs. 10 EGV).[489] Gemeinsam ist diesen Erscheinungsformen

---

486 *Grabitz/Iliopoulos*, Typologie der Differenzierungen und Ausnahmen im Gemeinschaftsrecht, in: Grabitz (Hrsg.), Abgestufte Integration, 1984, S. 31, 40 ff.; *Martenczuk*, aaO, S. 447, 455; *Hofmann*, aaO, S. 713, 717.

487 *Brandenhewer/Pipkorn*, in: GTE, EGV/EUV, Art. 7 c EGV Rn. 1 ff.

488 *Ost*, Flexibilität des Gemeinschaftsrechts - Vom Notantrieb zum Vertragsprinzip?, DÖV 1997, S. 495, 497; *Becker*, EU-Erweiterung und differenzierte Integration, 1999, S. 48. *Martenczuk*, aaO (Fn. 485), S. 447, 455 f., dagegen bezweifelt, dass die Schutzklauseln einen Anwendungsfall der Differenzierung darstellen.

489 Für umweltpolitische Maßnahmen enthält Art. 174 Abs. 2 Uabs. 2 EGV eine solche Schutzklausel.

der Differenzierung, dass sie nur vorübergehende Geltung haben; teilweise sogar von Anfang an befristet sind. Sie können als Ausprägung des Konzepts der abgestuften Integration bezeichnet werden.[490]

Davon zu unterscheiden sind Ausnahmen, die auf Initiative der einzelnen Mitgliedstaaten hin vorgenommen werden und dauerhafte Geltung entfalten. Diese Schutzverstärkungsklauseln[491] sind insbesondere in Art. 95 Abs. 4 und 5 EGV vorgesehen.[492] Danach ist ein Mitgliedstaat bei gemeinschaftlichen Harmonisierungsmaßnahmen unter bestimmten Voraussetzungen befugt, nationale Vorschriften, die ein höheres Schutzniveau festlegen, anzuwenden. Mit dieser Regelung wurde ein Ausgleich für die Einführung des Mehrheitsprinzips im Rahmen der Rechtsangleichung geschaffen. Sie soll bezwecken, dass ein höheres Schutzniveau in einzelnen Mitgliedstaaten durch die Rechtsangleichung nicht verhindert wird. Diese „opting out"-Ermächtigung stellt ein Instrument der Differenzierung dar.[493]

b) Sozialprotokoll

Eine Differenzierung, die sich auf einen ganzen Tätigkeitsbereich bezieht, gab es zuerst in der Sozialpolitik. Bei den Verhandlungen zum Vertrag von Maastricht scheiterte eine Einigung über ein einheitliches Fortschreiten im Bereich der Sozialpolitik an der Weigerung Großbritanniens. Um dennoch eine Weiterentwicklung auf diesem Gebiet zu erreichen, verabschiedeten alle - damals zwölf - Mitgliedstaaten ein Protokoll über die Sozialpolitik, dem ein von elf Mitgliedstaaten unterzeichnetes Abkommen über die Sozialpolitik beigefügt war.[494] Mit diesem Abkommen gingen die daran teilnehmenden Mitgliedstaaten über die sozialen Bestimmungen des Vertrages in seiner damaligen Form hinaus, insbesondere wurde für Maßnahmen im sozialen Bereich die Beschlussfassung mit qualifizierter Mehrheit eingeführt. Das Protokoll ermächtigte die an dem Abkommen teilnehmenden Mitgliedstaaten, bei Rechtsakten und Beschlüs-

---

[490] So auch *Ost*, aaO (Fn. 488), S. 495, 497; *Martenzcuk*, aaO (Fn. 485), S. 447, 455.

[491] Auch bezeichnet als nationale Alleingänge, so *Ost*, aaO (Fn. 488), S. 495, 497 ff.

[492] Weitere Möglichkeiten für Schutzverstärkungsklauseln finden sich in Art. 137 Abs. 5 EGV für den Bereich des Arbeitnehmerschutzes, in Art. 153 Abs. 3 EGV für den Verbraucherschutz und in Art. 176 EGV für den Umweltschutz.

[493] *Ost*, Flexibilität des Gemeinschaftsrechts - Vom Notantrieb zum Vertragsprinzip?, DÖV 1997, S. 495, 498; *Ehlermann*, Engere Zusammenarbeit nach dem Amsterdamer Vertrag: Ein neues Verfassungsprinzip?, EuR 1997, S. 362, 365; *Becker*, Differenzierungen der Rechtseinheit durch „abgestufte Integration", EuR Beiheft 1/1998, S. 29, 38; a.A. *Martenczuk*, Die differenzierte Integration nach dem Vertrag von Amsterdam, ZEuS 1998, S. 447, 455 f., der die Ermächtigungen für Schutzverstärkungsklauseln nicht als Ausdruck der Differenzierung ansieht.

[494] *Coen*, Abgestufte soziale Integration nach Maastricht, EuZW 1995, S. 50 f.; *Martenczuk*, aaO, S. 447, 457.

sen aufgrund dieses Abkommens die gemeinschaftlichen Organe, Verfahren und Mechanismen in Anspruch zu nehmen. Großbritannien war als nicht teilnehmender Staat weder an den Beratungen noch an den Abstimmungen im Rat beteiligt. Gemäß Art. 311 EGV waren dieses Protokoll und damit auch das Abkommen Bestandteil des Vertrages. Neben den Bestimmungen des Abkommens existierten die vertraglichen Vorschriften über die Sozialpolitik weiter.[495]

Inzwischen ist diese Differenzierung aufgehoben worden. Nach dem Regierungswechsel in Großbritannien konnte das Abkommen mit dem Vertrag von Amsterdam in den EGV eingefügt werden.[496] Für die vorliegende Untersuchung ist das Sozialprotokoll aber dennoch von Bedeutung, da es Beispiel für Differenzierungen in anderen Sachbereichen sein kann.

Zu den Charakteristika dieser Differenzierung zählt die Tatsache, dass sie nicht nur vorübergehend erfolgen sollte. Wenn Großbritannien sich nicht zum Beitritt entschlossen hätte, wäre es dauerhaft von der Weiterentwicklung auf diesem Gebiet ausgeschlossen gewesen. Außerdem ist der Grund für die Nichtteilnahme zu beachten. Nicht die mangelnde Fähigkeit von Großbritannien zum Integrationsfortschritt, sondern seine fehlende Bereitschaft machten die Differenzierung notwendig. Damit entsprach das Sozialprotokoll dem Konzept der variablen Geometrie.[497] Besonderheiten wies das Protokoll schließlich hinsichtlich der Auswirkungen auf die institutionelle Struktur auf. Dort war festgelegt, dass Großbritannien weder an den Beratungen noch an den Abstimmungen teilnehmen durfte.

c) Wirtschafts- und Währungsunion

Weiteres Beispiel einer Differenzierung, die einen ganzen Tätigkeitsbereich umfasst, ist die Wirtschafts- und Währungsunion (WWU). Dänemark, Griechenland, Großbritannien und Schweden sind nicht wie die anderen Mitgliedstaaten am 1.1.1999 in die dritte Stufe der WWU, mit der eine einheitliche Währung eingeführt worden ist, eingetreten.[498] Griechenland konnte diesen Schritt jedoch am 1.1.2001 vornehmen,[499] so dass Ausnahmeregelungen inzwischen nur noch für die drei anderen Staaten bestehen. Bei der Bewertung dieser

---

[495] *Coen*, aaO, S. 50, 51.

[496] Art. 136 ff. EGV.

[497] *Ost*, Flexibilität des Gemeinschaftsrechts - Vom Notantrieb zum Vertragsprinzip?, DÖV 1997, S. 495, 500; *Hofmann*, Wieviel Flexibilität für welches Europa?, EuR 1999, S. 713, 717.

[498] Dies beruht auf der Entscheidung des Rates vom 3.5.1998 (98/317/EG) ABl. Nr. L 139 S. 30 vom 11.5.1998.

[499] Entscheidung des Rates vom 19.6.2000 (2000/427/EG) ABl. Nr. L 167 S. 19 vom 7.7.2000.

Differenzierung muss berücksichtigt werden, dass sowohl die Gründe für die Nichtteilnahme als auch deren Ausgestaltung unterschiedlich sind.

Zum einen wird eine Differenzierung dadurch bedingt, dass die Einführung der einheitlichen Währung von der Erfüllung bestimmter Voraussetzungen abhängig gemacht wird. Diese Anforderungen sind notwendig, um die Funktionsfähigkeit der Währungsunion zu gewährleisten. Zu diesen in Art. 121 Abs. 1 EGV aufgeführten Bedingungen zählen insbesondere die Konvergenzkriterien, die eine wirtschaftliche Annäherung auf hohem Niveau und damit die Preisstabilität sichern sollen, welche für das Gelingen der Währungsunion von zentraler Bedeutung ist. Als weitere Voraussetzung wird die Anpassung der nationalen Rechtsvorschriften über die Zentralbanken an die gemeinschaftsrechtlichen Regelungen genannt.

Griechenland hat an der WWU zunächst nicht teilgenommen, da es die Konvergenzkriterien beim Eintritt der Gemeinschaft in die dritte Stufe nicht erfüllte. Inzwischen konnte es den Anforderungen nachkommen, so dass ein Aufrücken möglich war. Der Beitritt Griechenlands zu einem früheren Zeitpunkt scheiterte somit ausschließlich an seiner mangelnden Fähigkeit.

Der Teilnahme Schwedens steht entgegen, dass es seine Zentralbankgesetzgebung nicht angepasst hat. Außerdem erfüllt es das Wechselkurskriterium des Art. 121 Abs. 1 EGV nicht, weil es nicht am Wechselkursmechanismus des Europäischen Währungssystems teilnimmt.[500] Der Ausschluss Schwedens ist folglich allein durch Umstände bedingt, deren Änderung in seiner Macht steht. Nicht die fehlende Integrationsfähigkeit, sondern der mangelnde Wille ist Grund für die Nichtteilnahme.[501]

Dänemark und Großbritannien erfüllen zwar die in Art. 121 Abs. 1 EGV genannten Voraussetzungen. Sie sind jedoch nicht zur Teilnahme bereit, weshalb auch für sie Ausnahmeregelungen geschaffen wurden. Dies erfolgte durch Protokolle betreffend die Sonderstellung dieser Staaten, die dem Vertrag beigefügt wurden.[502] Grund für die Nichtteilnahme von Dänemark sind Bestimmungen der dänischen Verfassung, die vor einem Eintritt in die dritte Stufe der WWU eine Volksabstimmung fordern könnten.[503] Die Ausnahme für Großbritannien beruht auf seinen politischen Interessen. Es wendet sich gegen die Einführung einer gemeinsamen Währung, um eine Vertiefung der Integration zu verhin-

---

500 Entscheidung des Rates vom 3.5.1998 (98/317/EG) ABl. Nr. L 139 S. 34 vom 11.5.1998.

501 *Martenczuk*, Die differenzierte Integration nach dem Vertrag von Amsterdam, ZEuS 1998, S. 447, 459.

502 Protokoll Nr. 11 über einige Bestimmungen betreffend das Vereinigte Königreich Großbritannien und Nordirland, Protokoll Nr. 12 über einige Bestimmungen betreffend Dänemark.

503 2. Erwägungsgrund des Protokoll Nr. 12. Siehe auch: *Häde*, Währungsintegration mit abgestufter Geschwindigkeit, in: FS Hahn, 1997, S. 141, 146 f.

dern.[504]Auch die Teilnahme von Dänemark und Großbritannien scheitert somit nicht an ihrer Integrationsfähigkeit, sondern an einem entsprechenden Willen.

Unterschiede weist darüber hinaus die Ausgestaltung der Differenzierungen auf. Die Mitgliedstaaten, die die Voraussetzungen des Art. 121 Abs. 1 EGV nicht erfüllen, erhalten gemäß Art. 122 Abs. 1 EGV eine Ausnahmeregelung. Diese sieht insbesondere die Nichtanwendung bestimmter Vertragsvorschriften, die die Geldpolitik in der dritten Stufe betreffen, vor (Art. 122 Abs. 3 EGV). Des Weiteren sind damit Folgen im institutionellen Bereich verbunden. Der Ausschluss hat Auswirkungen auf die Struktur der Europäischen Zentralbank, deren Rat und Direktorium nur Staatsangehörige der teilnehmenden Staaten angehören dürfen.[505] Außerdem ruht das Stimmrecht der nicht teilnehmenden Staaten gemäß Art. 122 Abs. 5 EGV bei Beschlüssen im Rat, die aufgrund der Vertragsvorschriften ergehen, die für sie keine Anwendung finden. In dieser Ausschlussvorschrift ist ausdrücklich nur von dem Stimmrecht die Rede. Eine Teilnahme an den Beratungen im Rat ist also möglich.[506] Auf Antrag eines Mitgliedstaates mit Ausnahmeregelung, mindestens aber alle zwei Jahre, prüft der Rat gemäß Art. 122 Abs. 2 EGV, ob die Voraussetzungen des Art. 121 Abs. 1 EGV erfüllt sind und hebt die Ausnahmeregelung auf, wenn dies der Fall ist. Damit wird deutlich, dass die Differenzierung nicht dauerhaft sein soll.

Dänemark ist den Mitgliedstaaten mit Ausnahmeregelung weitgehend gleichgestellt. Ein Unterschied besteht aber darin, dass das Überprüfungsverfahren gemäß Art. 122 Abs. 2 EGV nur auf Antrag Dänemarks eingeleitet wird.[507] So kann der Ausschluss Dänemarks auch dauerhaft sein.[508] Die Sonderregelungen für Großbritannien gehen über die für Dänemark geltenden hinaus; sein Status ist dem der Mitgliedstaaten vor Beginn der dritten Stufe der WWU vergleichbar.[509] Auch Großbritannien steht das Recht zu, in die dritte Stufe einzutreten, wenn es die erforderlichen Voraussetzungen erfüllt.[510]

---

504 *Nölling*, Großbritanniens Geldordnung im Konflikt mit der Europäischen Währungsunion, 1997, S. 30 ff.

505 Art. 43.4 i.V.m. Art. 10.1 ESZB-Satzung; Art. 122 Abs. 4, 5 i.V.m. Art. 112 Abs. 2 b) EGV.

506 *Häde*, in: Calliess/Ruffert, EUV/EGV, Art. 122 EGV Rn. 26; *Weber*, Die Währungsunion - Modell für ein Europa mehrerer Geschwindigkeiten?, in: FS Hahn, 1997, S. 273, 279.

507 Ziff. 4 des Protokolls über einige Bestimmungen betreffend Dänemark.

508 *Martenczuk*, Die differenzierte Integration nach dem Vertrag von Amsterdam, ZEuS 1998, S. 447, 460.

509 *Häde*, Währungsintegration mit abgestufter Geschwindigkeit, in: FS Hahn, 1997, S. 141, 147 f.; *Weber*, Die Währungsunion - Modell für ein Europa mehrerer Geschwindigkeiten, in: FS Hahn, 1997, S. 273, 276.

510 Ziffer 10 des Protokolls über einige Bestimmungen betreffend das Vereinigte Königreich Großbritannien und Nordirland.

Trotz der Differenzierungen ist das Ziel eine Währungsunion mit allen Mitgliedstaaten.[511] Dies wird bereits in der Präambel des EUV deutlich. Danach sind die Vertragsparteien entschlossen, „eine Wirtschafts- und Währungsunion zu errichten, die (...) eine einheitliche, stabile Währung einschließt". Dieser Gedanke kommt auch in Art. 2, 1. Spstr. EUV zum Ausdruck, der die „Errichtung einer Wirtschafts- und Währungsunion, die auf längere Sicht auch eine einheitliche Währung nach Maßgabe dieses Vertrages umfasst" erwähnt. Art. 4 Abs. 2 EGV legt fest, dass die Tätigkeit der Gemeinschaft „die unwiderrufliche Festlegung der Wechselkurse im Hinblick auf die Einführung einer einheitlichen Währung" beinhaltet. Zu erwähnen ist, dass diese Regelung, die die einheitliche Währung als Ziel der Gemeinschaft konkretisiert, für Großbritannien nicht verbindlich ist.[512]

Die Frage, um welches Differenzierungskonzept es sich bei den Ausnahmeregelungen im Rahmen der WWU handelt, muss für die verschiedenen Staaten unterschiedlich beantwortet werden. Soweit die Teilnahme eines Staates daran scheitert, dass er die Voraussetzungen des Art. 121 Abs. 1 EGV nicht erfüllt, ist die Differenzierung grundsätzlich nur vorübergehend. Denn es steht fest, dass er aufschließt, sobald er die erforderlichen Kriterien erfüllt. Zumindest dann, wenn der Grund für sein Zurückbleiben die mangelnde Fähigkeit ist, liegt eine abgestufte Integration vor.[513] Die Ausnahmeregelung für Griechenland lässt sich in diese Kategorie einordnen. Der vorübergehende Charakter der Differenzierung wurde dadurch bestätigt, dass nach Überwindung der Schwierigkeiten ein Nachrücken erfolgte. Anders dagegen ist die Regelung für Schweden zu beurteilen. Zwar scheitert auch dessen Teilnahme am Vorliegen der Voraussetzungen des Art. 121 Abs. 1 EGV. Schweden hat aber die Möglichkeit, diese Bedingungen zu erfüllen. Das Zurückbleiben liegt also in seinem fehlenden Willen begründet. Es handelt sich demnach um einen Fall der variablen Geometrie.[514] Das gilt erst recht für das Zurückbleiben von Dänemark und Großbritannien. Bei beiden scheitert die Teilnahme an ihrem fehlenden Willen und ist dauerhaft, solange sie keine andere Entscheidung treffen.[515]

---

511 *Häde*, in: Calliess/Ruffert, EUV/EGV, Art. 4 EGV Rn. 12.

512 Ziffer 5 des Protokolls über einige Bestimmungen betreffend das Vereinigte Königreich Großbritannien und Nordirland.

513 *Stubb*, A Categorization of Differentiated Integration, JMCSt. 1996, S. 283, 291 f.; *Ost*, Flexibilität des Gemeinschaftsrechts - Vom Notantrieb zum Vertragsprinzip?, DÖV 1997 S. 495, 501; *Ehlermann*, Engere Zusammenarbeit nach dem Amsterdamer Vertrag - Ein neues Verfassungsprinzip?, EuR 1997, S.362, 366.

514 *Martenczuk*, Die differenzierte Integration nach dem Vertrag von Amsterdam, ZEuS 1998, S. 447, 459.

515 *Ost*, aaO (Fn. 513), S. 495, 501; *Ehlermann*, aaO (Fn. 513), S. 362, 365.

d) Visa, Asyl, Einwanderung und andere Politiken sowie Einbeziehung des Schengen-Besitzstandes

Mit dem Vertrag von Amsterdam wurden wichtige Teile des dritten Pfeilers in den Titel IV des dritten Teils des EGV über „Visa, Asyl, Einwanderung und andere Politiken betreffend den freien Personenverkehr“ (Art. 61 - 69 EGV) überführt. Da Großbritannien, Irland und Dänemark in dem Bereich durch Protokolle Sonderrechte eingeräumt werden, findet eine Differenzierung statt.[516] In den Protokollen wird festgelegt, dass sich diese Staaten grundsätzlich nicht an der Annahme von Maßnahmen aufgrund des Titels IV des EGV beteiligen.[517] Für Großbritannien und Irland besteht eine besondere Regelung, wonach sie erklären können, dass sie sich an einer Maßnahme beteiligen möchten, was ihnen daraufhin zu gestatten ist. Wird die Maßnahme aber aufgrund der Beteiligung Großbritanniens oder Irlands nicht innerhalb eines angemessenen Zeitraums angenommen, so kann der Rat die Maßnahme auch ohne Beteiligung dieser Staaten treffen.[518] Auch nach Annahme der Maßnahme können beide Mitgliedstaaten noch ihren Wunsch zur Teilnahme erklären.[519] Auf diese Weise wird die grundsätzlich den ganzen Bereich umfassende Differenzierung durchbrochen und eine Teilnahme in Einzelfällen ermöglicht.[520] Irland und Dänemark können - anders als Großbritannien - jederzeit auf die Bestimmungen der Protokolle verzichten.[521] Dies zeigt, dass Irland sich nicht aus eigenem Antrieb, sondern nur mit Rücksicht auf Großbritannien für die Ausnahmeregelung entschieden hat. Zwischen den Staaten gelten besondere Reiseregelungen, die beibehalten werden sollen.[522] Für Dänemark sind die Ausnahmevorschriften aufgrund seiner komplizierten Verfassungslage erforderlich.[523]

Die Art. 61 - 69 EGV stehen in engem Zusammenhang zum Schengen-Besitzstand. Mit dem „Protokoll über die Einbeziehung des Schengen-Besitzstands in den Rahmen der Europäischen Union“ wurde die durch das Schengen-Übereinkommen begründete Zusammenarbeit, die bisher außerhalb des Rahmens der Union stattfand, in deren institutionellen Rahmen eingeglie-

---

516 *Brechmann*, in: Calliess/Ruffert, EUV/EGV, Art. 69 EGV Rn. 1; *Ehlermann*, aaO (Fn. 513), S. 362, 380 ff.

517 Art. 1 des Protokolls über die Position des Vereinigten Königreichs und Irlands; Art. 1 des Protokolls über die Position Dänemarks.

518 Art. 3 des Protokolls über die Position des Vereinigten Königreichs und Irlands.

519 Art. 4 des Protokolls über die Position des Vereinigten Königreichs und Irlands.

520 *Martenczuk*, Die differenzierte Integration nach dem Vertrag von Amsterdam, ZEuS 1998, S. 447, 471.

521 Art. 8 des Protokolls über die Position des Vereinigten Königreichs und Irlands; Art. 7 des Protokolls über die Position Dänemarks.

522 Vgl. die Erklärung Irlands zur Schlussakte.

523 *Ehlermann*, Engere Zusammenarbeit nach dem Amsterdamer Vertrag - ein neues Verfassungsprinzip?, EuR 1997, S. 362, 384.

dert. Die Bestimmungen haben keine Wirkungen für Großbritannien und Irland, die nicht Vertragsstaaten des Schengen-Abkommens sind. Es liegt somit eine Differenzierung vor. Beide Staaten können aber jederzeit beantragen, dass einzelne oder alle Bestimmungen auf sie Anwendung finden.[524] Besonderheiten gelten auch für Dänemark, das zwar Vertragsstaat des Schengen-Abkommens ist, aber nicht durch die Art. 61 - 69 EGV gebunden wird. Wegen der Überschneidungen der beiden Regelungsbereiche besteht die Möglichkeit, dass der Schengen-Besitzstand aufgrund des Titels IV des EGV ergänzt wird. In einem solchen Fall kann Dänemark, für das die gemeinschaftsrechtlichen Maßnahmen nicht gelten, beschließen, die in Rede stehenden Bestimmungen in nationales Recht umzusetzen. Dann wird eine Verpflichtung Dänemarks nach dem Völkerrecht begründet.[525]

Diese Formen der Differenzierungen lassen sich dem Konzept der variablen Geometrie zuordnen. Eine zeitliche Beschränkung ist nicht vorgesehen; außerdem scheitert die Teilnahme der zurückbleibenden Mitgliedstaaten nicht an ihrer fehlenden Integrationsfähigkeit, vielmehr mangelt es ihnen an der entsprechenden Bereitschaft.[526] Kritisiert werden diese Regelungen insbesondere aufgrund ihrer Komplexität.[527]

e) Verstärkte Zusammenarbeit

Mit dem Amsterdamer Vertrag sind in den Unions- und Gemeinschaftsvertrag darüber hinaus Vorschriften aufgenommen worden, die eine generelle Möglichkeit zur Differenzierung eröffnen. Nach diesen neuen Regelungen kann eine Gruppe von Mitgliedstaaten ermächtigt werden, unter bestimmten Voraussetzungen Integrationsschritte auch dann vorzunehmen, wenn nicht alle Mitgliedstaaten daran teilnehmen. Die Besonderheit der Ermächtigung besteht darin, dass für dieses Vorgehen die im EUV und EGV vorgesehenen Organe, Verfahren und Mechanismen in Anspruch genommen werden können. Der Vertrag verwendet den Begriff Differenzierung nicht; vielmehr wird der - vorher ungebräuchliche - Terminus der verstärkten Zusammenarbeit (vZA) benutzt. Die grundlegenden Regelungen der vZA finden sich in den Art. 43-45 EUV, die für Differenzierungen in allen Säulen gelten. Ergänzt werden sie durch konkrete

---

524 Art. 4 Schengen-Protokoll.

525 Art. 5 Protokoll über die Position Dänemarks.

526 *Martenczuk*, Die differenzierte Integration nach dem Vertrag von Amsterdam, ZEuS 1998, S. 447, 472.

527 *Hatje*, in: Schwarze, EU-Kommentar, Art. 43 EUV Rn. 14; *Ehlermann*, Engere Zusammenarbeit nach dem Amsterdamer Vertrag - ein neues Verfasssungsprinzip?, EuR 1997, S. 362, 386.

Bestimmungen in den einzelnen Säulen. Die einschlägigen Vorschriften sind für die PJZS Art. 40 EUV und für die Gemeinschaft Art. 11 EGV.[528]

Im Folgenden soll die Ausgestaltung der vZA dargestellt werden. Dabei sind zunächst deren Voraussetzungen aufzuzeigen. Weiter ist zu fragen, wie eine solche vZA gegründet werden kann und welche Regelungen für den späteren Beitritt der zunächst nicht teilnehmenden Mitgliedstaaten gelten. Anschließend sollen die Folgen der vZA begutachtet werden.

(1) Voraussetzungen einer vZA

Die Mitgliedstaaten dürfen eine vZA nur gründen, wenn die in Art. 43 Abs. 1 EUV genannten Voraussetzungen erfüllt sind. Ergänzt werden sie durch die besonderen Bedingungen, die für die verschiedenen Säulen normiert sind. Für den Bereich der Gemeinschaft finden sich diese in Art. 11 Abs. 1 EGV, für die PJZS in Art. 40 Abs. 1 EUV.[529]

Gemäß Art. 43 Abs. 1 a) EUV muss die vZA darauf ausgerichtet sein, die Ziele der Union zu fördern und ihre Interessen zu schützen und ihnen zu dienen. Damit wird klargestellt, dass die engere Zusammenarbeit nur ein Mittel zum schnelleren Voranschreiten sein darf und Rückschritte verboten sind.[530] Art. 43 Abs. 1 b) EUV schreibt vor, dass die Grundsätze der Verträge und der einheitliche institutionelle Rahmen der Union beachtet werden müssen. Mit dieser Voraussetzung wird die bereits in lit a) enthaltene Bindung an das vertragliche Integrationsprogramm bekräftigt.[531]

Des Weiteren darf die verstärkte Zusammenarbeit nur als letztes Mittel herangezogen werden, wenn die Ziele der Verträge nicht mit den darin festgelegten einschlägigen Verfahren erreicht werden konnten (Art. 43 Abs. 1 c) EUV). Diese Bedingung soll gewährleisten, dass Differenzierungen als ultima ratio die Ausnahme bleiben und durch die Möglichkeit der vZA nicht der Druck im Rat

---

528 Für die zweite Säule fehlt es an einer solchen Regelung; mit dem Vertag von Nizza wurden jedoch die Art. 27 a bis e EUV eingeführt, die auch für die GASP die Möglichkeit einer vZA eröffnen. Dazu siehe *Hatje*, Die institutionelle Reform der Europäischen Union - der Vertrag von Nizza auf dem Prüfstand - , EuR 2001, S. 143, 162

529 Art. 43 Abs. 1 h) EUV. Zu den Besonderheiten zu Art. 11 Abs. 1 EGV bzw. Art. 40 Abs. 1 EUV, siehe *Hatje*, in: Schwarze, EU-Kommentar, Art. 40 EUV Rn. 2; Art. 11 EGV Rn. 6 ff. Mit dem Vertrag von Nizza werden alle Voraussetzungen abschließend in Art. 43 EUV genannt; lediglich Art. 27 a EUV enthält besondere zusätzliche Anforderungen an eine vZA im Rahmen der GASP.

530 *Ruffert*, in: Calliess/Ruffert, EUV/EGV, Art. 43 EUV Rn. 12; *Ehlermann*, Engere Zusammenarbeit nach dem Amsterdamer Vertrag: Ein neues Verfassungsprinzip?, EuR 1997, S. 362, 372.

531 *Hatje*, in: Schwarze, EU-Kommentar, Art. 43 EUV Rn. 18.

verringert wird, zu einer einheitlichen Lösung zu gelangen.[532] Zunächst muss versucht worden sein, ein gemeinsames Handeln herbeizuführen. Anwendung und Kontrolle dieser Voraussetzung sind aber nur schwer überprüfbar. Den Mitgliedstaaten steht deshalb ein weiter Ermessenspielraum zu.[533] Fraglich ist dabei, ob in Angelegenheiten der Europäischen Gemeinschaft gefordert werden kann, dass es zumindest einen Vorschlag der Kommission gegeben hat, für den im Rat nicht die erforderliche Mehrheit gefunden werden konnte.[534] Zu beachten ist zudem, dass keine speziellen Gründe für das Scheitern eines einheitlichen Vorgehens genannt werden. Folglich kann das Zurückbleiben einiger Mitgliedstaaten sowohl auf der fehlenden Integrationsfähigkeit als auch auf einer mangelnden Integrationsbereitschaft beruhen.[535]

Art. 43 Abs. 1 d) EUV verlangt, dass bei der verstärkten Zusammenarbeit mindestens die Hälfte der Mitgliedstaaten mitmacht.[536] Damit soll eine Aufspaltung auf verschiedene Kleingruppen verhindert werden.[537] Gemäß Art. 43 Abs. 1 e) EUV sind der Besitzstand der Gemeinschaft und die nach Maßgabe der sonstigen Bestimmungen der genannten Verträge getroffenen Maßnahmen nicht zu beeinträchtigen. Art. 43 Abs. 1 f) EUV legt fest, dass durch die vZA die Zu-

---

[532] *Hatje*, aaO, Art. 43 EUV Rn. 19, Art. 11 EGV Rn. 4; *Hall*, in: Bergmann/Lenz, Der Amsterdamer Vertrag, 1998, Kap. 20 Rn. 17.

[533] *Ruffert*, in: Calliess/Ruffert, EUV/EGV, Art. 43 a EUV Rn. 14; zu den verschiedenen Kriterien, die bei dieser Frage möglicherweise zu berücksichtigen sind, siehe *Ehlermann*, Engere Zusammenarbeit nach dem Amsterdamer Vertrag: Ein neues Verfassungsprinzip?, EuR 1997, S. 362, 372 f.

[534] *Hatje*, in: Schwarze, EU-Kommentar, Art. 11 EGV Rn. 4; *Becker*, Differenzierungen der Rechtseinheit durch „abgestufte Integration“, Beiheft EuR 1/1998, S. 29, 49. Im Vertrag von Nizza heißt es, dass eine verstärkte Zusammenarbeit nur als letztes Mittel aufgenommen werden kann, wenn der Rat zu dem Schluss gelangt ist, dass die mit dieser Zusammenarbeit angestrebten Ziele unter Anwendung der einschlägigen Bestimmungen der Verträge nicht in einem vertretbaren Zeitraum verwirklicht werden können (Art. 43 a EUV n.F.). Damit ist klargestellt, dass sich der Rat mit der jeweiligen Frage befasst haben muss. Zu beachten ist außerdem, dass die Bedingung, die verstärkte Zusammenarbeit nur als ultima anzuwenden, im Vertrag von Nizza in einer gesonderten Vorschrift enthalten ist. So wird dieser Voraussetzung eine besonderen Bedeutung beigemessen.

[535] So betont auch *Martenczuk*, Die differenzierte Integration nach dem Vertrag von Amsterdam, ZEuS 1998, S. 447, 462, dass die Gründe für das Abstimmungsverhalten im Rat nicht hinterfragt werden können.

[536] Im Vertrag von Nizza wurde die Voraussetzung dahingehend geändert, dass mindestens acht Staaten an der vZA teilnehmen, Art. 43 g) EUV n.F. Im Laufe der Erweiterung wird dies zur Folge haben, dass die Mindestzahl auf ein Drittel der Mitgliedstaaten oder sogar noch weiter zurückgehen wird.

[537] *Hall*, in: Bergmann/Lenz, Der Amsterdamer Vertrag, 1998, Kap. 20 Rn. 18.

ständigkeiten, Rechte, Pflichten und Interessen der nicht an der Zusammenarbeit beteiligten Staaten nicht beeinträchtigt werden dürfen.[538]

Die Einführung einer vZA unterliegt damit sehr strengen Bedingungen. Deshalb ist anzunehmen, dass sie nur in wenigen Fällen zur Anwendung kommt.[539] Aus dem Grund wird der vZA entgegengehalten, sie stelle eine rein theoretische Möglichkeit dar.[540] Andererseits sichern aber die engen Voraussetzungen, dass das Konzept der Einheitlichkeit beibehalten wird und kein Europa à la carte entsteht.[541] Da es an einer zeitlichen Beschränkung der Differenzierung fehlt und die Gründe für die Nichtteilnahme unerheblich sind, entspricht die vZA dem Konzept der variablen Geometrie.[542]

(2) Gründung der vZA

Die Besonderheit der vZa besteht - gegenüber den bisherigen Formen der Differenzierung - darin, dass ihre Gründung nicht mehr durch völkerrechtliche Übereinkommen, sondern durch einen Beschluss im Rat erfolgt.[543] Dabei sind an der Abstimmung über die Ermächtigung zur vZA alle Mitgliedstaaten beteiligt. Das Verfahren ist für die verschiedenen Säulen unterschiedlich ausgestaltet. Im Bereich der Gemeinschaft erteilt der Rat gemäß Art. 11 Abs. 2 EGV auf Antrag der Kommission mit qualifizierter Mehrheit die Ermächtigung zur vZA. Die Mitgliedstaaten besitzen aber eine Vetomöglichkeit.[544] Wenn ein Mitgliedstaat erklärt, dass er aus wichtigen Gründen die mit qualifizierter Mehrheit zu fas-

---

538 Der Vertrag von Nizza ersetzt im Rahmen der Voraussetzungen der vZA das „nicht beeinträchtigen" in diesen Regelungen durch ein „beachten"; Art. 43 c) und h) EUV n.F. Ob damit die Ansprüche an die vZA zukünftig weniger streng sein werden, ist aber fraglich, siehe dazu *Hatje*, Die institutionelle Reform der Europäischen Union - der Vertrag von Nizza auf dem Prüfstand - , EuR 2001, S. 143, 161.

539 *Ruffert*, in: Callies/Ruffert, EUV/EGV Art. 45 EUV Rn. 3.; *Ehlermann*, Engere Zusammenarbeit nach dem Amsterdamer Vertrag: Ein neues Verfassungsprinzip?, EuR 1997, S. 362, 394; *Becker*, Differenzierungen der Rechtseinheit durch „abgestufte Integration", EuR Beiheft 1/1998, S. 29, 56. Dies bleibt auch nach den Änderungen des Vertrages von Nizza der Fall, *Hatje*, aaO, S. 143, 160; *Giering/Janning*, Flexibilität als Katalysator der Finalität? Die Gestaltungskraft der „Verstärkten Zusammenarbeit" nach Nizza, Integration 2001, S. 146, 148 f.

540 *Janning*, Dynamik in der Zwangsjacke - Flexibilität in der Europäischen Union nach Amsterdam, Integration 1997, S. 285, 290.

541 *Hatje*, in: Schwarze, EU-Kommentar, Art. 11 EGV Rn. 1; Janning, aaO, S. 285, 290.

542 *Martenczuk*, Die differenzierte Integration nach dem Vertrag von Amsterdam, ZEuS 1998, S. 447, 463.

543 Ebenda S. 466.

544 Diese Vetomöglichkeit besteht nach dem Vertrag von Nizza nicht mehr. Damit wird die Gründung einer vZA erleichert, siehe dazu *Giering/Janning*, Flexibilität als Katalysator der Finalität? Die Gestaltungskraft der „Verstärkten Zusammenarbeit" nach Nizza, Integration 2001, S. 146, 150.

sende Entscheidung ablehnen will, so erfolgt keine Abstimmung. In diesem Fall kann der Rat mit qualifizierter Entscheidung lediglich verlangen, dass die Frage zur einstimmigen Beschlußfassung an den in der Zusammensetzung der Staats- und Regierungschefs tagenden Rat verwiesen wird. Eine wichtige Position wird in dem Verfahren der Kommission eingeräumt.[545] So kann der Beschluss über die Ermächtigung vom Rat nur gefasst werden, wenn die Kommission einen entsprechenden Antrag gestellt hat. Damit soll eine unabhängige Prüfung der Vereinbarkeit der vZA mit den Interessen der Gemeinschaft gewährleistet werden.[546] In der PJZS ist die Stellung der Kommission aufgrund des intergouvernementalen Charakters dieser Zusammenarbeit schwächer ausgestattet (Art. 40 Abs. 2 EUV).

(3) Beitritt zur vZA

Art 43 Abs. 1 g) EUV bestimmt, dass die vZA allen Mitgliedstaaten offensteht. Es soll verhindert werden, dass sich die voranschreitenden Staaten von den zurückbleibenden Mitgliedern absondern.[547] Der Beitritt ist in den speziellen Vorschriften geregelt. Gemäß Art. 11 Abs. 3 EGV ist der Antrag eines beitrittswilligen Mitgliedstaates von der Kommission zu bescheiden. Indem die Entscheidung über die Teilnahme bei der Kommission liegt, soll gewährleistet werden, dass sie nach sachlichen Gesichtspunkten des Gemeinschaftsinteresses getroffen wird und nicht die bereits handelnden Mitgliedstaaten einen geschlossenen Kreis bilden, in den sie die anderen nicht hereinlassen.[548] In der PJZS entscheidet der Rat über den Beitritt weiterer Mitgliedstaaten. In diesem Fall ist die Verhinderung der Aufnahme dadurch ausgeschlossen, dass der Antrag nicht zurückgewiesen werden kann (Art. 40 Abs. 3 EUV).

Zu bemerken ist, dass es an einer Regelung fehlt, wonach die voranschreitenden Staaten verpflichtet sind, denjenigen Partnern, die zur Zusammenarbeit zwar gewillt, aber nicht in der Lage sind, zu helfen, die Voraussetzungen für die Teilnahme an dem weiteren Integrationsschritt zu erfüllen.[549]

---

[545] *Ehlermann*, Engere Zusammenarbeit nach dem Amsterdamer Vertrag: Ein neues Verfassungsprinzip?, EuR 1997, S. 362, 377 f.; *Becker*, Differenzierungen der Rechtseinheit durch „abgestufte Integration“, Beiheft EuR 1/1998, S. 29, 50 f.; *Hofmann*, Wieviel Flexibilität für welches Europa?, EuR 1999, S. 713, 724.

[546] *Hatje*, in: Schwarze, EU-Kommentar, Art. 11 EGV Rn. 12.

[547] *Hatje*, aaO, Art. 43 EUV Rn. 23; *Hall*, in: Bergmann/Lenz, Der Amsterdamer Vertrag, 1998, Kap. 20 Rn. 20.

[548] *Becker*, aaO (Fn. 545), S. 29, 55.

[549] *Ehlermann*, Engere Zusammenarbeit nach dem Amsterdamer Vertrag: Ein neues Verfassungsprinzip?, EuR 1997, S. 362, 379; *Hofmann*, Wieviel Flexibilität für welches Europa?, EuR 1999, S. 713, 725. Mit dem Vertrag von Nizza wurde eine Regelung getroffen, die in gewissem Umfang eine solche Unterstützungspflicht enthält. Danach haben die Kommission und die an einer verstärkten Zusammenarbeit beteiligten Mitgliedstaaten da-

(4) Folgen der vZA

Von besonderem Interesse für die vorliegende Untersuchung sind die institutionellen Folgen. Gemäß Art. 44 Abs. 1 EUV können alle Mitgliedstaaten an den Ratssitzungen teilnehmen; zur Beschlussfassung sind aber nur die an der verstärkten Zusammenarbeit beteiligten Mitgliedstaaten berechtigt. Damit hat die vZA in Bezug auf die institutionelle Ausgestaltung das Modell der Wirtschafts- und Währungsunion und nicht das des Sozialprotokolls übernommen.

Gebunden werden durch die im Rahmen der vZA getroffenen Beschlüsse nur die daran teilnehmenden Mitgliedstaaten. Die Zurückbleibenden dürfen den Beschlüssen aber nicht im Wege stehen (Art. 43 Abs. 2 S. 2 EUV). Fraglich ist, ob durch die Möglichkeit einer vZA Differenzierungen außerhalb des Vertrages untersagt sind. In Art. 43 Abs. 1 EUV heißt es, dass die Organe und Verfahren der Gemeinschaft im Rahmen einer vZA in Anspruch genommen werden „können". Den Mitgliedstaaten wird also nicht verboten, völkerrechtliche Abkommen untereinander zu schließen.[550]

4. Ausgestaltung des Spannungsverhältnisses

Nachdem die Konzepte und Anwendungsfälle der Differenzierung sowie die dahinterstehenden Motive aufgezeigt worden sind, kann ihr Spannungsverhältnis zum Solidaritätsprinzip untersucht werden. Dieses entfaltet sich insbesondere gegenüber dessen Erscheinungsform des Vorrangs des gemeinsamen Interesses vor dem nationalen Interesse. In erster Linie ist der Grundsatz der Einheitlichkeit des Gemeinschaftsrechts betroffen, der bei der Differenzierung durchbrochen wird. Aber auch die Forderung nach Einheitlichkeit im Entscheidungsverfahren ist gefährdet. Im Folgenden ist zu klären, wie dieser Konflikt zwischen dem Solidaritätsprinzip und der Differenzierung gelöst werden kann.

a) Einheitlichkeit des Gemeinschaftsrechts

Der vom Solidaritätsprinzip geforderte Vorrang des gemeinsamen Interesses vor dem nationalen Interesse entfaltet seine Wirkung in der Einheitlichkeit des Gemeinschaftsrechts. Dieser Grundsatz wird durch die Differenzierung, bei der bestimmte Teile der gemeinschaftlichen Rechtsordnung in einigen Mitgliedstaaten keine Anwendung finden, in Frage gestellt. Ist die Einheitlichkeit des

---

für Sorge zu tragen, dass eine möglichst große Zahl von Mitgliedstaaten zur Beteiligung angeregt wird, Art. 43 b EUV n.F.

550 *Hatje*, in: Schwarze, EU-Kommentar, Art. 43 EUV Rn. 28; *Hall*, in: Bergmann/Lenz, Der Amsterdamer Vertrag, 1998, Kap. 20 Rn. 37; a.A. *Constantinesco*, Les clauses de „coopération renforcée", RTDE 1997, S.751, 755 *Martenczuk*, Die differenzierte Integration nach dem Vertrag von Amsterdam, ZEuS 1998, S. 447, 464.

Gemeinschaftsrechts im Falle der Differenzierung nicht mehr gewahrt, so könnte damit auch eine Einschränkung des Solidaritätsprinzips verbunden sein.

Die Entscheidungen, in denen der Gerichtshof einen Verstoß gegen die Pflicht zur Solidarität darin gesehen hat, dass ein Mitgliedstaat die einheitliche Anwendung und Durchführung von Gemeinschaftsrecht verweigert, unterscheiden sich jedoch vom Durchbrechen der Einheitlichkeit im Wege der Differenzierung. Eine Verletzung des Solidaritätsprinzips nahm der EuGH an, als ein Mitgliedstaat die Anwendung von Gemeinschaftsrecht entgegen dem Bestehen einer entsprechenden Verpflichtung abgelehnt hat. Die Pflicht zur Solidarität gebietet, das Gemeinschaftsrecht auch dann zu befolgen, wenn es dem nationalen Interesse widerspricht. Wendet ein Mitgliedstaat eigenmächtig eine Norm nicht an, so stellt dies einen Verstoß gegen das Gemeinschaftsrecht dar. Die Durchbrechung der Einheitlichkeit im Rahmen der Differenzierung ist dagegen vertragskonform.[551] Denn die Mitgliedstaaten haben gemeinsam beschlossen, dass die Regelungen nur für einen Teil von ihnen gelten sollen. Wird eine Ausnahme von dem Grundsatz der Einheitlichkeit zugelassen, dann ist das Verhalten des Mitgliedstaates, der eine Vorschrift nicht anwendet, vom Gemeinschaftsrecht gedeckt und erfolgt mit dem Einverständnis der anderen Mitgliedstaaten. In dieser Konstellation wurde dem Mitgliedstaat keine Pflicht auferlegt, die er nicht beachtet hat. Vielmehr hat er schon im Entscheidungsverfahren seine Ablehnung erklärt und damit das Entstehen einer konkreten Pflicht verhindert.

Wird eine Differenzierung vorgenommen, so stellt dies demnach keine Verletzung der Pflicht zur Solidarität dar. Dennoch erfolgt auf diese Weise eine Einschränkung des Solidaritätsprinzips. Das Spannungsverhältnis zwischen diesem und der Differenzierung ist durch Abwägung zu lösen. Dabei ist insbesondere darauf zu achten, dass dem gemeinsamen Interesse weiter der Vorrang vor dem nationalen Interesse eingeräumt wird. Dafür ist zum einen von Bedeutung, in welchem Umfang die Einheitlichkeit des Gemeinschaftsrechts durchbrochen wird. Zum anderen ist diese Beurteilung davon abhängig, aus welchen Gründen die Differenzierung eingeführt wurde.

(1) Durchbrechen der Einheitlichkeit

Die Differenzierung bedingt ein Abweichen von der Einheitlichkeit des Gemeinschaftsrechts. Ein Konflikt mit dem Solidaritätsprinzip entsteht, wenn der solidarische Gehalt der Einheitlichkeit beeinträchtigt wird. Das ist der Fall, wenn der Vorrang des gemeinsamen Interesse vor dem nationalen Interesse nicht mehr gewährleistet ist.

---

[551] *Martenczuk*, Die differenzierte Integration und die föderale Struktur der Europäischen Union, EuR 2000, S. 351, 359.

(a) Festhalten am Grundsatz

Die Einheitlichkeit muss zumindest ihrem Grundsatz nach bestehen bleiben. Wird daran nicht festgehalten, liegt eine Aufhebung des Solidaritätsprinzips vor. Denn damit würden die Mitgliedstaaten deutlich machen, dass sie dem gemeinsamen Interesse nicht länger den Vorrang einräumen.

Der Grundsatz der Einheitlichkeit ist in jedem Fall beim Konzept der abgestuften Integration gewahrt. Kennzeichnend für dieses Modell ist, dass das Zurückbleiben einiger Mitgliedstaaten nur vorübergehend erfolgt und von Anfang an feststeht, dass sie das Gemeinschaftsrecht später in vollem Umfang anwenden werden. Das Gemeinschaftsrecht wird also nur vorübergehend nicht einheitlich angewandt. Da von vornherein feststeht, dass die anderen Mitgliedstaaten zu einem späteren Zeitpunkt nachziehen werden, ist der Grundsatz der Einheitlichkeit nicht gefährdet.[552]

Anders ist die Situation bei der variablen Geometrie. Diese Form der Differenzierung kann auch dauerhaft bestehen. Sie hat nicht bloß die schrittweise Erreichung der Einheitlichkeit, sondern die Schaffung einer uneinheitlichen Rechtslage zur Folge. Dennoch bleibt die Einheitlichkeit auch bei dem Modell ihrem Grundsatz nach bestehen. Dies wird insbesondere dadurch gesichert, dass die Differenzierung in einem Kern von Politiken ausgeschlossen ist. Darüber hinaus ist zur Wahrung dieses Grundsatzes erforderlich, dass die Differenzierung auf Ausnahmefälle beschränkt bleibt. Eine Differenzierung darf deshalb nur als letztes Mittel herangezogen werden, wie es im Rahmen der vZA vorgeschrieben ist.

Beim Modell des Europa à la carte wird dagegen nicht mehr an dem Grundsatz der Einheitlichkeit festgehalten. Diese Form der Differenzierung soll gerade eine Alternative zum Prinzip der Einheitlichkeit darstellen. Das kommt insbesondere dadurch zum Ausdruck, dass Sonderregelungen in nahezu allen Politikfeldern möglich sind. Indem die einheitliche Anwendung bei diesem Modell nicht länger ein Prinzip des Gemeinschaftsrechts ist, wird auch dem gemeinsamen Interesse nicht mehr der Vorrang vor dem nationalen Interesse eingeräumt. Vielmehr können die Mitgliedstaaten dem Gemeinschaftsrecht Geltung verschaffen, wenn es ihrem Interesse entspricht, und ihre Nichtteilnahme erklären, wenn es ihrem Interesse entgegensteht. Ein solches Vorgehen entspricht in keiner Weise mehr den Anforderungen an die Solidarität. Würde das Konzept des Europa à la carte verwirklicht, so bedeutete dies eine Aufhebung des Solidaritätsprinzips.[553]

---

552 *Langeheine*, Europäisches Gemeinschaftsrecht und Abgestufte Integration, 1988, S. 133 ff.

553 So auch *Toulemon*, Kerneuropa - Deutsch-Französische Aktionsgemeinschaft in Sicht?, Integration 1995, S. 61, 66; *Martenczuk*, aaO (Fn. 551), S. 351, 363; *Langeheine*, aaO, S.

(b) Zielsetzung

Auch wenn die Einheitlichkeit ihrem Grundsatz nach beibehalten wird, ist noch nicht gesichert, dass die Differenzierung so ausgestaltet ist, dass das gemeinsame Interesse Vorrang vor dem nationalen Interesse erhält. Die Differenzierung muss zudem darauf gerichtet sein, auf Dauer eine Vertiefung der Integration für alle Mitgliedstaaten zu erreichen. Nur dann ist gewährleistet, dass tatsächlich ein gemeinsames Interesse verfolgt wird.

Ziel der abgestuften Integration ist es, einen Integrationsfortschritt für alle Mitgliedstaaten zu erreichen. Die Differenzierung wird in diesem Fall eingeführt, da eine Vertiefung für alle zunächst nicht möglich ist. Durch das Voranschreiten einiger Mitgliedstaaten sollen die Voraussetzungen dafür geschaffen werden, dass später die Zurückbleibenden nachziehen können. Von Anfang an steht aber fest, dass die Differenzierung nur vorübergehend sein soll. Damit ist die Verfolgung eines gemeinsames Interesse sichergestellt.

Etwas schwieriger gestaltet sich die Frage beim Konzept der variablen Geometrie. In dieser Ausgestaltung steht nicht von Anfang an fest, dass später alle Mitgliedstaaten an dem Integrationsfortschritt teilnehmen werden. Die Differenzierung kann auch dauerhaft sein. Nach ihrer Zielsetzung ist aber auch die variable Geometrie darauf gerichtet, einen Integrationsfortschritt für die Gemeinschaft als Ganzes zu erreichen. Das Voranschreiten einiger Staaten soll auf Dauer zu einem höheren Integrationsniveau aller Staaten führen, ohne dass die spätere Teilnahme der Zurückbleibenden bereits zum Zeitpunkt der Differenzierung feststeht. Es wird gehofft, dass durch eine Art Sogwirkung auch die anderen Staaten zu einem Aufschließen veranlasst werden. Als erfolgreiche Beispiele dafür sind insbesondere das Schengener Übereinkommen und das Sozialprotokoll zu nennen. Demnach ist die variable Geometrie auf eine spätere Einheitlichkeit angelegt. Auch bei dieser Form der Differenzierung wird folglich dem gemeinsamen Interesse weiter der Vorrang vor dem nationalen Interesse eingeräumt.

(c) Offenheit

Die spätere Einheitlichkeit kann aber nur dann Ziel der Differenzierung sein, wenn die Möglichkeit der Teilnahme besteht. Deshalb müssen die zurückbleibenden Mitgliedstaaten das Recht haben, später an dem Integrationsschritt teilzunehmen. Es darf nicht der Fall eintreten, dass sich die enger kooperierenden Mitgliedstaaten von den Zurückbleibenden absondern. Damit das Solidaritätsprinzip nicht aufgehoben wird, muss den zurückbleibenden Mitgliedstaaten

15 f. betont, dass beim Europa à la carte ein auf dem auf Grundsatz der Solidarität aufbauendes Gesamtkonzept fehlen würde.

im Falle einer Differenzierung die Möglichkeit der Teilnahme eröffnet sein.[554] Dem ist bei den Regelungen über die vZA Rechnung getragen worden, indem die Gewährleistung der Offenheit gefordert wird. Unterstrichen wird die Verfolgung eines gemeinsamen Interesses bei der vZA dadurch, dass die Entscheidung über den Anschluss auf gemeinschaftsrechtlicher Ebene von der Kommission getroffen wird. Auch in den Vorschriften über die WWU ist festgelegt, dass die zunächst zurückbleibenden Mitgliedstaaten bei Erfüllung der Voraussetzungen beitreten können.

(2) Gründe für die Nichtteilnahme

Bei der Lösung des Konflikts zwischen der Differenzierung und dem Solidaritätsprinzip in seiner Erscheinungsform der Einheitlichkeit des Gemeinschaftsrechts muss auch berücksichtigt werden, aus welchen Gründen die Nichtteilnahme erfolgt. Denn für die Beantwortung der Frage, ob der solidarische Gedanke des Vorrangs des gemeinsamen Interesses vor dem nationalen Interesse gewahrt wird, ist von Bedeutung, warum einige Mitgliedstaaten an dem Integrationsfortschritt nicht teilnehmen. Die Differenzierung erfolgt zum einen in Fällen, in denen es an der Integrationsfähigkeit der zurückbleibenden Mitgliedstaaten mangelt. Ein einheitliches Vorgehen kann aber auch an einem fehlenden Integrationswillen scheitern. Eine Einschränkung des Solidaritätsprinzips kommt in Betracht, wenn das Durchbrechen der Einheitlichkeit des Gemeinschaftsrechts erfolgt, weil die Mitgliedstaaten nicht zum Verzicht auf die Verwirklichung eigener Interessen zugunsten des gemeinsamen Interesses bereit sind.

(a) Fehlende Integrationsfähigkeit

Sind einige Mitgliedstaaten nicht integrationsfähig, so scheitert deren Teilnahme nicht an ihrer Bereitschaft, dem gemeinsamen Interesse den Vorrang vor dem nationalen Interesse einzuräumen. Sie können nicht an der Vertiefung der Integration mitwirken. Folglich kann ihnen keine mangelnde Solidaritätsbereitschaft zur Last gelegt werden. In diesen Fällen ist aber eine Einschränkung des Solidaritätsprinzips aufgrund des Verhaltens der voranschreitenden Mitgliedstaaten in Betracht zu ziehen. Ihnen könnte vorgeworfen werden, dass sie die Vertiefung anstreben, um sich selbst Vorteile zu verschaffen, ohne auf die Interessen der zurückbleibenden Mitgliedstaaten Rücksicht zu nehmen. Das wäre anzunehmen, wenn die zurückbleibenden Mitgliedstaaten dauerhaft ausgeschlossen werden. Deshalb muß ihnen - wie bereits oben erwähnt - auf jeden Fall die Möglichkeit des Beitritts offenstehen.

---

554 *Hilf*, in: Grabitz/Hilf, Kommentar zur EU, Art. A EUV Rn. 24.

Darüber hinaus ist zu beachten, dass die Einheitlichkeit auch tatsächlich erreicht werden kann. Scheitert die Teilnahme an der mangelnden Integrationsfähigkeit einiger Mitgliedstaaten, so müssen die stärkeren Mitgliedstaaten dafür Sorge tragen, dass früher oder später die Einheitlichkeit wiederhergestellt wird.[555] Die voranschreitenden Mitgliedstaaten müssen die Voraussetzungen dafür schaffen, dass die zurückbleibenden Mitgliedstaaten später aufschließen können.[556] Eine solche Unterstützung ist erforderlich, um zu gewährleisten, dass ein gemeinsames Interesse verfolgt wird. Dass sie daran festhalten, machen die voranschreitenden Mitgliedstaaten nur glaubhaft, wenn sie bereit sind, die Integrationsfähigkeit der nicht teilnehmenden Mitgliedstaaten zu verbessern. Bei den Vorschriften über die vZA fehlt eine Regelung einer solchen Verpflichtung.[557] Die Pflicht zur Hilfeleistung ist dann aus dem Solidaritätsprinzip abzuleiten.[558]

(b) Fehlende Integrationsbereitschaft

Anders stellt sich dagegen die Situation dar, wenn Grund für das Durchbrechen der Einheitlichkeit allein der mangelnde Wille der nicht teilnehmenden Mitgliedstaaten ist. Sie könnten zwar an der Vertiefung der Integration partizipieren, wollen dies aber nicht. Folglich fehlt es an ihrer Bereitschaft, die eigenen Interessen zugunsten einer einheitlichen Regelung zurückzustellen. In diesen Fällen könnte die Differenzierung eine Einschränkung des Solidaritätsprinzips bedeuten.

Die Solidarität verlangt jedoch nicht, auf die Verwirklichung der eigenen Interessen in unbegrenztem Umfang zu verzichten. Vielmehr bestimmt sich die Ausgestaltung des Solidaritätsprinzips nach den besonderen Umständen seines jeweiligen Anwendungsbereiches. Um bewerten zu können, ob eine Differenzie-

---

555 *Ders.*, ebenda; vgl. auch *Becker*, Differenzierungen der Rechtseinheit durch „abgestufte Integration", EuR Beiheft 1/1998, S. 29, 55, der betont, dass durch das Fehlen einer entsprechenden Regelung zum Ausdruck kommt, dass eine stärkere Solidarität nicht eingefordert wird.

556 Beim Konzept der abgestuften Integration wird dies als Zeichen der Solidarität zur Voraussetzung gemacht, siehe *Langeheine*, Abgestufte Integration, EuR 1983, S. 227, 230. Die Notwendigkeit der Unterstützung durch Solidarleistungen betonte auch *Tsatsos* in der Diskussion im Vorfeld des Amsterdamer Vertrages: Memorandum (Entwurf) für die SPE-Fraktion über die Möglichkeiten und Grenzen partieller Integration, in: ders. (Hrsg.), Verstärkte Zusammenarbeit, S. 13 , 16, 18 f., 23.

557 *Ehlermann*, Engere Zusammenarbeit nach dem Amsterdamer Vertrag: Ein neues Verfassungsprinzip?, EuR 1997, S. 362, 379; *Becker*, Differenzierungen der Rechtseinheit durch „abgestufte Integration", EuR Beiheft 1/1998, S. 29, 55; *Hofmann*, Wieviel Flexibilität für welches Europa?, EuR 1999, S. 713, 725.

558 Ohne Erwähnung der Pflicht zur Solidarität weisen *Ehlermann*, aaO, S. 362, 379 und *Becker*, aaO, S. 29, 55 darauf hin, dass eine entsprechende Unterstützung in den Vorschlägen der Kommission berücksichtigt werden kann; *Hofmann*, aaO, S. 713, 725 will in diesem Fall das Gebot der Gemeinschaftstreue heranziehen.

rung, die auf dem fehlenden Willen einiger Mitgliedstaaten zur Vertiefung der Integration beruht, eine Aufhebung des Solidaritätsprinzip darstellt, müssen deshalb die Erscheinungsformen des Vorrangs des gemeinsamen Interesses in der Europäischen Union daraufhin untersucht werden, in welchem Umfang sie eine Zurückstellung der nationalen Interessen fordern.

In Bezug auf die Anwendung von Gemeinschaftsrecht verlangt die Pflicht zur Solidarität, dass die Mitgliedstaaten dieses auch dann befolgen, wenn es ihrem nationalen Interesse widerspricht. Wenn eine gemeinschaftsrechtliche Norm bereits erlassen worden ist, können sich die Mitgliedstaaten also überhaupt nicht mehr auf ihre nationalen Interessen berufen. Diese Pflicht zur Solidarität besteht, da eine gemeinsame Rechtsordnung die Befolgung ihrer Vorschriften erfordert. Dem ist die Situation bei der Differenzierung, wo die Rechtsnormen von Anfang an nur für einen Teil der Mitgliedstaaten Anwendung finden, nicht vergleichbar. Für die nicht teilnehmenden Mitgliedstaaten fehlt es an konkreten Normen, die zu befolgen sind. Eine völlige Zurückstellung der nationalen Interessen kann im Rahmen der Differenzierung also nicht gefordert werden.

Der solidarische Gedanke des Vorrangs des gemeinsamen Interesses tritt des Weiteren bei der Ausgestaltung des Entscheidungsverfahrens zutage. Die Regelungen über das Beschlussverfahren lassen sich für die Bestimmung der Anforderungen an die Zurückstellung der eigenen Interessen fruchtbar machen, denn mit der Differenzierung werden uneinheitlich geltende Rechtsnormen geschaffen. Im Entscheidungsprozess verlangt die Zurückstellung eigener Interessen von den Mitgliedstaaten, sich Mehrheitsentscheidungen zu beugen. Wenn die Solidarität fordert, dass die Mitgliedstaaten Mehrheitsentscheidungen, die entgegen ihren Stimmen getroffen werden, akzeptieren müssen, dann können sie auch verpflichtet werden, die Einheitlichkeit des Gemeinschaftsrechts nicht zu behindern. Sehen die Vorschriften des Vertrages Beschlussfassung mit Mehrheit vor, so haben sich die Mitgliedstaaten zur Zurückstellung ihrer nationalen Interessen bei der Entscheidungsfindung verpflichtet. Haben sie in diesen Fällen eine Entscheidung, die ihren Interessen widerspricht, hinzunehmen, so sind sie auch nicht berechtigt, ein Durchbrechen der Einheitlichkeit des Gemeinschaftsrechts zu erzwingen. In Bereichen, in denen das Mehrheitsprinzip gilt, stellt eine Differenzierung aufgrund mangelnden Willens einiger Mitgliedstaaten demnach eine übermäßige Einschränkung des Solidaritätsprinzips dar.[559]

In den vertraglichen Regelungen über die vZA ist eine solche Anforderung an die Differenzierung nicht festgelegt. Dem Solidaritätsprinzip kann aber durch eine solidaritätskonforme Auslegung dieser Vorschriften Rechnung getragen

559 Vgl. *Gil-Robles*, Die Flexibilität, ein Mechanismus für eine verstärkte Integration, EuZW 1997, S. 353; auch nach *Martenczuk*, Die differenzierte Integration nach dem Vertrag von Amsterdam, ZEuS 1998, S. 447, 465 f. soll die vZA auf Bereiche beschränkt sein, in denen die Entscheidungen einstimmig getroffen werden.

werden. Die in Art. 43 Abs. 1 c) EUV genannte Voraussetzung, wonach die vZA nur als letztes Mittel herangezogen werden darf, ist so zu verstehen, dass damit eine Differenzierung bei Mehrheitsentscheidungen ausgeschlossen ist.

b) Einheitlichkeit im Entscheidungsverfahren

Die Differenzierung steht darüber hinaus noch mit einer weiteren Erscheinungsform der Solidarität im Gemeinschaftsrecht in einem Spannungsverhältnis, und zwar der Einheitlichkeit des Entscheidungsverfahrens.[560] Damit wird die Mitwirkung aller Mitgliedstaaten an der Beschlussfassung gefordert. Bei einer Differenzierung sind die nicht teilnehmenden Mitgliedstaaten von den Abstimmungen im Ministerrat ausgeschlossen. Das Entscheidungsverfahren wird in diesen Fällen den Anforderungen an die Einheitlichkeit folglich nicht gerecht.

Es stellt sich deshalb die Frage, wie dieser Konflikt zwischen dem Solidaritätsprinzip und der Differenzierung zu lösen ist. Dabei ist zu berücksichtigen, dass zwischen der einheitlichen Ausgestaltung des Entscheidungsverfahrens und der einheitlichen Geltung des Gemeinschaftsrechts eine Wechselwirkung besteht.[561] Denn nur wenn alle Mitgliedstaaten an der Beschlussfassung beteiligt sind, kann auch von allen dessen Anwendung verlangt werden.

Im vorhergehenden Abschnitt wurde festgestellt, dass ein Durchbrechen der einheitlichen Geltung des Gemeinschaftsrechts in gewissem Umfang hinzunehmen ist. Da die einheitliche Ausgestaltung des Entscheidungsverfahrens der Rechtfertigung der einheitlichen Anwendung dient, bedarf es dieser nur, wenn eine Vorschrift für alle Mitgliedstaaten gilt. Ein einheitliches Beschlussverfahren ist demnach lediglich dann notwendig, wenn das auf diese Weise geschaffene Gemeinschaftsrecht für alle Geltung entfaltet. Deshalb sind die bezüglich der Anwendung des Gemeinschaftsrechts darlegten Grundsätze maßgeblich. Solange danach dessen Uneinheitlichkeit zulässig ist, muss dies auch für die Ausgestaltung des Entscheidungsverfahrens gelten. Diese Wertung wird auch durch einen Vergleich mit der Konstellation, die Gegenstand des Gutachtens war, in dem der Gerichtshof die Einheitlichkeit des Entscheidungsverfahrens als Forderung nach Solidarität betont hat,[562] unterstrichen. In dem Fall ging es um einen dauerhaften Ausschluss einzelner Mitgliedstaaten vom Beschlussverfahren. In Bezug auf die Differenzierung gestaltet sich die Situation jedoch insofern anders, als die mangelnde Einheitlichkeit bei der Entscheidungsfindung nur vor-

560 *Langeheine*, Europäisches Gemeinschaftsrecht und Abgestufte Integration, 1988, S. 131 ff.; *Martenczuk*, Die differenzierte Integration und die föderale Struktur der Europäischen Union, EuR 2000, S. 351, 360 ff.

561 *Martenczuk*, aaO, S.351, 360.

562 EuGH Gutachten 1/76, Stillegungsfonds, Slg. 1977, 741 Rn. 11 f.

übergehend sein soll.[563] Diese Verschiedenartigkeit rechtfertigt es, den Ausschluss der nicht teilnehmenden Mitgliedstaaten von den Abstimmungen im Rahmen der Differenzierung nicht als Einschränkung des Solidaritätsprinzips anzusehen.

Im Sozialprotokoll war festgelegt, dass Großbritannien nicht nur von den Abstimmungen, sondern auch von den Beratungen im Ministerrat ausgeschlossen sein sollte. Eine solche Regelung ist möglicherweise anders zu bewerten. Für eine Teilnahme der zurückbleibenden Mitgliedstaaten an den Beratungen spricht, dass damit die Bedeutung der Differenzierung als Angelegenheit von gemeinsamen Interesse deutlich gemacht wird. Auf diese Weise wird der grundsätzliche Anspruch auf Integration der anfänglich abseits stehenden Mitgliedstaaten aufrechterhalten.[564] Die Möglichkeit der Mitwirkung an der Beratung sichert demnach, dass sie in Bereichen, wo eine Differenzierung stattfindet, in den Entscheidungsprozess eingebunden bleiben. Es wurde bereits dargelegt, dass die Möglichkeit zum Anschluss offen stehen muss. Damit kommt der Teilnahme an den Beratungen eine besondere Bedeutung zu. Werden die zurückbleibenden Mitgliedstaaten von den Beratungen im Ministerrat ausgeschlossen, so hat dies zur Folge, dass sie von der Zusammenarbeit weiter abrücken. Damit die vom Solidaritätsprinzip geforderte Offenheit der Differenzierung gewährleistet wird, ist eine Teilnahme an den Beratungen zu verlangen. Die einheitliche Ausgestaltung des Entscheidungsverfahrens muss demnach zumindest in Bezug auf die Beratung bestehen bleiben.[565]

5. *Ergebnis*

Das Solidaritätsprinzip steht der Differenzierung - zumindest tendenziell - entgegen.[566] Denn das solidarische Gebot, dem gemeinsamen Interesse den Vorrang vor dem eigenen Interesse einzuräumen, ist in diesem Fall nicht gewahrt. Vielmehr wird bei der Differenzierung nicht ein gemeinsames Interesse, son-

---

563 Auf diesen Unterschied weist auch *Langeheine*, Europäisches Gemeinschaftsrecht und Abgestufte Integration, 1988, S. 132 f., für das Konzept der abgestuften Integration hin.

564 *Langeheine*, Rechtliche und institutionelle Probleme einer abgestuften Integration in der Europäischen Gemeinschaft, in: Grabitz (Hrsg.), Abgestufte Integration, 1984, S. 47, 114; *Martenczuk*, Die differenzierte Integration nach dem Vertrag von Amsterdam, ZEuS 1998, S. 447, 463.

565 auch *Langeheine*, in: Grabitz (Hrsg.), aaO, S. 47, 114, betont unter Bezugnahme auf das Gutachten 1/76, in dem der Gerichtshof die einheitliche Ausgestaltung des Entscheidungsverfahrens als Forderung nach Solidarität bezeichnet hat, dass ein Ausschluss von den Beratungen nicht als unbedenklich angesehen werden kann.

566 so auch *Huber*, Differenzierte Integration und Flexibilität als neues Ordnungsmuster der Europäischen Union, EuR 1996, S. 347, 351, der zwar vom Grundsatz der Gemeinschaftstreue spricht, diesen aber in Art. A Uabs. 3 (jetzt Art. 1 Abs. 3) EUV verankert sieht, der ausdrücklich die Solidarität nennt.

dern nur das Interesse einiger Mitgliedstaaten verfolgt. Dieser Konfliktfall tritt insbesondere in Bezug auf die wichtigste Erscheinungsform des Vorrangs des gemeinsamen Interesses in der Europäischen Union, die Einheitlichkeit des Gemeinschaftsrechts, zutage. Da diese bei einer Differenzierung durchbrochen wird, erfährt auch der darin zum Ausdruck kommende Gedanke der Solidarität eine Beeinträchtigung.[567] Das Bestehen dieses Spannungsverhältnisses hat aber nicht zur Folge, dass jede Form der Differenzierung eine Aufhebung des Solidaritätsprinzips darstellt. Vielmehr sind die widerstreitenden Prinzipien im Einzelfall gegeneinander abzuwägen.

Es muss gesichert sein, dass die Einheitlichkeit des Gemeinschaftsrechts zumindest ihrem Grundsatz nach gewahrt bleibt. Aus diesem Grunde würde ein Europa à la carte, mit dem das Prinzip der Einheitlichkeit abgeschafft wird, eine Aufhebung des Solidaritätsprinzips darstellen. Damit die Wahrung dieses Grundsatzes sichergestellt ist, muss gewährleistet sein, dass die Differenzierung auf Ausnahmefälle beschränkt bleibt. Zudem muss den zurückbleibenden Mitgliedstaaten der Beitritt offen stehen. Erfolgt die Differenzierung aufgrund der fehlenden Integrationsfähigkeit einiger Mitgliedstaaten, ist darüber hinaus zu fordern, dass den zurückbleibenden Mitgliedstaaten Unterstützung zuteil wird, damit ihnen ein späteres Aufschließen auch tatsächlich möglich ist.[568] Scheitert eine einheitliche Lösung, weil es an dem Integrationswillen einzelner Mitgliedstaaten fehlt, dann ist eine übermäßige Einschränkung des Solidaritätsprinzips anzunehmen, wenn ein Bereich betroffen ist, in dem mit Mehrheit entschieden wird.

Darüber hinaus verlangt das Solidaritätsprinzip, dass die Fälle der Differenzierung nach Möglichkeit zu vermeiden sind. Denn auch wenn die genannten Vorgaben eingehalten werden, wird doch von dem solidarischen Grundsatz abgewichen, dass dem gemeinsamen Interesse der Vorrang vor dem nationalen Interesse einzuräumen ist. Nur wenn der integrationspolitische Nutzen die Gefahren für die Solidarität überwiegt, ist ein uneinheitliches Vorgehen gerechtfertigt.[569] Die Differenzierung darf deshalb nicht zu einem Verfassungsprinzip für das europäische Recht werden, sondern muss auf ein Mittel zur Integrationsförderung beschränkt bleiben, das nur dann eingreift, wenn andere Maßnahmen unzureichend sind oder versagen.[570]

---

567 *Becker*, Differenzierungen der Rechtseinheit durch „abgestufte Integration“, EuR Beiheft 1/1998, S. 29, 40.

568 *Hilf*, in: Grabitz/Hilf, Kommentar zur EU, Art. A EUV Rn. 24.

569 *Martenczuk*, Die differenzierte Integration und die föderale Struktur der Europäischen Union, EuR 2000, S. 351, 363.

570 *Martenczuk*, aaO, S. 351, 364; *Ehlermann*, Engere Zusammenarbeit nach dem Amsterdamer Vertrag: Eine neues Verfassungsprinzip?, EuR 1997, S. 362, 395 betont, dass in den Vorschriften über die vZA kein neues Verfassungsprinzip zu sehen ist.

III. Sanktionsmechanismus gemäß Art. 7 EUV

Eine Grenze des Solidaritätsprinzips bildet auch der Sanktionsmechanismus des Art. 7 EUV, mit dem auf eine Verletzung von grundlegenden Prinzipien der Europäischen Union reagiert werden kann.

Gemäß Art. 6 Abs. 1 EUV beruht die Union auf den Grundsätzen der Freiheit, der Demokratie, der Achtung der Menschenrechte und Grundfreiheiten sowie der Rechtsstaatlichkeit. Diese Grundsätze sind allen Mitgliedstaaten gemeinsam. Damit stellen sie deren gemeinsames Interesse dar, dessen Verfolgung vom Solidaritätsprinzip geboten wird. Achtet ein Mitgliedstaat die gemeinsamen Prinzipien nicht, so verletzt er folglich auch seine Pflicht zur Solidarität.

Art. 7 EUV bietet die Möglichkeit, in einem zweistufigen Verfahren gegen einen solchen Verstoß vorzugehen. In einem ersten Schritt kann gemäß Art. 7 Abs. 1 EUV auf Vorschlag eines Drittels der Mitgliedstaaten oder der Kommission und nach Zustimmung des Europäischen Parlaments der Rat, der in der Zusammensetzung der Staats- und Regierungschefs tagt, einstimmig feststellen, dass eine schwerwiegende und anhaltende Verletzung dieser Grundsätze vorliegt.[571] Erforderlich ist, dass die Regierung des betroffenen Mitgliedstaates vorher zu einer Stellungnahme aufgefordert wird.

Danach kann der Rat gemäß Art. 7 Abs. 2 EUV mit qualifizierter Mehrheit beschließen, bestimmte Rechte des Mitgliedstaates auszusetzen. Ausdrücklich erwähnt wird in dieser Regelung die Möglichkeit, die Stimmrechte des Vertreters der Regierung des betroffenen Staates im Rat auszusetzen. Darüber hinaus kommen als aussetzungsfähige Rechte die im EUV enthaltenen Teilnahmerechte[572] oder finanzielle Ansprüche[573] in Betracht. Dabei sind die möglichen Auswirkungen der Aussetzung auf die Rechte und Pflichten natürlicher und juristischer Personen zu berücksichtigen. Die vertraglichen Verpflichtungen sind für den Mitgliedstaat in jedem Fall weiterhin verbindlich.

Dieser Sanktionsmechanismus bedingt einen Wandel der Solidarität. Als Reaktion darauf, dass ein Mitgliedstaat gegen die grundlegenden Prinzipien verstoßen und damit das Solidaritätsprinzip verletzt hat, beschränken die anderen

[571] Mit dem Vertrag von Nizza wird ein neuer Art. 7 Abs. 1 EUV eingefügt, der eine solche Maßnahme schon beim Bestehen der eindeutigen Gefahr einer schwerwiegenden Verletzung erlaubt. Außerdem fordert die neue Regelung, dass der Rat den betroffenen Mitgliedstaat anhört, bevor er eine Feststellung trifft, siehe dazu *Hatje*, Die institutionelle Reform der Europäischen Union - der Vertrag von Nizza auf dem Prüfstand - , EuR 2001, 143, 172 ff.

[572] *Schorkopf*, Homogenität in der Europäischen Union – Ausgestaltung und Gewährleistung durch Art. 6 Abs. 1 und Art. 7 EUV, 2000, S. 167 ff.

[573] *Hatje*, Loyalität als Rechtsprinzip in der Europäischen Union, 2001, S. 78.

Mitgliedstaaten ihrerseits die Solidarität ihm gegenüber, indem sie seine Rechte aussetzen.

Dies gilt insbesondere in Bezug auf die Aussetzung der Stimmrechte im Rat. Auf diese Weise können die übrigen Mitgliedstaaten Entscheidungen ohne Zustimmung des betroffenen Mitgliedstaates treffen, die für ihn jedoch bindend sind.[574] Es wurde bereits dargestellt, dass die gleichberechtigte Teilnahme aller Mitgliedstaaten an der Entscheidungsfindung eine Erscheinungsform des Solidaritätsprinzips darstellt. Wird das Stimmrecht des vertragsbrüchigen Staates ausgesetzt, so beinhaltet dies folglich eine Einschränkung des Solidaritätsprinzips. Aber auch die Aussetzung finanzieller Ansprüche eines Staates, insbesondere wenn er zu den ärmeren Staaten der Union zählt, steht dem Solidaritätsprinzip entgegen.

Um eine zu weitgehende Einschränkung des Solidaritätsprinzips zu verhindern, sind bei Verhängung einer Sanktion auch die Interessen des betroffenen Mitgliedstaates zu berücksichtigen. Das Solidaritätsprinzip gebietet es, dem gemeinsamen Interesse den Vorrang vor dem nationalen Interesse einzuräumen. Dieser Vorrang des gemeinsamen Interesses gilt jedoch nicht unbegrenzt. Deshalb ist im Einzelfall eine Abwägung zwischen dem gemeinsamen Interesse an der Aufrechterhaltung der grundlegenden Prinzipien und den Interessen des Mitgliedstaates an der Wahrnehmung seiner vertraglichen Rechte vorzunehmen.

IV. Haftungsausschluss

Im finanziellen Bereich findet das Solidaritätsprinzip seinen Ausdruck in der Umverteilung von den reichen zu den armen Mitgliedstaaten. Dieser Forderung nach einem Ausgleich setzt das Gemeinschaftsrecht eine Grenze. Gemäß Art. 103 Abs. 1 S. 1 EGV haftet die Gemeinschaft nicht für die Verbindlichkeiten der Zentralregierungen, der regionalen oder lokalen Gebietskörperschaften oder anderen öffentlich-rechtlichen Körperschaften, sonstiger Einrichtungen des öffentlichen Rechts oder öffentlicher Unternehmen von Mitgliedstaaten und tritt nicht für derartige Verbindlichkeiten ein. Nach S. 2 ist auch jedem anderen Mitgliedstaat sowohl die Haftung als auch der Eintritt in ein Schuldverhältnis untersagt. Mit dieser „No-bailout-Klausel"[575] besteht ein Haftungsausschluss der Gemeinschaft und der Mitgliedstaaten für einen Mitgliedstaat, der sich in einer finanziellen Notlage befindet.

Die Haftung aller für jeden Einzelnen ist aber gerade Ausdruck der Solidarität. Das zeigt sich insbesondere in deren ursprünglicher Bedeutung als Solidarhaf-

---

574 *Schorkopf*, aaO, (Fn. 572), S. 167.

575 *Heinemann*, Bailout- und Bonitätseffekte in der Wirtschafts- und Währungsunion, ZWS 115 (1995), S. 605, 606 f.: „Bailout" ist das Einstehen anderer Länder für die Verschuldung eines Staates.

tung. Da diese durch Art. 103 EGV ausgeschlossen wird, steht die Vorschrift in einem Spannungsverhältnis zu dem im europäischen Recht geltenden Solidaritätsprinzip.[576] Deshalb ist im Folgenden zu untersuchen, wie sich dieser Widerspruch zwischen der Pflicht zur Solidarität und dem Ausschluss der Solidarhaftung auflösen lässt. Gestellt ist damit die Frage nach den Grenzen der Solidarität im finanziellen Bereich.

Um die Bedeutung des Haftungsausschlusses erfassen zu können, ist zunächst nach dem mit Art. 103 EGV verfolgten Zweck zu fragen. Sodann wird erörtert, wie die Vorschrift in Konflikt mit den verschiedenen Formen der finanziellen Umverteilung gerät und wie das Spannungsverhältnis zwischen dem Solidaritätsprinzip und dem Haftungsausschluss im Einzelfall aufzulösen ist.

1. Zweck des Art. 103 EGV

Die Tragweite des Spannungsverhältnisses zwischen dem Ausschluss der Solidarhaftung und dem Solidaritätsprinzip kann nur beurteilt werden, wenn die Bedeutung des Haftungsausschlusses bekannt ist. Dafür ist der Zweck des Art. 103 EGV maßgeblich. Der Haftungsausschluss dient der Gewährleistung der staatlichen Haushaltsdisziplin. Mit dieser Zielsetzung steht er in enger Verbindung zu den Art. 101 und 102 EGV. Denn den Verboten in diesen Vorschriften ist gemeinsam, dass sie eine unsolide Haushaltspolitik der Mitgliedstaaten verhindern sollen.[577] Die Notwendigkeit der Maßnahmen ist auf das Auseinanderfallen der Zuständigkeiten in der Wirtschafts- und Währungspolitik zurückzuführen. Während die Mitgliedstaaten weiterhin für die Finanz- und Haushaltspolitik zuständig sind, ist die Währungspolitik vergemeinschaftet. Durch diese Aufspaltung entsteht eine enge Verzahnung der beiden Ebenen mit der Folge, dass das wirtschaftspolitische Fehlverhalten eines Mitgliedstaates die Preisstabilität und damit das Gelingen der Währungsunion gefährden kann.[578] Zu einer disziplinierten Wirtschaftspolitik zählt insbesondere eine Begrenzung der Staatsverschuldung. Dementsprechend sind die Mitgliedstaaten gemäß Art. 104 Abs. 1 EGV zur Vermeidung öffentlicher Defizite verpflichtet. Um dies zu erreichen, sollen sie bei einer Kreditaufnahme wie alle anderen Kreditnehmer behandelt werden und gemäß den Gesetzen des Marktes bei hoher Verschuldung steigenden Kreditkosten ausgesetzt sein. Deshalb verbietet Art. 101 EGV die

---

576 So auch *Molzahn*, Die normativen Verknüpfungen von Kapitalverkehrsfreiheit und Währungsunion im EG-Vertrag, 1999, S. 230; *Heinemann*, aaO, S. 605, 609.

577 *Bandilla*, in: Grabitz/Hilf, Kommentar zur EU, Art. 103 EGV Rn. 1 ff.; *Hattenberger*, in: Schwarze, EU-Kommentar, Art. 103 Rn. 1.

578 *Hahn/Siebelt*, in: Dauses (Hrsg.), Handbuch des EU-Wirtschaftsrechts, Bd. 1, F I Rn. 66; *Seidel*, Probleme der Währungsordnung der Europäischen Union, in: FS Vierregge, 1995, S. 793, 795 ff.; *Heinemann*, Bailout- und Bonitätseffekte in der Wirtschafts- und Währungsunion, ZWS 115 (1995), S. 605 f.

Gewährung von Krediten durch die EZB und die nationalen Notenbanken an die Mitgliedstaaten. Ergänzt wird diese Regelung durch das Verbot des Art. 102 EGV, wonach Maßnahmen, die den Mitgliedstaaten einen bevorrechtigten Zugang zu den Finanzinstituten schaffen, verboten sind. Damit werden den Mitgliedstaaten günstige Finanzierungsmöglichkeiten untersagt. Da sie aufgrund der gemeinsamen Währung auch nicht mehr die Möglichkeit haben, eine Finanzkrise durch Geldentwertung aufzufangen, wird erwartet, dass die betroffenen Mitgliedstaaten aufgrund der hohen Kreditkosten alles daran setzen werden, ihre Staatsverschuldung zu mindern. Dieser Druck auf die Haushaltsdisziplin wird durch den Haftungsausschluss unterstützt. Könnte sich ein Mitgliedstaat darauf verlassen, dass die Gemeinschaft oder die anderen Mitgliedstaaten im Falle einer Haushaltsnotlage für ihn einstehen würden, dann hätte er keinen Anreiz, seine finanziellen Schwierigkeiten zu beheben.[579] Ebenso würden die Kreditgeber bei hohem Schuldenstand nicht automatisch einen höheren Risikoaufschlag erheben, wenn sie wüssten, dass die Gemeinschaft oder die anderen Mitgliedstaaten für den verschuldeten Mitgliedstaat haften.[580] Deshalb nimmt der Haftungsausschluss eine wichtige Rolle im Rahmen der Gewährleistung der Währungsstabilität ein.[581]

2. *Spannungsverhältnis zur finanziellen Umverteilung*

Um seinen Zweck erfüllen zu können, muss der Haftungsausschluss glaubwürdig sein. Daran würde es fehlen, wenn er durch Umverteilungszahlungen im Vorfeld einer drohenden Zahlungsunfähigkeit umgangen werden könnte.[582] Das Solidaritätsprinzip gebietet aber gerade eine solche finanzielle Umverteilung hin zu den armen Mitgliedstaaten. Folglich entsteht insoweit ein Spannungsverhältnis. Dieses wird dadurch verstärkt, dass es dem Gedanken der Solidarität widerspricht, wenn ein Mitgliedstaat in einer schweren Krisensituation sich

---

579 *Gnan*, in: GTE, EGV/EUV, Art. 104 b EGV Rn. 2 ff.; *Molzahn*, Die normativen Verknüpfungen von Kapitalverkehrsfreiheit und Währungsunion im EG-Vertrag, 1999, S. 227 ff.

580 *Häde*, in: Calliess/Ruffert, EUV/EGV Art. 103 EGV Rn. 1; *Heinemann*, aaO (Fn. 578), S. 605, 606 f; *Fuest*, Stabile fiskalpolitische Institutionen für die Europäische Währungsunion, Wirtschaftsdienst 1993, S. 539, 544.

581 *Hattenberger*, in: Schwarze, EU-Kommentar, Art. 103 EGV Rn. 1; *Fuest*, Budgetdefizite in einer Europäischen Währungsunion: Bedarf es gemeinsamer Verschuldensregeln?, Zeitschrift für Wirtschaftspolitik 1993, S. 123, 128 f.

582 Solche Maßnahmen sind im Falle eines drohenden Staatsbankrottes auch zur erwarten, da sein Eintritt als Misserfolg der Währungsunion und damit der politischen Integration gewertet würde, siehe dazu: *Gnan*, in: GTE, EGV/EUV, Art. 104 b EGV Rn. 5; *Fuest*, Stabile fiskalpolitische Institutionen für die Europäische Währungsunion, Wirtschaftsdienst 1993, S. 539, 544.

selbst überlassen wird.[583] Um feststellen zu können, wie der Konfliktfall gelöst werden kann, ist zunächst das Spannungsverhältnis näher darzustellen. Dabei sind die verschiedenen Umverteilungsmechanismen des europäischen Rechts daraufhin zu begutachten, ob der Haftungsausschluss ihnen entgegensteht. Aufbauend auf diesen Feststellungen kann dann untersucht werden, wie sich die widerstreitenden Pole in Einklang bringen lassen.

a) Umverteilung durch die Ausgaben im Rahmen der Kohäsionspolitik

In der Literatur wird die Befürchtung geäußert, dass die „No-bailout-Klausel" durch eine Aufstockung der Mittel aus den Strukturfonds und dem Kohäsionsfonds zugunsten eines hoch verschuldeten Mitgliedstaates umgangen werden könnte.[584]

Fraglich ist aber, ob aus den Fonds gewährte Zahlungen dem betroffenen Staat im Falle eines drohenden Bankrotts überhaupt helfen. Denn diese Zuwendungen dienen der Förderung der Strukturpolitik und damit einem ganz anderen Ziel.[585] Zwar können die Gelder, die aufgrund der Unterstützungsleistungen eingespart werden konnten, grundsätzlich zur Schuldendeckung verwendet werden. Die Zuwendungen erhält der betroffene Mitgliedstaat bei ordnungsgemäßer Verteilung aber nur dann, wenn er sie für bestimmte Projekte benutzt. Außerdem muss er einen Teil der Finanzierung aus seinen eigenen Haushaltsmitteln übernehmen.[586] Zur Begleichung der Schulden wären die Zahlungen aus den Fonds deshalb nicht von Nutzen. Mit ihnen müssen die Projekte finanziert werden und außerdem hat der Mitgliedstaat aus seinem - ohnehin hoch verschuldeten - Haushalt Zuzahlungen zu leisten. Demnach besteht bei ordnungsgemäßer Verteilung der Zahlungen aus den Fonds nicht die Gefahr der Umgehung des Haftungsausschlusses. Der Kohäsionspolitik sind durch die „No-bailout-Klausel" damit keine Grenzen gesetzt.

b) Umverteilung durch finanziellen Beistand

Des Weiteren könnte die Wirksamkeit des Haftungsausschlusses durch die Gewährung von finanziellem Beistand gemäß Art. 100 Abs. 2 EGV beeinträchtigt werden. Diesen kann ein Mitgliedstaat erhalten, der aufgrund außergewöhnlicher Ereignisse, die sich seiner Kontrolle entziehen, von Schwierigkeiten be-

---

583 *Molzahn*, Die normativen Verknüpfungen von Kapitalverkehrsfreiheit und Währungsunion im EG-Vertrag, 1999, S. 228.

584 *Issing*, Disziplinierung der Finanzpolitik in der Europäischen Währungsunion, in: Duwendag/Siebke (Hrsg.), Europa vor dem Eintritt in die Wirtschaft- und Währungsunion, 1993, S. 181, 186; *Fuest*, aaO (Fn. 582), S. 539, 544.

585 *Gnan*, in: GTE, EGV/EUV Art. 104 b EGV Rn. 32.

586 Darauf weist auch *Molzahn*, Die normativen Verknüpfungen von Kapitalverkehrsfreiheit und Währungsunion im EG-Vertrag, 1999, S. 228 hin.

troffen oder von gravierenden Schwierigkeiten ernstlich bedroht ist. Obwohl der finanzielle Beistand nicht durch Eintritt in die Schuldverhältnisse erfolgt, wirkt er nach außen wie eine Haftungsübernahme, da dem Mitgliedstaat durch die Zahlungen die Möglichkeit gegeben wird, seine Schulden zu erfüllen. Diese Wirkung tritt schon vor Anwendung der Vorschrift ein, wenn die Märkte sie zur Kenntnis nehmen.[587]

Ein Spannungsverhältnis zwischen dem Haftungsausschluss und dem finanziellen Beistand besteht aber nur dann, wenn er in den Fällen des Art. 103 EGV überhaupt gewährt werden kann. Eine akute Schuldenkrise lässt sich als nicht mehr kontrollierbares und außergewöhnliches Ereignis im Sinne des Art. 100 Abs. 2 EGV qualifizieren.[588] Umstritten ist, ob die Gewährung der Unterstützung des Weiteren voraussetzt, dass der Mitgliedstaat seine Probleme nicht selbst verursacht hat.[589] Die Entscheidung dieses Streites ist für die Frage des Vorliegens eines Konfliktfalles mit der „No-bailout-Klausel" von entscheidender Bedeutung. Denn eine Zahlungsunfähigkeit ist meist durch mehrjährige Schuldenanhäufung selbstverschuldet.[590] Bejaht man einen finanziellen Beistand unabhängig von der Frage des Verschuldens, dann kann dieser auch in den Fällen des Art. 103 EGV gewährt werden. Damit würde eine Unterstützung dem Haftungsausschluss entgegenstehen.

Art. 100 Abs. 2 EGV muss aber so angewendet werden, dass der finanzielle Beistand nicht einer Haftung für den Mitgliedstaat gleichkommt.[591] Deshalb ist diese Vorschrift so zu verstehen, dass keine Zahlungen gegenüber Staaten getätigt werden dürfen, die sich aufgrund einer schlechten Haushaltspolitik selbstverschuldet in der finanziellen Notlage befinden.[592] Ein solches Verständnis des finanziellen Beistandes entspricht auch dem Gedanken der Solidarität. Denn

---

587 *Heinemann*, Bailout- und Bonitätseffekte in der Wirtschafts- und Währungsunion, ZWS 115 (1995), S. 605, 609 f.

588 *Heinemann*, aaO, S. 605, 609 f.

589 Kein Verschulden fordern: Hattenberg, in: *Schwarze*, EU-Kommentar, Art. 101 EGV Rn. 6; *Häde*, in: Calliess/Ruffert, EUV/EGV, Art. 100 EGV Rn. 5; *Ohler*, Die fiskalische Integration in der Europäischen Gemeinschaft, 1997, S. 289; Verschulden fordern: *Molzahn*, Die normativen Verknüpfungen von Kapitalverkehrsfreiheit und Währungsunion im EG-Vertrag, 1999, S. 255 f.; *Issing*, Disziplinierung der Finanzpolitik in der Europäischen Währungsunion, in: Duwendag/Siebke (Hrsg.), Europa vor dem Eintritt in die Wirtshafts- und Währungsunion, 1993, S. 181, 190.

590 *Heinemann*, Bailout- und Bonitätseffekte in der Wirtschafts- und Währungsunion, ZWS 115 (1995), S. 605, 608; a.A. *Gnan*, in: GTE, EGV/EUV, Art. 104 b EGV Rn. 28.

591 *Häde*, Finanzausgleich, 1996, S. 546; allgemein für Finanztransfers: *Issing*, Disziplinierung der Finanzpolitik in der Europäischen Währungsunion, in: Duwendag/Siebke (Hrsg.), Europa vor dem Eintritt in die Wirtschafts- und Währungsunion, 1993, S. 181, 190.

592 So auch *Molzahn*, Die normativen Verknüpfungen von Kapitalverkehrsfreiheit und Währungsunion im EG-Vertrag, 1999, S. 255 f.

Staaten, die ihre Hilfebedürftigkeit selbst verursacht haben, missbrauchen mit der Forderung nach Unterstützung die Solidaritätsbereitschaft der anderen Mitgliedstaaten.

Für diese Auslegung der „No-bailout-Klausel" spricht auch der Zweck des Haftungsausschlusses, der darin besteht, die Haushaltsdisziplin der Mitgliedstaaten zu gewährleisten. Damit sollen nur die finanziellen Krisen verhindert werden, die in deren Verantwortungsbereich fallen.

Das Spannungsverhältnis zwischen dem finanziellen Beistand und dem Haftungsausschluss ist demnach so zu lösen, dass diese Form der Unterstützung nur dann gewährt wird, wenn die Mitgliedstaaten ihre Schwierigkeiten nicht durch eine unsolide Haushaltspolitik selbst verursacht haben.

c) Umverteilung durch Finanzausgleich

Bislang gibt es in der Europäischen Union keine Umverteilung durch ungebundene Finanztransfers. Es wurde bereits festgestellt, dass das Solidaritätsprinzip auch nicht zu deren Einführung verpflichtet.

Der Haftungsausschluss des Art. 103 EGV steht einem Finanzausgleich nach deutschem Vorbild sogar entgegen. In der Solidargemeinschaft des Bundesstaates haben Bund und Länder die Pflicht, einem Bundesland, das sich in einer extremen Haushaltsnotlage befindet, Hilfe zu leisten.[593] Mit dem Haftungsausschluss ist in der Europäischen Union eine solche Unterstützung aber gerade verboten. Schon deshalb können die für das deutsche Recht geltenden Grundsätze in der Europäischen Union keine Anwendung finden.

Auch wenn das Gebot der Solidarhaftung im deutschen Recht aus dem Solidaritätsprinzip abgeleitet wird, muss dies nicht in gleicher Weise für die europäische Ebene gelten. Ob eine solche Einstandspflicht aus dem Solidaritätsprinzip folgt, hängt von der Verbundenheit ab, die zwischen den Solidaritätsberechtigten und -verpflichteten besteht. Der starke Zusammenhalt in einem Nationalstaat gebietet eine solche Haftung. Es wurde bereits dargelegt, dass die Verbundenheit in der Europäischen Union weit weniger eng ist als in den Nationalstaaten. Dies hat zur Folge, dass aus dem Solidaritätsprinzip im europäischen Recht auch nicht so weitgehende Forderungen zu ziehen sind.

Darüber hinaus stellt sich die Frage, ob der Haftungsausschluss auch einem Finanzausgleich entgegensteht, der in geringerem Umfang durchgeführt wird und keine Einstandspflicht in einer Haushaltsnotlage enthält. Solche Unterstützungszahlungen haben grundsätzlich nicht die Wirkung einer Haftungsübernahme. Doch muss gewährleistet sein, dass diese Zahlungen nicht speziell den

[593] BVerfGE 86, 148, 264 ff.

Mitgliedstaaten zugute kommen, die sich aufgrund schlechter Haushaltspolitik in Zahlungsschwierigkeiten befinden.

3. Ergebnis

Der Haftungsausschluss gemäß Art. 103 EGV steht in einem Spannungsverhältnis zum Solidaritätsprinzip in seiner Erscheinungsform der finanziellen Umverteilung. Dessen Ausgestaltung im europäischen Recht hebt die grundsätzliche Solidarverpflichtung jedoch nicht auf.

F. ERGEBNIS

Im europäischen Recht ist ein Solidaritätsprinzip anerkannt. Unter Solidarität wird die Ableitung von Forderungen aus einer wechselseitigen Verbundenheit verstanden. In der Europäischen Union bezieht sie sich auf die Beziehungen der Mitgliedstaaten untereinander. Damit unterscheidet sich die Solidarität auf europäischer Ebene von der in den Nationalstaaten, wo sie in erster Linie auf das Verhältnis zwischen den einzelnen Bürgern Bezug nimmt. Dieser Ausgestaltung des Solidaritätsprinzips kommt in der Europäischen Union wegen der geringen Verbundenheit der Unionsbürger nur wenig Bedeutung zu. Die Solidarität zwischen den Mitgliedstaaten stellt sich vielmehr als föderatives Prinzip dar, das auch im Bundesstaat Deutschland zutage tritt. Auf europäischer Ebene sind die solidarischen Pflichten aber aufgrund des geringeren Zusammenhalts weniger intensiv als im Nationalstaat.

Während die Solidarität im Allgemeinen primär als ethischer und politischer Maßstab Bedeutung entfaltet, kommt ihr in der Europäischen Union eine rechtliche Dimension zu. Diese Ausgestaltung wird durch den Charakter der Europäischen Gemeinschaft als Rechtsgemeinschaft ermöglicht, wo der Zusammenhalt gerade durch das Recht geschaffen wird. Um als Bestandteil der europäischen Rechtsordnung anerkannt zu werden, bedarf die Solidarität jedoch einer Verankerung in den Verträgen. Der Gedanke findet an verschiedenen Stellen des EGV Erwähnung. Er kann deshalb als allgemeiner Rechtsgrundsatz des Gemeinschaftsrechts erachtet werden. Dabei muss das Solidaritätsprinzip von den Prinzipien der loyalen Zusammenarbeit und der Gemeinschaftstreue unterschieden werden. Während diese beiden die Art und Weise der Pflichterfüllung beschreiben, stellt die Solidarität deren Voraussetzung dar. Sie besagt, dass der Mitgliedstaat die gemeinschaftsrechtlichen Pflichten auch dann zu erfüllen hat, wenn sie seinen Interessen widersprechen.

Die Solidarität findet aber nicht nur im EGV, sondern auch im EUV Erwähnung. Ihre Verankerung in den unionsvertraglichen Vorschriften bringt die gemeinsamen Rechtsvorstellungen der Mitgliedstaaten zum Ausdruck und kann somit als zusätzliche Begründung eines allgemeinen Rechtsgrundsatz des Gemeinschaftsrechts herangezogen werden. Außerdem wird damit deutlich, dass das Solidaritätsprinzip auch für die Union als Ganzes Geltung entfaltet. Soweit es in den Vorschriften über die GASP und die PJZS Erwähnung findet, regelt es die intergouvernementale Zusammenarbeit in diesen Bereichen.

Das Solidaritätsprinzip tritt auf europäischer Ebene in zweierlei Hinsicht in Erscheinung. Insbesondere zeigt es sich darin, dass die Mitgliedstaaten dem gemeinsamen Interesse den Vorrang vor dem nationalen Interesse einräumen. Im Gemeinschaftsrecht stellt dies zum einen die Voraussetzung für die Schaffung einer gemeinsamen Rechtsordnung dar. Zum anderen entfaltet es in der Ausgestaltung des Entscheidungsverfahrens und bei der einheitlichen Anwendung des Gemeinschaftsrechts Bedeutung. Dabei erwächst die Solidarität zu der Pflicht, das Gemeinschaftsrecht auch bei entgegenstehendem nationalen Interesse anzuwenden. Im Unionsrecht beschränkt sich der Vorrang des gemeinsamen Interesses wegen der Ausgestaltung der GASP und der PJZS als Foren intergouvernementaler Zusammenarbeit auf die Koordinierung der nationalen Politiken. Die Anforderungen an die Solidarität sind damit im Gemeinschaftsrecht aufgrund der stärkeren Integration weitgehender als im Unionsrecht.

Eine ganz andere Erscheinungsform erhält die Solidarität im finanziellen Bereich, wo sie die Umverteilung von den wirtschaftlich stärkeren zu den ökonomisch schwächeren Staaten gebietet. In der jetzigen Ausgestaltung des Gemeinschaftsrechts erfolgt die Umverteilung auf der Ausgabenseite im Rahmen der Kohäsionspolitik. Diese Ausgaben bewirken eine gewisse Umverteilung von den wirtschaftsstarken hin zu den wirtschaftsschwachen Staaten. Das Solidaritätsprinzip gebietet nicht, darüber hinaus einen Finanzausgleich durchzuführen. Ein Finanzausgleich nach bundesstaatlichem Vorbild scheitert schon an der mangelnden Staatlichkeit der Europäischen Union.

Den verschiedenen Erscheinungsformen der Solidarität werden durch andere Prinzipien und Vertragsvorschriften Grenzen gesetzt. Das in der Literatur häufige betonte Spannungsverhältnis zum Subsidiaritätsprinzip lässt sich auflösen, indem die Kompetenzausübung durch die Gemeinschaft zwar grundsätzlich als Ausdruck der Solidarität angesehen wird, ein gemeinsames Interesse an einer zentralen Lösung aber nur dann besteht, wenn eine Regelung auf nationaler Ebene nicht ausreichend ist. Ein Konflikt besteht zudem mit der Differenzierung. Grundsätzlich spricht der solidarische Gedanke des Vorrangs des gemeinsamen Interesses vor dem nationalen Interesse gegen eine Differenzierung. Werden bestimmte Anforderungen eingehalten, so ist aber sichergestellt, dass eine Aufhebung des Solidaritätsprinzips nicht vorliegt. Insbesondere ist dabei darauf zu achten, dass der Grundsatz der Einheitlichkeit gewahrt wird.

Die Solidarität, die im Unions- und Gemeinschaftsrecht in verschiedenen Formen in Erscheinung tritt, stellt ein einheitliches Prinzip dar, das die ganze Rechtsordnung durchzieht. Die aus dem Solidaritätsprinzip abzuleitenden Pflichten hängen dabei von der Verbundenheit ihrer Adressaten ab. Folglich darf deren aktuelle Ausgestaltung nicht als unveränderlich angesehen werden. Vielmehr wird ein verstärktes Zusammenwachsen auch eine Ausweitung und Intensivierung der Solidaritätspflichten zur Folge haben. Es ist aber zu berücksichtigen, dass die anstehende Osterweiterung eine Vergrößerung und stärkere Heterogenität der Europäischen Union mit sich bringen wird. Ist schon der Zusammenhalt der relativ homogenen westeuropäischen Staaten wenig ausgeprägt, so wird dies erst recht für die Beziehungen zu den ost- und mitteleuropäischen Staaten gelten. Da die Erweiterung aber ohne Solidarität - insbesondere im finanziellen Bereich - nicht möglich ist, stellt deren Beitritt in dieser Hinsicht große Anforderungen an die alten Mitgliedstaaten.

Literaturverzeichnis

Alexy, Robert, Theorie der Grundrechte, 2. Aufl., Frankfurt a.M. 1994

Amengual, Gabriel, Zu einer begrifflichen Bestimmung von Solidarität, in: Fraling, Bernhard (Hrsg.), Kirche und Theologie im kulturellen Dialog, Festschrift für Peter Hünermann, Freiburg i. Br. 1994, S. 237

Ardy, Brian, The National Incidence of the European Community Budget, JCMSt. 26 (1988), S. 401

Arndt, Hans-Wolfgang, Europarecht, 5. Aufl., Heidelberg 2001

ders., Forum: zur verfassungsrechtlichen Problematik der Herstellung einheitlicher Lebensverhältnisse in der Bundesrepublik Deutschland, JuS 1993, S. 360

Auprich, Andreas, Das Recht auf Entwicklung als kollektives Menschenrecht, Frankfurt a. M. 2000

Axt, Heinz-Jürgen, Solidarität und Wettbewerb - die Reform der EU-Strukturpolitik, Gütersloh 2000

Bach, Albrecht, Wettbewerbsrechtliche Schranken für staatliche Maßnahmen nach europäischem Gemeinschaftsrecht, Tübingen 1992

Bauer, Hartmut, Die Bundestreue: zugleich ein Beitrag zur Dogmatik des Bundesstaatsrechts und zur Rechtsverhältnislehre, Tübingen 1992

Bayertz, Kurt (Hrsg.), Solidarität: Begriff und Problem, Frankfurt a.M. 1998

Becker, Peter, Der Nutzen der Osterweiterung für die Europäische Union, Integration 1998, S. 225

Becker, Ulrich, EU-Erweiterung und differenzierte Integration: Zu beitrittsbedingten Übergangsregelungen der Arbeitnehmerfreizügigkeit, Baden-Baden 1999

ders., Differenzierungen der Rechtseinheit durch „abgestufte Integration", EuR Beiheft 1/1998, S. 29

Benda, Ernst, Föderalismus in der Rechtsprechung des Bundesverfassungsgerichts, in: Probleme des Föderalismus, Referate auf dem Symposium „Föderlismus in der SFR Jugoslawien und in der Bundesrepublik Deutschland - ein Vergleich", Tübingen 1985

Bergmann, Jan, Die Osterweiterung der Europäischen Union, ZRP 2001, S. 18

ders./Lenz, Christopher (Hrsg.), Der Amsterdamer Vertrag, Köln 1998

Beutler, Bengt/Bieber, Roland/Pipkorn, Jörn/Streil, Jochen, Die Europäische Union: Rechtsordnung und Politik, 4. Aufl., Baden-Baden 1993

Bieber, Roland, Solidarität und Loyalität durch Recht, Der Beitrag des Rechts zur Entwicklung eines europäischen Wertesystems, in: Friedrich-Ebert-Stiftung (Hrsg.), Gesprächskreis Politik und Wissenschaft, Reihe Politik und Recht, Düsseldorf 1997

Birk, Dieter (Hrsg.), Handbuch des Europäischen Steuer- und Abgabenrechts, Berlin 1995, S. 189

Blanke, Hermann-Josef, Föderalismus und Integrationsgewalt, Berlin 1991

Blanquet, Marc, L'article 5 du Traité C.E.E., Paris 1994

Bleckmann, Albert, Europarecht, 6. Aufl., Köln u.a. 1997

ders., Art. 5 EWG-Vertrag und die Gemeinschaftstreue, DVBl. 1976, S. 483

ders., Die Rechtsprechung des Europäischen Gerichtshofes zur Gemeinschaftstreue, RIW 1981, S. 653

Bogdandy, Armin von, Rechtsfortbildung mit Artikel 5 EG-Vertrag, in: Randelshofer, Albrecht/Scholz, Rupert/Wilke, Dieter (Hrsg.), Gedächtnisschrift für Eberhard Grabitz, München 1995, S. 17

ders., Die Europäische Union als supranationale Föderation, Integration 1999, S. 95

Borries, Reimer von, Gedanken zur Tragweite des Subsidiaritätsprinzips im Europäischen Gemeinschaftsrecht, in: Everling, Ulrich u.a. (Hrsg.), Europarecht, Kartellrecht, Wirtschaftsrecht, Festschrift für Arved Deringer, Baden-Baden 1993, S. 22

Bothe, Michael, Die Kompetenzstruktur des modernen Bundesstaates in rechtsvergleichender Sicht, Berlin u.a. 1977

ders., Föderalismus - ein Konzept im geschichtlichen Wandel, in: Evers, Tilman (Hrsg.), Chancen des Föderalismus in Deutschland und Europa, Baden-Baden 1994, S. 19

Brockhaus-Enzyklopädie
13. Bd. Lah-Maf, 19. Aufl., Mannheim 1990
20. Bd. Sci-Sq, 19. Aufl., Mannheim 1993

Bülck, Hartwig, Föderalismus als internationales Ordnungsprinzip, VVDStrl. 21 (1964), S. 1

Burghardt, Günter/Tebbe, Gerd, Die Gemeinsame Außen- und Sicherheitspolitik der Europäischen Union - Rechtliche Struktur und politischer Prozeß, EuR 1995, S. 1

Calliess, Christian, Subsidiaritäts- und Solidaritätsprinzip in der Europäischen Union: Vorgaben für die Anwendung von Art. 5 (ex-Art. 3b) EGV nach dem Vertrag von Amsterdam, 2. Auflage, Baden-Baden 1999

ders./Ruffert, Matthias (Hrsg.), Kommentar zu EU-Vertrag und EG-Vertrag, 2. Aufl., Neuwied Kriftel 2002

Canaris, Claus-Wilhelm, Systemdenken und Systembegriff in der Jurisprudenz, 2. Aufl., Berlin 1983

Chaltiel, Florence, Pour une clarification du débat sur l'Europe à plusiers vitesses, RMC1995, S. 5

Christoph, Klaus, Solidarität, Baden-Baden 1979

Coen, Martin, Abgestufte soziale Integration nach Maastricht, EuZW 1995, S. 50

Constantinesco, Léontin-Jean, Das Recht der Europäischen Gemeinschaften Bd. 1. Das institutionelle Recht, 1977

Constantinesco, Vlad, Les clauses de „coopération renforcée". Le protocole sur l'appication des principes de subsidiarité et de proportionalité, RTDE 1997, S. 751

Dahrendorf, Ralf, A Third Europe?, Third Jean Monnet Lecture, Florenz 1979

Dauses, Manfred A., Rechtliche Probleme der Abgrenzung der Vertragsabschlußbefugnis der EG und der Mitgliedstaaten und die Auswirkungen der verschiedenen Abgrenzungsmodelle, in: Ress, Georg (Hrsg.), Souveränitätsverständnis in den Europäischen Gemeinschaften, Baden-Baden 1980, S. 171

ders. (Hrsg.), Handbuch des EU-Wirtschaftsrechts, Bd. 1, Loseblatt, München, Stand März 2002

Denninger, Erhard, Menschenrechte und Grundgesetz, Weinheim 1994

ders., Verfassungsrecht und Solidarität, KritV 1995, S. 7

Duguit, Léon, Traité de droit constitutionnel, 2. Aufl., Bd 1-3, Paris 1921-1923

Durkheim, Emile, De la division du travail social, 6. Aufl., Paris 1932

Ehlermann, Claus-Dieter, Die Europäische Gemeinschaft und das Recht, in: Börner, Bodo/Jahrreiß, Hermann/Stern, Klaus (Hrsg.), Einigkeit und Recht und Freiheit, Festschrift für Karl Carstens, Bd. 1: Europarecht. Völkerrecht, Köln u.a. 1984, S. 81

ders., The financing of the Community: The distinction between financial contribution and own ressources, CMLRev. 1982, S. 571

ders., Engere Zusammenarbeit nach dem Amsterdamer Vertrag: Ein neues Verfassungsprinzip?, EuR 1997, S. 362

Emmert, Frank, Europarecht, München 1996

Epiney, Astrid, Gemeinschaftsrecht und Föderalismus: „Landes-Blindheit“ und Pflicht zur Berücksichtigung innerstaatlicher Verfassungsstrukturen, EuR 1994, S. 301

Everling, Ulrich, Zur föderalen Struktur der Europäischen Gemeinschaft, in: Hailbronner, Kay/Ress, Georg/Stein, Torsten (Hrsg.), Staat und Völkerrechtsordnung, Festschrift für Karl Doehring, Berlin u.a. 1989, S. 179

ders., Rechtsprobleme der Gemeinsamen Handelspolitik in der Europäischen Wirtschaftsgemeinschaft, in: Institut für Völkerrecht der Universität Göttingen (Hrsg.), Beiträge zum Internationalen Wirtschaftsrecht und Atomenergierecht, Bd. 1, Heft 5, Göttingen 1965, S. 189

ders., Von den Europäischen Gemeinschaften zur Europäischen Union. Durch Konvergenz zur Kohärenz, in Classen, Claus-Dieter u.a. (Hrsg.), „In einem vereinten Europa dem Frieden der Welt dienen...“, Liber amicorum Thomas Oppermann, Berlin 2001

ders., Überlegungen zur Struktur der Europäischen Union, DVBl. 1993, S. 936

Evers, Tilmann, Durch Teile Eins. Nationalstaat, Republik und Demokratie als Kategorien des Föderalismus in der politischen Moderne, in: ders. (Hrsg.), Chancen des Föderalismus in Deutschland und Europa, Baden-Baden 1994, S. 45

Feige, Konrad, Der Gleichheitssatz im Recht der EWG, Tübingen 1973

Feldsieper, Manfred/Prokop, Marc, Dimensionen eines Europäischen Finanzausgleichs, SuS 1996, S. 43

Franzmeyer, Fritz, Die Europäische Wirtschafts- und Währungsunion: Ausbau der gemeinschaftlichen Kohäsionspolitik, Integration 1993, S. 95

ders., EU-Strukturpolitik vor neuen Herausforderungen - Währungsunion und Osterweiterung - , in: Caesar, Rolf (Hrsg.), Zur Reform der Finanzverfassung und Strukturpolitik der EU, Baden-Baden 1997, S. 249

ders. /Seidel, Bernhard, Regionalausgleichswirkung des EG-Haushalts - Bedarf und Realität - , in: Biehl, Dieter/Pfennig, Gero (Hrsg.), Zur Reform der EG-Finanzverfasssung, Bonn 1990, S. 189

Friauf, Karl Heinrich, Der bundesstaatliche Finanzausgleich, JA 1984, S. 618

Fuest, Clemens, Budgetdefizite in einer Europäischen Währungsunion: Bedarf es gemeinsamer Verschuldensregeln?, Zeitschrift für Wirtschaftspolitik 1993, S. 123

ders., Stabile fiskalpolitische Institutionen für die Europäische Währungsunion, Wirtschaftsdienst 1993, S. 539

Funkschmidt, Gerhard, Die EU-Strukturpolitik: Zielorientierungen, Wirkungen, Effizienz, in: Caesar, Rolf (Hrsg.), Zur Reform der Finanzverfassung und Strukturpolitik der EU, Baden-Baden 1997

Geiger, Rudolf, EG-Vertrag, Kommentar zu dem Vertrag zur Gründung der Europäischen Gemeinschaft, 3. Aufl., München 2000

Gide, Charles, Cours d'economie politique, 4. Aufl., Paris 1918

ders./Rist, Charles, Geschichte der volkswirtschaftlichen Lehrmeinungen, 3. Aufl., Jena 1923

Giering, Claus, Vertiefung durch Differenzierung - Flexibilisierungskonzepte in der aktuellen Reformdebatte, Integration 1997, S. 72

ders./Janning, Josef, Flexibilität als Katalysator der Finalität? Die Gestaltungskraft der „Verstärkten Zusammenarbeit" nach Nizza, Integration 2001, S. 146

Gil-Robles, José María, Die Flexibilität, ein Mechanismus für eine verstärkte Integration, EuZW 1997, S. 353

Glaesner, Adrian, Der Grundsatz des wirtschaftlichen und sozialen Zusammenhalts im Recht der Europäischen Wirtschaftsgemeinschaft: Eine Untersuchung seiner Verbindlichkeit und seiner Bezüge zum deutschen Staats- und Verwaltungsrecht, Baden-Baden 1990

Götz, Volkmar, Mehrheitsbeschlüsse des Rates der Europäischen Union, in: Due, Ole u.a. (Hrsg.), Festschrift für Ulrich Everling, Bd. 1, Baden-Baden 1995, S. 339

Grabitz, Eberhard (Hrsg.), Abgestufte Integration. Eine Alternative zum herkömmlichen Integrationskonzept?, Kehl u.a. 1984, S. 31

ders./Hilf, Meinhard (Hrsg.), Das Recht der Europäischen Union, Loseblatt-Kommentar, München, Stand Mai 2001

Grebing, Helga, Geschichte der deutschen Arbeiterbewegung, 8. Aufl., München 1977

Griese, Antonia, Die Finanzierung der Europäischen Union, EuR 1998, S. 462

Grimm, Dieter, Solidarität als Rechtsprinzip, Frankfurt a.M. 1973

ders., Solidaritätsprinzip, in: Herzog, Roman u.a. (Hrsg.), Evangelisches Staatslexikon, Bd. 2, 3. Aufl., Stuttgart 1987, Sp. 3144

Groeben, Hans von der/Thiesing, Jochen/Ehlermann, Claus-Dieter, Kommentar zum EU-/EG-Vertrag, 5 Bände, 5. Aufl., Baden-Baden 1997-99

Häde, Ulrich, Finanzausgleich: die Verteilung der Aufgaben, Ausgaben und Einnahmen im Recht der Bundesrepublik Deutschland und der Europäischen Union, Tübingen 1996

ders., Währungsintegration mit abgestufter Geschwindigkeit, in: Weber, Albrecht (Hrsg.), Das Geld im Recht, Festschrift für Hugo J. Hahn, Baden-Baden 1997, S. 141

Hahn, Hugo J., Geld und Währung - Elemente europäischer und universeller Ordnung -, in: Bitburger Gespräche, Jahrbuch 1992, München 1993, S. 13 ff.

ders., Wertsicherung im Recht der Europäischen Gemeinschaften, in: Das Europa der zweiten Generation, Gedächtnisschrift für Christoph Sasse, Baden-Baden 1981, S. 441

Hailbronner, Kay/Klein, Eckardt/Magiera, Siegfried/Müller-Graff, Peter-Christian, Handkommentar zum Vertrag über die Europäische Union (EUV/EGV), Loseblatt, Köln u.a., Stand 1999

Hallstein, Walter, Die Europäische Gemeinschaft, Düsseldorf Wien 1973

Hatje, Armin, Loyalität als Rechtsprinzip in der Europäischen Union, Baden-Baden 2001

ders., Europäische Rechtseinheit durch einheitliche Rechtsdurchsetzung, EuR Beiheft 1/1998, S. 7

ders., Die institutionelle Reform der Europäischen Union - der Vertrag von Nizza auf dem Prüfstand - , EuR 2001, S. 143

Heinemann, Friedrich, Bailout- und Bonitätseffekte in der Wirtschafts- und Währungsunion, ZWS 115 (1995), S. 605

Hesse, Helmut, Finanzausgleich im Bundesstaat: Implikationen für Europa, SuS 1993, S. 43

Hesse, Konrad, Grundzüge des Verfassungsrechts, 20 Aufl., Heidelberg 1995

Hofmann, Rainer, Wieviel Flexibilität für welches Europa? Gedanken zur künftigen Entwicklung der europäischen Integration, EuR 1999, S. 713

Huber, Peter M., Differenzierte Integration und Flexibilität als neues Ordnungsmuster der Europäischen Union?, EuR 1996, S. 346

Huthmacher, Karl Eugen, Der Vorrang des Gemeinschaftsrechts bei indirekten Kollisionen, Köln u.a. 1985

Ipsen, Hans Peter, Europäisches Gemeinschaftsrecht, Tübingen 1972

Ipsen, Knut, Völkerrecht, 4. Aufl., München 1999

Isensee, Josef, Subsidiaritätsprinzip und Verfasssungsrecht, Berlin 1968

ders./Kirchhoff, Paul (Hrsg.), Handbuch des Staatsrechts der Bundesrepublik Deutschland
Bd. 1 Grundlagen von Staat und Verfassung, 2. Aufl., Heidelberg 1995
Bd. 3 Das Handeln des Staates, 2. Aufl., Heidelberg 1996
Bd. 4 Finanzverfassung - Bundesstaatliche Ordnung, 2. Aufl., Heidelberg 1999
Bd. 5 Allgemeine Grundrechtslehren, Heidelberg 1992

Issing, Ottmar, Disziplinierung der Finanzpolitik in der Europäischen Währungsunion?, in: Duwendag, Dieter/Siebke, Jürgen (Hrsg.), Europa vor dem Eintritt in die Wirtschafts- und Währungsunion, Berlin 1993, S. 181

Jachtenfuchs, Markus/Kohler-Koch, Beate, Regieren im dynamischen Mehrebenensystem, in: dies. (Hrsg.), Europäische Integration, Opladen 1996, S. 15

Janning, Josef, Dynamik in der Zwangsjacke - Flexibilität in der Europäischen Union nach Amsterdam, Integration 1997, S. 285

ders., Europa braucht verschiedene Geschwindigkeiten, Europa-Archiv 1994, S. 527

Jessen, Christoph, Agenda 2000: Das Reformpaket von Berlin, ein Erfolg für Gesamteuropa, Integration 1999, S. 167

Jochimsen, Reimut, Europäische Perspektiven und Implikationen für den Finanzausgleich in der Bundesrepublik Deutschland, SuS 1993, S. 118

ders., Revisionskonferenz 1996: Wirtschafts- und währungspolitische Anforderungen an ein Maastricht II, SuS 1995, S. 533

Kimminich, Otto, Das Völkerrecht und die neue Weltwirtschaftsordnung, AVR 20 (1982), S. 2

ders./Hobe, Stefan, Einführung in das Völkerrecht, 7. Aufl., Tübingen Basel 2000

Kirchhof, Paul, Die Mitwirkung Deutschlands an der Wirtschafts- und Währungsunion, in: ders./Offerhaus, Klaus/Schöberle, Horst (Hrsg.), Steuerrecht Verfassungsrecht Finanzpolitik, Festschrift für Franz Klein, Köln 1994, S. 61

Klein, Eckart, Erhard Denninger: Menschenrechte und Grundgesetz, DVBl. 1996, S. 63

Köhler, Peter A., Sozialpolitische und sozialrechtliche Aktivitäten in den Vereinten Nationen, Baden-Baden 1987

Koenig, Christian/Haratsch, Andreas, Europarecht, 3. Aufl., Tübingen 2000

Kondziela, J., Solidaritätsprinzip, in: Klose, Alfred u.a. (Hrsg.), Katholisches Soziallexikon, 2. Aufl., München 1980, Sp. 2577

Korioth, Stefan, Finanzausgleich zwischen Bund und Ländern, Tübingen 1997

Krenzler, Horst G./Schneider, Henning C., Die Gemeinsame Außen- und Sicherheitspolitik der Europäischen Union - Zur Frage der Kohärenz - , EuR 1994, S. 144

Krettenauer, Tobias, Solidarität und soziales Engagement: Entwicklungsbedingungen im Jugendalter, in: Bierhoff, Hans-Werner/Fetchenhauer, Detlef (Hrsg.), Solidarität. Konflikt, Umwelt und Drittwelt, Opladen 2001, S. 23

Kruis, Konrad, Einige Gedanken über die bündische Sorge für das Grundgesetz, in: Badura, Peter/Scholz, Rupert (Hrsg.), Wege und Verfahren des Verfassungslebens, Festschrift für Peter Lerche, München 1993

Kugelmann, Dieter, Die Gemeinsame Außen- und Sicherheitspolitik, EuR Beiheft 2/1998, S. 99

Lammers, Konrad, Braucht die EG einen Finanzausgleich?, in: Probleme des Finanzausgleichs in nationaler und internationaler Sicht, Beihefte zur Konjunkturpolitik, Heft 41, Berlin 1993

Langeheine, Bernd, Europäisches Gemeinschaftsrecht und Abgestufte Integration, Berlin 1988

ders., Abgestufte Integration, EuR 1983, S. 227

Larenz, Karl, Methodenlehre der Rechtswissenschaft, 5. Aufl., Berlin u.a. 1983

Lasok, D., Subsidiarity and the occupied field, New Law Journal 1992, S. 1228

Laufer, Heinz/Fischer, Thomas, Föderalismus als Strukturprinzip für die Europäische Union, Gütersloh 1996

Laursen, Finn/Vanhoonacker, Sophie (Hrsg.), The Intergovernmental Conference on Political Union, Institutional Reforms, New Policies and International Identity of the European Community, Maastricht 1992

Leinen, Jo/Schönlau, Justus, Die Erarbeitung der EU-Grundrechtscharta im Konvent: nützliche Erfahrungen für die Zukunft Europas, Integration 2001, S. 26

Lenz, Karl Otto (Hrsg.), EG-Vertrag Kommentar, 2. Aufl., Köln 1999

Leroux, Pierre, De l'humanite, 1840; Neuausgabe Paris 1985

Lippert, Barbara, Neue Zuversicht und alte Zweifel: die Europäische Union nach „Nizza" und vor der Erweiterung, Integration 2001, S. 179

dies./Bode, Wolfgang, Die Erweiterung und das EU-Budget - Reformoptionen und ihre politische Durchsetzbarkeit, Integration 2001, S. 369

Lipsius, Justus (Pseudonym), The 1996 Intergovernmental Conference, ELRev. 1995, S. 235 ff.

Lück, Michael, Die Gemeinschaftstreue als allgemeines Rechtsprinzip im Recht der Europäischen Gemeinschaft, Baden-Baden 1992

Magiera, Siegfried, Die Finanzierungsgrenzen der Europäischen Gemeinschaften und ihre Erweiterung, in: Börner, Bodo/Jahrreiß, Hermann/Stern, Klaus (Hrsg.), Einigkeit und Recht und Freiheit, Festschrift für Karl Carstens, Bd. 1: Europarecht. Völkerrecht, Köln u.a. 1984, S. 185

ders., Zur Finanzverfassung der Europäischen Union, in: Randelzhofer, Albrecht/Scholz, Rupert/Wilke, Dieter (Hrsg.), Gedächtnisschrift für Eberhard Grabitz, München 1995, S. 409

Majer, Diemut, Integration versus Kooperation?, EuR 1999, S. 555

Mallossek, Jörg, Zur Finanzverfassung der EU - Lehren aus dem fiskalischen Föderalismus, in: Fiskalischer Föderalismus in Europa, Beihefte zur Konjunkturpolitik, Heft 49, Berlin 1999, S. 221

Marias, Epaminondas A., Solidarity as an objective of the European Union and the European Community, Legal issues of European integration 1994/2, S. 85

Martenczuk, Bernd, Die differenzierte Integration nach dem Vertrag von Amsterdam, ZEuS 1998, S. 447

ders., Die differenzierte Integration und die föderale Struktur der Europäischen Union, EuR 2000, S. 351

Maunz, Theodor/Zippelius, Reinhold, Deutsches Staatsrecht, 30. Aufl., München 1998

Mazan, Stephan, Das föderative Prinzip in der Europäischen Union, Zürich 1996

Messal, Rüdiger, EG-Finanzierung und Lastenverteilung - Die Reform des EG-Finanzierungssystems 1988 - , Bonn 1989

ders., Das Eigenmittelsystem der Europäischen Gemeinschaft, Baden-Baden 1991

ders., Das neue Finanzierungssystem der Europäischen Gemeinschaft, Wirtschaftsdienst 1988, S. 210

ders./Klein, Armin, Finanzlasten und Eigenmittelstruktur der Europäischen Gemeinschaft, Wirtschaftsdienst 1993, S. 375

Millgramm, Karl-Heinz, Föderalismus und Individuum, DVBl. 1990, S. 740

Möschel, Wernhard, Zum Subsidiaritätsprinzip im Vertrag von Maastricht, NJW 1993, S. 3025

Molzahn, Ralf, Die normativen Verknüpfungen von Kapitalverkehrsfreiheit und Währungsunion im EG-Vertrag, Berlin u.a. 1999

Müller-Graff, Peter-Christian, Wettbewerbsbeschränkungen durch Gesetz: Preisbindungspflichten bei Büchern. Zum Leclerc-Urteil des EuGH vom 10.1.1985, EuR 1985, S. 293

ders., Europäische Politische Zusammenarbeit und Gemeinsame Außen- und Sicherheitspolitik: Kohärenzgebot aus rechtlicher Sicht, Integration 1993, S. 147

Münch, Lars, Die gemeinsame Aktion als Mittel der Gemeinsamen Außen- und Sicherheitspolitik, Berlin 1997

Nell-Breuning, Oswald von, Baugesetze der Gesellschaft, Freiburg 1990

Nettesheim, Martin, Der Grundsatz der einheitlichen Wirksamkeit des Gemeinschaftsrechts, in: Randelzhofer, Albrecht/Scholz, Rupert/Wilke, Dieter (Hrsg.), Gedächtnisschrift für Eberhard Grabitz, München 1995, S. 447

Nicolaysen, Gert, Europarecht I, Baden-Baden 1991

Nölling, Philipp, Großbritanniens Geldordnung im Konflikt mit der Europäischen Währungsunion, Baden-Baden 1997

Odendahl, Guido, Das Recht auf Entwicklung - The Right to Development: Entwicklungsgeschichte, systematische Stellung und Inhalt eines individuellen sowie kollektiven Menschenrechts und Grundprinzips der Völkerrechtsordnung, Aachen 1997

Ohler, Christoph, Die fiskalische Integration in der Europäischen Gemeinschaft, Baden-Baden 1997

Oppermann, Thomas, Europarecht, 2. Aufl., München 1999

ders., „Neue Weltwirtschaftsordnung" und internationales Wirtschaftsrecht, in: Börner, Bodo/Jahrreiß, Hermann/Stern, Klaus (Hrsg.), Einigkeit und Recht und Freiheit, Festschrift für Karl Carstens, Bd. 1: Europarecht. Völkerrecht, Köln u.a. 1984, S. 449

ders., Die Seoul-Erklärung der International Law Association vom 29.-30. August 1986 über die fortschreitende Entwicklung von Völkerrechtsprinzipien einer neuen Weltwirtschaftsordnung, in: Böcksiegel, Karl-Heinz u.a. (Hrsg.), Völkerrecht, Recht der Internationalen Organisationen, Weltwirtschaftsrecht, Festschrift für Ignaz Seidl-Hohenveldern, Köln u.a. 1988, S. 449

ders., Die Dritte Gewalt in der Europäischen Union, DVBl. 1994, S. 901

ders./ Petersmann, Ernst-Ulrich (Hrsg.), Reforming the International Economic Order. German legal comments, Berlin 1987

Ost, Nina, Flexibilität des Gemeinschaftsrechts - Vom Notantrieb zum Vertragsprinzip?, DÖV 1997, S. 495

Ott, Günter, Zur Diskussion um „Zahlmeister" und „Nutznießer" der Europäischen Gemeinschaften, in: Koch, Walter A.S./Petersen, Hans-Georg (Hrsg.), Staat, Steuern und Finanzausgleich, Festschrift für Heinz Kolms, Berlin 1984, S. 333

Pache, Eckhard, Die Europäische Gemeinschaft - ein Rückschritt für den Grundrechtsschutz in Europa, EuR 2001, S. 475

Pechstein, Matthias, Die Justitiabilität des Unionsrechts, EuR 1999, S. 1

ders./Koenig, Christian, Die Europäische Union, 3. Aufl., Tübingen 2000

Peffekoven, Rolf, Die Finanzen der Europäischen Union, Mannheim 1994

ders., Eigene Einnahmen internationaler Organisationen, in: Koch, Walter A.S./Petersen, Hans-Georg (Hrsg.), Staat, Steuern und Finanzausgleich, Festschrift für Heinz Kolms, Berlin 1984, S. 315

Pernice, Ingolf, The framework revisited: constitutional, federal and subsidiarity issues, Columbia Journal of European Law, Vol. 2, 1996, S. 403

Pescatore, Pierre, Les objectifs de la communauté européenne comme principes d'interprétation dans la jurisprudence de la cour de justice, in: Festschrift für Walter J. Ganshof van der Meersch, Bd. 2, Brüssel 1972, S. 325

Pesch, Heinrich, Solidarismus, in: Stimmen aus Maria Laach 63 (1902), S. 38

Peters, Bernhard, Die Integration moderner Gesellschaften, Frankfurt a.M. 1993

Petri, Thomas Bernhard, Europol. Grenzüberschreitende polizeiliche Tätigkeit in Europa, Baden-Baden 2001

Pieper, Stefan Ulrich, Subsidiarität: Ein Beitrag zur Begrenzung der Gemeinschaftskompetenzen, Köln u.a. 1994

Pipkorn, Jörn, Legal arrangements in the Treaty of Maastricht for the effectiveness of the Economic and Monetary Union, CMLRev. 1994, S. 263

Rauscher, Anton, Solidarität, in: Görres-Gesellschaft (Hrsg.), Staatslexikon, Bd. 4, Natu-Soz, 7. Aufl., Freiburg i. Br. 1998, Sp. 1191

Regelsberger, Elfriede, Gemeinsame Außen- und Sicherheitspolitik nach Maastricht - Minimalreformen in neuer Entwicklungsperspektive, Integration 1992, S. 83

dies., Gemeinsame Außen- und Sicherheitspolitik, Jahrbuch der Europäischen Integration 1996/97, S. 215

dies./Jopp, Mathias, Und sie bewegt sich doch! Die Gemeinsame Außen- und Sicherheitspolitik nach den Bestimmungen des Amsterdamer Vertrages, Integration 1997, S. 255

Ress, Georg, Die Europäische Union und die neue juristische Qualität der Beziehungen zu den Europäischen Gemeinschaften, JuS 1992, S. 985

Ridinger, Rudolf, Wirtschaftlicher und sozialer Zusammenhalt in der EG, Europa-Archiv 1992, S. 133

Riedel, Eibe, Theorie der Menschenrechtsstandards, Bern 1986

ders., Menschenrechte der dritten Dimension, EuGRZ 1989, S. 9

Rucht, Dieter, Solidaritätsbewegungen, in: Bierhoff, Hans-Werner/Fetchenhauer, Detlef (Hrsg.), Solidarität. Konflikt, Umwelt und Drittwelt, Opladen 2001, S. 43

Rudzio, Kolja, EU-Finanzen und Strukturfonds vor der Reform, Integration 1997, S. 180

Samland, Detlev, Perspektiven der EU-Finanzverfassung und EU-Strukturpolitik, in: Caesar, Rolf (Hrsg.), Zur Reform der Finanzverfassung und Strukturpolitik der EU, Baden-Baden 1997, S. 223

Sauer, Ernst Friedrich, Souveränität und Solidarität. Ein Beitrag zur völkerrechtlichen Wertlehre, Göttingen 1954

Schachter, Oscar, The Evolving International Law of Development, Columbia Journal of Transnational Law, Bd. 15 (1976), S. 1

Schäfers, Manfred, Die Kohäsionspolitik in der Europäischen Gemeinschaft, Baden-Baden 1993

Scharpf, Fritz W., Optionen des Föderalismus in Deutschland und Europa, Frankfurt a.M./New York 1994

ders., Regionalisierung des europäischen Raumes - Die Zukunft der Bundesländer im Spannungsfeld zwischen EG, Bund und Kommunen, in: Regionalisierung des Europäischen Raums: Die Zukunft der Bundesländer im Spannungsfeld zwischen EG, Bund und Kommunen, Cappenberger Gespräche der Freiherr-Vom-Stein-Gesellschaft Bd. 23, Köln 1989, S. 7

Scheuner, Ulrich, Solidarität unter den Nationen als Grundsatz in der gegenwärtigen internationalen Gemeinschaft, in: Delbrück, Jost/Ipsen, Knut/Rauschning, Dietrich (Hrsg.), Recht im Dienst des Friedens, Festschrift für Eberhard Menzel, Berlin 1975, S. 251

ders., Die Rechtsetzungsbefugnis in internationalen Gemeinschaften, in: Heydte, Friedrich August Frhr. v. d. u.a. (Hrsg.), Völkerrecht und rechtliches Weltbild, Festschrift für Alfred Verdross, Wien 1960, S. 229

Schieffer, Martin, Die Zusammenarbeit der EU-Mitgliedstaaten in den Bereichen Asyl und Einwanderung, Baden-Baden 1998

Schmelter, Jürgen, Die Entwicklungsgeschichte eines sozialethischen Schlüsselbegriffs, München 1991

Schneider, Hans-Peter, Der Föderalismus im Prozess der deutsch-deutschen Vereinigung, in: Evers, Tilman (Hrsg.), Chancen des Föderalismus in Deutschland und Europa, Baden-Baden 1994, S. 79

ders., Die bundesstaatliche Ordnung im vereinigten Deutschland, NJW 1991, S. 2448

ders., Neuorientierung der Aufgaben- und Lastenverteilung im „sozialen Bundesstaat", SuS 1993, S. 3

Schneider, Heinrich, Die Europäische Union als Staatenverbund oder multinationale „Civitas Europea", in: Randelshofer, Albrecht/Scholz, Rupert/Wilke, Dieter (Hrsg.), Gedächtnisschrift für Eberhard Grabitz, München 1995, S. 677

Schorkopf, Frank, Homogenität in der Europäischen Union - Ausgestaltung und Gewährleistung durch Art. 6 Abs. 1 und Art. 7 EUV, Berlin 2000

Schütz, Raimund, Solidarität im Wirtschaftsvölkerrecht: eine Bestandsaufnahme zentraler entwicklungsspezifischer Solidarrechte und Solidarpflichten im Völkerrecht, Berlin 1994

Schulze-Steinen, Matthias, Rechtsfragen zur Wirtschaftsunion: Möglichkeiten der gemeinschaftlichen Gestaltung mitgliedstaatlicher Wirtschaftspolitik nach dem EG-Vertrag, Baden-Baden 1997/98

Schwarze, Jürgen, Die Befugnis zur Abstraktion im europäischen Gemeinschaftsrecht, Baden-Baden 1976

ders. (Hrsg.), EU-Kommentar, Baden-Baden 2000

Seidel, Martin, Probleme der Währungsordnung der Europäischen Union, in: Baur, Jürgen F. u.a. (Hrsg.), Festschrift für Ralf Vieregge, Berlin u.a. 1995, S. 793

ders., Die Einstimmigkeit im EU-Rat - eine leidige, aber nicht dispensable Regel, EuZW 2000, S. 65

Siems, Kirsten, Das Kohärenzgebot in der Europäischen Union und seine Justitiabilität, Baden-Baden 1999

Simson, Werner von, Die Souveränität im rechtlichen Verständnis der Gegenwart, Berlin1965

Smend, Rudolf, Ungeschriebenes Verfassungsrecht im monarchischen Bundesstaat, abgedruckt in: Staatliche Abhandlungen, 2. Aufl., Berlin 1968, S. 39

Söllner, Renate, Art. 5 EWG-Vertrag in der Rechtsprechung des Europäischen Gerichtshofes, München 1985

Sommermann, Karl-Peter, Staatsziele und Staatszielbestimmungen, Tübingen 1997

Soria, José Martinez, Die polizeiliche Zusammenarbeit in Europa zwischen traditionellem völkerrechtlichem Vertragsrecht und Vergemeinschaftung, in: Baldus, Manfred/Soiné, Michael (Hrsg.), Rechtsprobleme der internationalen polizeilichen Zusammenarbeit, Baden-Baden 1999

Stahl, Gerhard, Die EU-Strukturpolitik: Zielorientierung, Wirkungen, Effizienz, in: Caesar, Rolf (Hrsg.), Zur Reform der Finanzverfassung und Strukturpolitik der EU, Baden-Baden 1997

Starck, Christian, Implikationen für Europa, SuS 1993, S. 114

Stark, Jürgen, Die künftige Finanzierung des EU-Haushaltes und der Beitrag der Bundesrepublik Deutschland, Integration 1996, S. 159

Steindorff, Ernst, Währungsunion, Beitritt, Finanzausgleich und Maastricht II, EuZW 1996, S. 8

Stern, Klaus, Das Staatsrecht der Bundesrepublik Deutschland, Bd. 1, 2. Aufl., München 1984

Streinz, Rudolf, Europarecht, 5. Aufl., Heidelberg 2001

ders., Der Vertrag von Amsterdam, EuZW 1998, S. 137

Stubb, Alexander C-G., A Categorization of Differentiated Integration, JCMSt. 1996, S. 283

Thomas, Ingo P., Ein Finanzausgleich für die Europäische Union? Eine allokationstheoretische und fiskalföderalistische Analyse, Tübingen 1997

ders., Finanzausgleich und Kohäsion in der Europäischen Union, Weltwirtschaft 1994, S. 472

Tietmeyer, Hans, Währungsstabilität - auch in Europa gefordert, in: Kirchhoff, Paul/Offerhaus, Klaus/Schöberle, Horst (Hrsg.), Steuerrecht Verfassungsrecht Finanzpolitik, Festschrift für Franz Klein, Köln 1994, S. 33

Tomuschat, Christian, Solidarität in Europa, in: Capotorti, I. u.a. (Hrsg.), Du droit international au droit de l'intégration, Liber Amicorum Pierre Pescatore, Baden-Baden 1987, S. 729

ders., Das Recht auf Entwicklung, GYIL 25 (1982), S. 85

Tonelli, Reno Maurizio, Le juste retour: loi communautaire?, RMC 1981, S. 220

Toulemon, Robert, Kerneuropa - Deutsch-Französische Aktionsgemeinschaft in Sicht?, Integration 1995, S. 61

Tsatsos, Dimitris (Hrsg.), Verstärkte Zusammenarbeit: Flexible Institutionen oder Gefährdung der Integration?, Baden-Baden 1999

Ukrow, Jörg, Richterliche Rechtsfortbildung durch den EuGH: Dargestellt am Beispiel der Erweiterung des Rechtsschutzes des Marktbürgers im Bereich des vorläufigen Rechtsschutzes und der Staatshaftung, Baden-Baden 1995

Volkmann, Uwe, Solidarität - Programm und Prinzip der Verfassung, Tübingen 1998

ders., Solidarität in einem vereinten Europa, SuS 1998, S. 17

Waentig, Heinrich, Auguste Comte und seine Bedeutung für die Entwicklung der Sozialwissenschaft, Leipzig 1894

Walter, Gerd, EU-Finanzierung auf dem Prüfstand - Reform statt Fundamentalattacke, Integration 1996, S. 164

Walthes, Frank, Europäischer Finanzausgleich, Berlin 1996

Waniek, Roland W., EG-Regionalpolitik für die Jahre 1994 bis 1999, Wirtschaftsdienst 1994/I, S. 43

Weber, Albrecht, Die Währungsunion - Modell für ein Europa mehrerer Geschwindigkeiten?, in: ders. (Hrsg.), Das Geld im Recht, Festschrift für Hugo J. Hahn, Baden-Baden 1997, S. 273

Weidenfeld, Werner, Ernstfall Europa. Der Kontinent braucht konzeptionelle Klarheit, Internationale Politik 1995, S. 11

Weise, Christian, Der EU-Beitritt ostmitteleuropäischer Staaten: Ökonomische Chancen und Reformbedarf für die EU, Integration 1997, S. 175

Wildt, Andreas, Solidarität, in: Ritter, Joachim/Gründer, Karlfried (Hrsg.), Historisches Wörterbuch der Philosophie, Bd. 9, Basel 1995, Sp. 1004

Wulf-Mathies, Monika, Europäische Regionalpolitik - Herausforderung für die Zukunft, in: Heilemann, Ullrich u.a. (Hrsg.), Entgrenzung als Erkenntnis und Gestaltungsaufgabe, Festschrift für Reimut Jochimsen, Berlin 1998, S. 57

Zeitel, Gerhard, Europäische Währungsunion und zwischenstaatlicher Finanzausgleich, in: Bea, Franz Xaver/Kitterer, Wolfgang (Hrsg.), Finanzwissenschaft im Dienste der Wirtschaftspolitik, Festschrift für Dieter Pohmer, Tübingen 1990, S. 343

Zippelius, Reinhold, Allgemeine Staatslehre, 13. Aufl., München 1999

Zoll, Rainer, Was ist Solidarität heute?, Frankfurt a. M. 2000

Zuleeg, Manfred, Der rechtliche Zusammenhalt der Europäischen Gemeinschaft, ZeuP 1993, S. 475

ders., Die Europäische Gemeinschaft als Rechtsgemeinschaft, NJW 1994, S. 545

ders., Die föderativen Grundsätze der Europäischen Union, NJW 2000, S. 2846

www.ingramcontent.com/pod-product-compliance
Ingram Content Group UK Ltd.
Pitfield, Milton Keynes, MK11 3LW, UK
UKHW021234031026
15588UKWH00001B/70

9 783631 508978